教學藝術是藝術中的藝術

二〇〇三年 劉宝國

“九五”国家级重点课题

“面向21世纪我国中小学教师队伍建设研究”子课题

“教师教学艺术研究”

中国教育学会“现代教学艺术研究”“十五”重点课题

主持人 刘显国

中小学教学艺术丛书

主编 刘显国

- 小学语文课堂教学艺术
- 小学数学课堂教学艺术
- 小学英语课堂教学艺术
- 小学思想品德课堂教学艺术
- 小学科学课堂教学艺术
- 小学艺术课堂教学艺术
- 小学语文备课艺术
- 小学数学备课艺术
- 小学语文家庭教育艺术
- 说课艺术
- 开讲艺术
- 板书艺术
- 语言艺术
- 掀起课堂小高潮艺术
- 激发学习兴趣艺术
- 课堂组织艺术
- 课堂调控艺术
- 课堂提问艺术
- 课堂结尾艺术
- 教改教研艺术
- 口语交际艺术
- 活动课教学设计艺术
- 多媒体设计运用艺术
- 教法选择艺术
- 评课艺术
- 反馈教学艺术
- 学法指导艺术
- 语文德育渗透艺术
- 培养能力艺术
- 语文练习设计艺术
- 小学数学练习设计艺术
- 复习课艺术
- 小学数学解题训练艺术（I）
- 小学数学解题训练艺术（II）
- 小学作文训练艺术
- 初中数学解题训练艺术
- 初中物理解题训练艺术
- 初中化学解题训练艺术
- 初中作文训练艺术
- 初中语文课堂教学艺术
- 初中数学课堂教学艺术

作者简介

蓟运河，天津宁河中师毕业在中学任教两年，后考入北师大教育系，获教育经济学硕士学位。著有《历史与现实的选择》《测测你适合干什么》，策划主持编写了《学校教学应用全书》《中国教育教学改革实用全书》《中小学教学艺术实用全书》。在《人民日报》《国家公务员报》《教育时报》《教育研究》《北京师范大学学报》《中国教育学报》《高等教育研究》《教育与职业》《中国人才》《 中国行政管理》《中国人事》等报刊发表论文50余篇。

王增昌，《中国教育报》主任编辑，创造教育研究会常务理事。长期从事《中国教育报》“教学专版”编辑工作，撰写、主编教育教学图书《特级教师教学艺术》《培养能力的教学艺术》等20余种，共计300余万字。

中小学教学艺术丛书

教 改 教 研 艺 术

蓟运河　王增昌等　编著

中国林业出版社

图书在版编目（CIP）数据

教改教研艺术/蓟运河、王增昌等编著. –北京：
中国林业出版社，2000.8（2009.2 重印）
（中小学教学艺术丛书/刘显国主编）
ISBN 978-7-5038-2616-0

Ⅰ. 教…
Ⅱ. ① 蓟… ② 王…
Ⅲ. ① 中小学-教学改革 ② 中小学-教学研究
Ⅳ. G632.0

中国版本图书馆 CIP 数据核字(2000)第 39023 号

出　　版：中国林业出版社（100009　北京西城区刘海胡同 7 号）
E-mail: lucky006 @ 263.net　**电话**：（010）66174569
发　　行: 新华书店北京发行所发行
印　　刷: 北京市昌平百善印刷厂
版　　次: 2000 年 8 月第 1 版
2004 年 5 月第 1 次校订
责任编辑: 李玉峰、刘开运
校订编辑: 曹　岚
印　　次: 2009 年 2 月第 5 次
开　　本: 148mm×210mm
印　　张: 9.125
插　　页: 2
字　　数: 270 千字
印　　数: 16001~19000 册
定　　价: 20.00 元

教学艺术美(代序)

东亚教育实验研究院教科所
全国反馈教学研究会会长　刘显国

教学之所以称为一门艺术,是因为课堂教学给予充分自由创作的余地,可以像美术家、音乐家以及文学家和诗人那样,进行艺术创造。教学是一门艺术,而缺乏创造性的艺术,必然显得单调与枯燥。它的创造不仅以独特的个性来发挥和施展自己的才能,还必须与学生配合。学生既是这一创作活动的对象,又是这一创作活动积极的参与者和主要的受益者。这种艺术创作的成果,不是被人称颂的巨幅画卷,不是流传百世的乐章,也不是脍炙人口的诗文名著,而是年轻一代的灵魂,未来世界的主人。教学艺术是教师钻研教材、研究学生、进行创造性劳动的智慧之果。这种传递人类文化与文明、发展人的体魄与智慧、塑造人的心灵的艺术,是通过教师的心血和双手在孩子们的身上精心描绘来进行的,是社会的综合性艺术,是艺术中的艺术。

歌唱家唱出的歌声很美,服装色彩很美,舞台形象很美,一出台就会征服观众,人们可以享受着听觉、视觉等感官上富有神韵的综合美。一曲终了,观众如梦初醒,尽情鼓掌,这就是演员综合艺术美的魅力体现。

1998 年曾在深圳举行全国反馈教学艺术大奖赛,来自全国 30 名教坛新秀,在 2000 多人的会场上讲课,生动感人的语言美、活泼开朗的性格美、充满青春活力的形象美,深深征服了听众。大家不是也从他们那儿享受着课堂艺术之美吗?他们的课刚结束,人们报以热烈的掌声和赞扬声评价他们的综合艺术之美。

教师虽不是演员,但面对学生讲课同演员面对观众演唱有异曲同工的作用。一个是以歌声打动人的心弦,一个是以语言启动人们的思维,一个在舞台上,一个在讲台上,一个是面对成千上万的观众,一个是面对全班学生。演员和教师都肩负着教育人、鼓舞人、塑造人的重任。优秀教师的课为什么人们爱听、爱看、受到启发,能给听众留下强烈的印象,原因就在于课堂教学艺术。

"中小学教学艺术丛书"就是从老师的备课艺术、开讲艺术、板书艺术、语言艺术、提问艺术、组织教学艺术、练习设计艺术、课堂结尾艺术等方面,专题进行研讨,汇集而成。该套丛书一共40余册,集中研究课堂教学艺术。这种艺术又集中表现在教学内容美、教学结构美、教学方法美、教学情感美、板书艺术美、课堂气氛美、教学语言美、教学节奏美等方面。

一、教学内容美

科学知识本身就是一种艺术,包含真与美。通过教材内容所提示的哲理,所归纳出的规律性的知识,以及这些知识的应用价值,能使学生产生一种满足感。教师讲课要像磁石一样,凭借知识本身对学生的吸引力牢牢地吸引住学生,使学生的思维活动和情绪同教师的讲课交融在一起。

教师要善于从教材里感受美,提炼美。如数学,如果从美学角度看,数学是一个五彩缤纷的美的世界。英国哲学家罗素说过:"数学,如果正确地看它不但拥有真理,而且有至高的美。"如数的美、式的美、形的美、比例的美、和谐的美……连美术上比例美、节奏美都是数学上的黄金分割的应用。就圆周长公式 $C=2\pi r$ 来说,它体现了圆周长和半径之间存在的一种简洁、绝妙、和谐的关系。它是数学家的心灵智慧撞击所迸发出来的一种庄严、永恒和宏伟的美。

知识本身潜在的美,是不会自发地起作用的。教师的任务在于挖掘美、渲染美。也就是说,要帮助学生去揭示知识中包含的美、再造美,使原有的美更添色彩。

二、教学结构美

教学过程的美首先是指教师和学生在具体教学活动中所表现出的丰富创造性。师生在教学活动中多种心理能力的协同作战,实现理性因素和非理性因素的交融,从而形成一种活跃、生动的教学气氛。

教师要善于在教学主体部分的一定发展阶段精心安排"小高潮",会使学生兴奋、愉悦、沉思、体味,在读、说、写或读、说、算的训练中,智力宝库得到有力开发,智慧花蕾悄然绽放。

教学过程的美还指教学在动态中形成具有美的特征的组合形式,即和谐的教学过程结构。这种结构是由教和学双边活动的协调统一所形成的。教学中的完整性、有序性、节奏性等等,都是和谐的教学过程结构的必备因素,也是其美的核心。

课堂上常会出现这样的现象:同样的大纲、课程;同样的学校、环境;同样的教室、学生;同样的教材、仪器设备,但不同的教师甚至同等文化水平的教师去讲授、去使用,所取得的教学效果却不一样。究其原因,就在于讲究不讲究教学艺术。如果教师不但讲求教学的科学性,而且讲求教学的艺术性,他们灵活地运用教学的艺术技巧,在课堂上创设情境,启发诱导,适时点拨,就会做到既传授知识,又发展学生智力和培养学生能力的目的。许多优秀教师、知名学者,之所以能培养出优秀的学生,造就出有创见的人才,是与他们孜孜不倦地研究追求教学方法的美分不开的。

三、教学方法美

方法美的特征是创新。用新颖的形式、巧妙的方法、奇特的事例去展示教学过程的矛盾,引起学生的认知冲突,刺激学生产生疑问和探索的欲望,同样也能产生内在美。教学方法美突出表现在教学的新异美和教学的幽默美。

苏霍姆林斯基说过:任何一种教育现象,孩子们在越少感到教育者的意图时,它的教育效果就越大。我们把这条规律看成是教育技巧的核心。新奇能引起学生兴趣,吸引学生积极参与教学过程。事实上,如果在教学中用的事例或方法学生早已熟知,是不能激发学生学习热情的。相反,即使是内容比较陈旧,如果角度新、方法新、手段新,以新异的形式去重新组织,学生也会有兴趣去学。

教学幽默美,是教学方法灵活的体现,是高品味的教学艺术。课堂需要严肃,也需要幽默。因为幽默能营造欢快气氛,消除紧张的心理,是诱导认识发生和情感共鸣的良好"催化剂"。教师在情境创设、示例设计、导入设计和提问设计中,应用幽默艺术就可以激发学生的兴趣。

教学结构美的重要标志是目标鲜明、重点突出、层次分明、结构完整。使教学内容、方法、手段和形式等各要素有机地联系起来,使学生的主体地位真正得到体现,在学生主动地实现对"真"的领悟和对"美"的追求,教学效率达到最优时,方能使师生共同体验到这种美的存在。

四、教学情感美

情感是教学艺术魅力形成的关键。没有真挚、强烈的感情，不可能把课上得成功。教师的感情，犹如诗人的诗兴，犹如一切艺术家的强烈的创作欲望。当他对教材、学生了如指掌时，当他视学生美好形象点燃激情的火焰时，感情激动了，灵感产生了，课堂气氛激活了，教学效果就最佳。教师没有真挚、强烈的感情，没有鲜明的爱憎，没有骨鲠在喉、不吐不快的冲动，是不可能征服学生的。

纵观课堂教学，不难发现，有的教师上课，课堂是晴空万里，艳阳高照，学生就像春天的鲜花，婷婷玉立，精神抖擞。而有的教师上课，昏昏沉沉，学生就像是暴风雨中的麦苗，趴在课桌上，无精打采。

为什么同一个班的学生，不同的教师上课，学生的学习情绪迥然不同？这就是教学艺术，是教师调节情绪的艺术，是一种"阴转晴"的艺术。

教师丰富、纯洁而高尚的情感，可以左右学生的思想。因此，教师在教学中要始终把握自己的情感。按照情感转移原理，教师先入情——动情——析情——移情。根据这一感情发展过程组织教学就能激发学生的情感。有的教师讲课声情并茂，注重熏陶感染，教师踏进教室就像演员走进摄影棚一样，立刻进入角色，用自己的巨大热情和对学生的关心，对知识的酷爱，对教学的责任感，去激起学生相应的情感体验，使学生体会到教师对自己的爱护和帮助，从而更好地接受教育，接受所传授的知识。

心理学家认为，兴趣与爱好就是一种同愉快情绪相联系的认识倾向性与活动倾向性，当学生情绪高昂时，他就有良好的情趣去学习他所学的东西，效果也特别好。可以说情感是学生乐学、爱学、勤学、巧学的内在动力。师生之间的情感，给人的一生会留下不可磨灭的记忆。

五、板书艺术美

板书是教师在备课中构思的艺术结晶，是学生感知信息的视觉渠道，是发展学生智力和形成良好的思想品质的桥梁和工具。好的板书不仅在内容上概括剖析，恰到好处，自成一体，浑若天成，而且在形式上因内容不同，重点不同，各具特色，结构精巧，情趣横生。它以确切的科学性，指导学生学习课文，又以独特的艺术魅力，给学生以美的熏陶，美的享受，美的启迪，堪称教学艺术的再创造。

好的板书是课堂教学的“集成块”，它集教材编者的“编路”、课文作者的“文路”、教师的“教路”和学生的“学路”于一体，是教师的微型教案。

好的板书，它要求教师必须根据教材特点，讲究艺术构思，做到形式多样，让学生有自由支配的时间，这样就能达到“此时无声胜有声”的功效。内容系列化、结构整体化、表达情境化。同时，它还要求教师根据教学实际，遵循板书的基本原则，具有明确的目的性、鲜明的针对性、高度的概括性、周密的计划性、适当的灵活性、布局的美观性、内容的科学性、视觉的直观性，这样，才能给学生以清晰、顺畅、整洁、明快的感觉。要做到这一点，还必须做到：

内容美——从用字遣词上看，准确无误，内容精炼；从整体上看，线索分明，重点突出。

形式美——布局合理，排列有序，条理清楚，具有立体美、对称美、奇异美、多样美、和谐美和造型美。

书法美——字迹工整，一丝不苟，合乎规范，美观大方，使学生受到美的陶冶。

六、课堂气氛美

好的课堂气氛，令学生如沐春风，如饮甘泉，人人轻松愉快，个个心驰神往。

在课堂上，往往看到这样两种不同的场面：有的教师精神饱满，生动传情，学生情绪高涨，注意力集中，教与学双方都沉浸在一种轻松愉快的气氛之中，都积极开启智能的机器，共同探索着知识之谜。有的教师则不甚得法，讲得口干舌燥，声音嘶哑，而学生则木然置之，毫无反应，整个课堂犹如一潭死水。

好的课堂艺术气氛应是：

有疑问——在课堂上，教师要创设问题情境，用疑问开启学生思维的心扉。

有猜想——通过猜想，在头脑中形成一种求知的心理定势。

有惊讶——在课堂上，教师要善于释疑学生的迷惘，轻轻点拨后茅塞顿开，心理惊叹不已，惊讶中有说不出的喜悦之情。

有笑声——老师的课堂讲述要生动有趣，幽默诙谐，使得学生不时发出会心的笑声。

有争议——教师要鼓励学生大胆质疑，让学生围绕中心各抒己见，把问题弄明白。

有沉思——在关键问题上，教师要留出“空白”，让学生探索。

有联想——教师不要把课讲绝了，要留有余地，让学生联想，要透过有限去展现无限。

课堂气氛美能够创造师生和谐共处、情感融洽交流的良好教学氛围，且能机智地处理课堂偶发事件或纪律行为，维持课堂纪律，提高教学质量。

具有良好的教学艺术的教师，总是想方设法创造一个良好的教学氛围。这个氛围包括优良的班风、良好的学习气氛、良好的民作气氛、健全的组织纪律、良好的情感交流，以及优美的教学环境、教师优美的语言、板书、风度等。有了良好的教学氛围，师生之间就会上呼下应，下传上达，情真意切，配合默契，就会在师生愉快的交往中完成教学任务。

七、教学语言美

语言是完成教学任务的主要工具。教师的语言美在很大程度上决定着学生学习的效率，教师的语言生动、形象、幽默、风趣、逼真、亲切、自然、充满情和意，学生听了便“如临其境，如见其人，如闻其声”，使教材化难为易，学生得到美的享受。

教师要善于运用自己的声调，以便准确、生动地表达自己的思想和感情，赏心悦目，使学生在潜移默化中受到陶冶、激励和鼓励。教师要善于将教学语言的科学性和教育性，用艺术化的优美形式和方法诉诸学生的感官，使之入耳、入脑、入心灵。

课堂教学效果的好坏，虽然受多种因素的影响，但教师的语言艺术往往起到特别重要的作用。特别是教学语言要精当，思路要清晰，讲解抽象的知识必须用生动的事例、直观形象的语言，让学生在语言产生的视觉效应下唤起表象或产生联想和想象。点拨时语言要富有启发性和思考性，给学生一种似隐似现、若明若暗之感，使其有所思、有所想、有所悟；读题、谈话、讲解时语言要运用得体，快慢适度、能突出知识逻辑重音，字字清晰，声声入耳。讲话要有艺术效果，有幽默感，或开宗明义，或含蓄婉转，或说理比喻，讲解和论述思路正确清晰，论证简洁严密。

八、教学节奏美

教学节奏美能减轻学生身体的劳累，并唤起他们追求新知识的喜悦感。

教学节奏美可以处理好教学中速度和强度问题，即既考虑教学中的高效率，扩大教学信息量，又考虑学生的接受能力，留有思考余地，让学生吸收消化，甚至进行必要的重复、提醒，以适时强化，做到快慢适中。教学既要考虑一定的强度，显示教学的激情，以引起学生注意，又要考虑教学的节奏和学生的心理承受能力，做到抑扬顿挫、高低适宜。这样就可以避免教学频率过快，学生不能吸收消化；教学声音过低，频率过慢，引不起学生注意；教学声音过高，刺激太强，造成学生疲劳等信息传递中的误差和失误，难以保证课堂教学质量的提高。

教学节奏美还表现为对教材内容的处理与安排富有弹性，即有起有伏。教师要根据学生课堂的反映来调节节奏，使学生的情绪具有弹性。如教师在讲述一些要领，阐述一些基本原理时，总是毫不含糊，一字一顿地讲。听这样的内容，学生的思维活动往往是很紧张的，为了把教学组织得十分严密，让学生一字一句不漏地听进去，并记在笔记本上，他们需要高度集中注意力，如果一连两节课让学生处于这样的紧张状态中，大脑会由于承受不了过重的负担，而转为抑制，兴趣就会降低。因此，在内容的安排上要适度，把一些有趣、新颖、生动的内容穿插进去，使学生的情绪有张有弛。教学在进行了一段以后，让学生有静心回味的时间，课进行到一阶段后，要让学生有自由支配的时间，这样就能达到“此时无声胜有声”的功效。

教学艺术美能引起学生的审美感受，净化学生的心灵，进而培养学生正确的审美观点和审美情趣，提高其感受美、体现美和创造美的能力。

具有精湛的教学艺术的教师，会意识到自己不仅作为教师在讲课，而且同时是作为艺术家在表演，作为审美对象塑造着美的形象，释放着美的风光。因此，他们总是以自己独有的内在美和外在美的艺术风格的教学，激起学生良好的审美体验，给学生以崇高的美感。这种美感会产生强烈的感染力，震撼学生的心灵，激起他们对所学知识产生肯定的、积极的情绪体验，引发学生热爱知识、追求知识、相互热爱的情感，密切师生关系；还会促使学生对美的事物产生爱的追求，纯正自己的心灵，强化自己的兴趣，消除不专心、开小差等杂念，甚至激发学生模仿美的语言和动作。学生在如此美的海洋中遨游，当然会得到美的享受，产生美的追求，端正自己的思想，净化自己的心灵。这正体现了教学艺术的美育功能。

10 多年来，我们研究教学艺术，从理论到实践，再从实践到理论；从高楼深院的象牙塔走进学校，走向课堂。先后在北京、上海、天津、成都、长春、昆明、哈尔滨、吉林、兰州、长沙、深圳等 10 多个大城市，举办了 10 多届教学艺术学术研讨会暨教学艺术大赛，来自全国 1000 多所实验学校推荐的 500 多名教坛新秀在会上展示了他们的教研成果，展现了他们的教学风采，交流了他们的教学经验。在课堂上，新秀们以生动形象的语言、优雅、亲切的姿态，充实丰富的教学内容，高超娴熟的教学艺术，创新独特的教学风格，清楚、漂亮的板书，准确、精当的讲评，炽热、动人的情感，吸引了学生们的注意力，激发了学生学习的兴趣，交给了学生打开知识大门的金钥匙。赢得了学生们的好感与尊敬，赢得了来自全国参会代表的好评。

教学艺术的研究已历经 15 年。这 15 年，是艰苦奋斗的 15 年、开拓进取的 15 年、改革创新的 15 年、新人辈出的 15 年、硕果累累的 15 年。

“中小学教学艺术丛书”是在“九五”国家级重点课题“面向 21 世纪我国中小学教师队伍建设研究——教师教学艺术研究”成果的基础上，集全国优秀中小学教师的教学艺术成就著集而成，共 40 多分册，至 2004 年底全部由中国林业出版社陆续出齐并公开发行，旨在提高广大教师的教学艺术水平，促进全面实施素质教育。

2003 年 3 月 15 日，是我们研究会值得记住的日子。这天，中国教育学会经过专家论证，全票通过批准我会（全国反馈教学研究会）申报的现代教学艺术研究为“十五重点课题”。

艺术源于生活而又高于生活，是对生活的再创造；教学艺术源于教学而又高于教学，是对教学的再创造。成功的教学是艺术化的教学，而只有艺术化的教学才是成功的教学。课堂教学处处充满着美，教师应引导每个学生从教材、教学、学习中发现美，寻找美，感受美。愿我们的课堂教学都充满教学艺术美，让我们的学生都能享受到教学艺术美。愿教学艺术之花在新世纪越开越艳丽。

2003 年于深圳艺丰书屋

前　言

改革开放以来，我国的中小学教育事业取得了显著成绩。这些成绩的取得得益于全党全社会对中小学教育的重视和教育教学的不断改革。新世纪，中小学教育面临新的挑战，需要进一步深化改革，全面实施素质教育，培养德智体美全面发展的社会主义事业的建设者和接班人。

深化中小学教育教学改革，不仅要依靠广大专业理论工作者的积极努力，更需要第一线中小学教师的积极参与。中小学教师是教改教研的主力军。在近十几年的教改教研中，有一大批中小学教师取得了丰硕成果，为发展中小学教育事业、深化教育教学改革、建设有中国特色的教育教学体系做出了重要贡献。

改革需要理论，理论指导改革；教育教学实践孕育着教育教学理论的产生，呼唤着教育教学实验、研究的深入开展。广大中小学教师参加教改教研有着丰富的内容和广阔的前景。为了总结中小学教师进行教改教研的经验，引导更多的教师参与教改教研，并在具体的技术、方法等方面给予指导，我们组织有关人员编著了《教改教研艺术》一书，作为“中小学教学艺术丛书”的组成，我们深感意义重大。其编写目的在于使本书既能起到教改教研手册的功能，又可以作为教改教研交流的园地。本书具有鲜明特点：一是系统性，从理论原理、程序、原则、课题选择、研究方法、成果评价等方面进行了全面论述，有利于教师对教改教研总体把握；二是实践性，紧密联系中小学教育教学实际，紧扣中小学教育教学改革的主题，有利于教师站在新的起点选择课题并进行研究；三是实用性，精心选择案例，详细论述具体的操作方法，如选题、确定研究方法、撰写论文等，有利于教师掌握要领，并少走弯路。

本书是集体智慧的结晶，参加编写的同志主要是师范院校的专家、教研中心的研究人员和有丰富教改经验的中小学教师。具体写作分工是：第1章王小新、曹凤娥、周荣顺、王增昌；第2章王小新；第3章王正中、陈晶；第4章蒋建华、平淑敏；第5章蓟运河、王正中、马红梅；第6章蓟运河、王增昌；第7章杨爱东、蒋宗尧、蓟运河、张君；全书完成后由蓟运河统稿。

在本书编写过程中，参考了许多有价值的材料，在此谨向有关的教师表示感谢，同时欢迎广大读者对本书提出各种意见和建议。

编著者

目　录

1 教学实践和研究是培养教育家的沃土

当今世界，各行各业劳动的技术含量日益提高，相应地要求从业者具备科学的头脑和开拓进取的意识。中小学也不例外，要以教改推动教育事业的发展，就要以研究来引导教改方向，加大教改力度，提高教改效益。所以说，是时代要求中小学教师从经验型转向学者型和专家型，成为教改和研究的生力军。

教师劳动是一种创造性劳动，但在表面上又显出年复一年日复一日的重复，容易滋生匠气和惰性。只有坚持教育科学理论的指导，保持探究的精神和革新的意识，才能从教改和研究的成就中发现自身价值进而激发起继续开拓创新的愿望。可见，从事教改和研究也是中小学教师职业自身的要求。在中小学开展教改和研究具有重要的理论意义和现实意义。

1.1 中小学教师进行教改和研究有利于转变教育观念，实施素质教育

众所周知，教育观念决定教育行为，中小学教师进行教改和研究时应加强理论学习，转变教育观念。但事实也证明，教育观念的转变，仅仅靠理性的思考是不够的，需要在教改和研究的实践中完成并巩固。因此，可以说，在中小学开展教改和研究有利于转变教育观念，进行素质教育。那么，有利于转变哪些教育观念呢？

1.1.1 教学观

片面的教学观认为教学就是教师教，学生学；强调教师的教，忽视学生的学；重视知识的传递，忽视学生的智能的开发和非智能因素的培养等。教师的备课、上课都以学生是否掌握书本知识，能否通过各式各样的考试为最高原则。这种教学观虽然有助于学生学习系统知识和技能，

但学生过于依赖教师和书本，造成了学生主体意识淡薄、创新精神差、人格不健全，给学生的进一步发展带来了障碍。教师应由片面的教学观向正确的教学观转变。正确的教学观要求教师以学生为主体制定教学策略，设计教学方案，选择教学方法，组织教学过程，培养学生的主体意识、参与意识和创新意识，使学生积极主动、生动活泼地学习，真正成为学习的主人。

1.1.2 学生观

学生观是教师教育学生和评价学生的思想方法与标准，是育人过程中对学生采取何种态度和何种教育方法的出发点与依据，也是调节师生关系的思想基础。片面的学生观认为，学生是受教育者，教师讲什么学生就该听什么，教师怎么讲学生就该怎么听。这种学生观助长了教师埋头讲，使教师成了课堂的主宰，把学生当成知识的容器，学生只能被动地学、苦学、没兴趣地学。不仅影响了学生的全面发展与个性的主动发展，而且导致一些学生厌学、辍学乃至弃学。为了实现应试教育向素质教育的转变，树立正确的学生观非常重要。正确的学生观就是教师能够依据学生和社会发展的实际需要，把调动学生的积极性、开发学生的潜能、促进学生的主动发展和形成学生的良好心理品质作为育人行为的起点和归宿，以达到全面提高学生基本素质的根本目的。为此，教师在教育教学过程中应注意以下两点：一是面向全体学生。即注意研究每个学生的特点，为每个学生的主动发展、施展才华创造时机和条件，以适时、适度、适当的教育方法，帮助每个学生走向进步和成熟，以便使每个学生都能得到充分发展。二是注重学生全面发展。要求教师不仅要传授知识，教会学生做人的道理，而且重要的是激发学生的求知欲，注重开发学生的智能因素和非智能因素，培养学生的生活能力、发展能力和创造能力等。

1.1.3 师生观

片面的师生观是教师高于学生，教学进度由教师安排，教学内容的“详略”由教师课前备好，作业由教师安排设计。教师的“主导”完全代替了学生的“主体”，教师不轻易接受学生的自由意见与自主思想。这种师生观造成学生心理负担加重，导致学生主体地位丧失，好奇心与创造欲日渐减弱，压抑学生个性和潜能的开发与发展。正确的师生观是建立民主、平等、和谐的师生关系：教师在教育教学中能创设民主的教学氛围，随时征求学生的意见，了解他们的心态和需要，不断改进教学；能平等地对待每一个学生，包括智能不同的学生、学习成熟不同的学生、个性特点不同的学生、家庭背景不同的学生等；能尊重每一个学生，尤其尊重智力发展迟缓的学生、有过错的学生、有缺陷的学生、和自己意见不一致的学生等。这样，就能打破教师的“一言堂”，实现学生的主体地位，努力减轻学生的心理负担，解放学生的心灵，激发学生学习的主动性和积极性，培养学生敢想、敢说、敢干的创新精神和创造思维能力。

1.1.4 课程观

片面的课程观以学科为中心，课程分割过细，课程之间联系不密切，课程结构不合理。现代课程观强调，要从以学科为中心进行分割的知识教育，转到进行整体知识教育，为学生提供整个“生活世界”所需要的各种知识和经验，注重直接经验和间接经验的统一，加强课程的综合性和实践性，重视实验课教学，培养学生实际操作能力。为此，我们一方面要软化学科界限，淡化细节了解，强调学科的相互联系以及科学和社会系统的联系，而不是简单地通过增加学科“课程”来扩大学生的知识面；另一方面要从构建合理的课程结构出发，探索学科课程与活动课程、必修课程与选修课程、国家课程与地方（学校）课程，以及显性课程与隐性课程之间的内在联系，形成与学生全面发展相适应的课程结构。

1.1.5 人才观

片面的人才观认为，只有那些科学家、艺术家、政府的领导人等才可以称得起人才；对学生来说，只有考试成绩好的才是人才，而那些升学无望的则不是人才。这种人才观使有些教师面向少数学习好的学生。正确的人才观认为只要在自己的岗位上做出贡献的人就是人才，人才是多种类型和多种层次的，教育就是培养具有多方面良好素质的人才。为此，首先要坚持全面发展与培养个性特长的统一。教师既要为所有学生打好共同基础，也要为所有学生的学有特长创造条件。不同类型的人才，需要有不同的“特殊基础”，这种基础从小就要打好。在中小学教育中，“特殊基础”重在发展和开发，而不一定都培养成专家。其次，坚持普及教育和英才教育的统一。教师应当使不同层次、不同水平的学生都得到相应的教育，真正做到因材施教。再次，在传授基本知识的过程中，还要着力培养学生的各种能力，认识美育和劳动技术教育的多方面、多层次的价值，培养学生的审美能力和劳动能力。最后，还要使学生成为身心健康的人，具有良好的体魄和锻炼的习惯以及良好的心理素质、自我调节心理的能力。只有这样，才能使学生全面发展，多面成才。

1.1.6 评价观

片面的评价观以学生的分数作为评价学生优劣的标准，认为分数高的学生就是好学生。实际上，虽然分数的高低与平时的努力有极大关系，但知识测验有一定的随意性和偶然性，并不能科学全面地测出学生的发展水平，加上教师评分的主观性和计分方法的经验性，这样的分数是不可靠的。为了使分数更切合实际地反映学生的真实发展水平，现代评价观要求把平时考查与定期测试结合起来，把教师评价与学生评价（互评、自评）结合起来，把知识性测试与智能性测试结合起来，把终结性测验和过程性测试结合起来，这样可对学生做出较全面的评价。目前有的学校在评价学生的学业成绩方面进行了一些改革，除考试成绩外，平时成绩、作业情况和出勤率也占一定的比例；还有的学校除评价学业成绩外，十分重视学生实际能力的评价，它包括领导能力、组织能力、社交能力、独创能力、个人特长和发展潜力等。这些正确的评价观不仅能使学生认识自己，掌握自己，设计自己，而且能鼓励学生增强学习信心，调动学生学习的主动性和积极性，培养学生的各种能力。

实践证明，由片面的教育观念转变为正确的教育观念，是实施素质教育的关键。而在中小学开展教改和研究有助于转变教育观念，进行素质教育。天津市普通高中的新课程试验充分说明了这一点。

1997年开始的天津市普通高中新课程试验，是一项集教学、课程、管理等为一体的综合性国家级科研课题，其根本目的是构建适应我国普通高中培养目标的新课程体系，加强学校科学的教育管理，深化课堂教学改革，优化教学过程，使高中教学更好地贯彻教育方针，提高教学质量，全面推进素质教育，促进学生生动活泼、积极主动地全面发展。天津市教委认为,应把切实转变教育观念作为教学研究活动中的一项奠基性、关键性的工作认真抓好。1997～1998 年，在转变教育观念方面，天津市教委主要抓了两项工作：一是加强理论学习，这是转变观念的基础。他们多次组织教研室主任研修班、现代教育理论讲座等学习活动，使各教研室领导、教研员、骨干教师对素质教育的意义、内涵、目标、任务及实施措施等有了深刻认识,进一步提高认真执行高中课程计划的自觉性,增强搞好新课程试验的信心，明确试验的方向。二是结合试教实际转变教育观念。首先，他们结合新教材的培训做好观念的转变工作。新教材的试教工作是高中新课程试验工作的中心,抓好对新大纲、新教材的理解、使用和评价三个环节是搞好新教材试教工作的基础。语文教研室通过一系列的培训、辅导、观摩、交流等活动，帮助广大教师和教研员对新大纲、新教材做到三个明确：明确教材编写的指导思想；明确教材的新体系、新特点；明确教材试验需要新的意识、新方法。其实质是提高认识、转变观念，即要求把高中语文教学从应试教育转向素质教育，从讲授为主转向训练为主。其次，结合日常教研活动进行观念转变工作，在教学设计研究和研讨课活动中，引导教师要深刻认识对某节内容、某节课的教学设计和实施，采用的教学模式和教学方法往往是执教者教育观念的反映，进而明确正确的观念对优化教学过程、提高教学效益的必要性和重要性，有力地促进了教师正确教育观念的建立和巩固。

1.2 中小学教师进行教改和研究的重要性

1.2.1 中小学生课业负担现状

在应试教育指挥下，我国中小学生的课业负担很重，导致学生没有足够的时间从事其他活动。据吉林省教委小学、初中学生课业负担问题调查组 1995 年 5 月对长春、四平、通化等 3 市 6 县（市、区）26 所中小学 49 个教学班进行的抽样调查表明,中小学生课业负担过重表现在三个方面：一是超纲，即超越教学大纲的基本要求。调查 14 所中学，普遍反映为应付考试，超纲讲授、超纲脱本现象严重。教师怕漏讲知识，对教材尽量往宽、往深、往难、往多处讲。新教材讲着，老教材带着。为应付考试，调查中还发现多数学校抢进度超前结束课程，到3月中旬，初三结束全部课程进入总复习的学校占被调查学校总数的76.9%。二是超量，即一些教学行为超出国家教育行政部门的有关限量。①课程多。小学课表上的课程10多门，有上级有关部门压的，如人防课、普法课、税法课、环保课等；有本校自行加的，如学法课、微机课、青春期教育课、心理咨询课，这些课多是由于实验学校的性质决定的；还有地方编的具有乡土特色的地方课等。②资料多。调查过的中学一般学生有复习资料3～5套，最多一名学生有11套40多本。这些资料既有教研部门、学校规定购买的，也有教师、家长给购买的。③作业多。由于课程门类多，复习资料多，学生有写不完的作业，做不尽的习题。有些教师不但留的作业多，而且在学生做错作业时要加倍或加数倍罚做，更加重了作业负担。遇到节假日，毕业年级学生的作业更应接不暇。④考试多。调查发现，多数县（市、区）及学校依然把频繁考试作为促进质量提高的重要手段。有的县（市、区）还明着暗着地实行初一联考、初三摸底考、义务教育验收考、奥班选拔统一考等名目繁多的考试。三是超时，指延长学生在校时间，增加学生在校活动总量，占用学生星期天、节假日授课和补课，挤占了学生的其他活动时间。中小学生在外在压力的“强迫”下，不得不牺牲绝大部分空暇时间，甚至是保证身体正常发育所必需的休息和健体时间，使得自己的体质在追逐“升学”的热潮中渐渐地下降。在这种情况下，学校和教师不断地用“梅花香自苦寒来”“吃得苦中苦，方为人上人”“今天的吃苦，是为了明天的幸福”等等磨炼意志的话乃至功名利禄的世俗哲学来告诫学生，变相地鼓励学生用生命做升学的赌注。家长则除了不要孩子做任何费体力、费时间的活动或家务外，为孩子大量购买林林总总的营养品，以示鼓励或奖赏或作无可奈何的弥补。至于孩子的体质状况，则只好抱着顺其自然的心态。

学生课业负担过重，使学生没有足够的时间睡眠和锻炼，导致他们视力下降，体质机能指标下降。1993年对10省市中小学生的视力抽样监测显示，小学生近视率达16.84%，初中生45.59%，以至在1993年北京等5省、市地区高考体检中，体检完全合格者仅占15%左右。* 据另外一项调查表明，有55.8%的学生认为，导致他们视力下降的最大原因是学习时间长，眼睛得不到应有的休息。还有研究表明，中小学生一般早上6点钟起床，在校学习时间7～8小时，且中午一般不休息，晚上9～10点钟才能睡眠，每天睡眠、休息时间不足9小时，加上缺少体育锻炼，造成体质下降。

睡眠不足不仅会损害身体，而且会影响智力的发展。据1995年第5期《卫生与生活》杂志载文报告，儿童睡眠与其智力发育有密切关系。7～8岁小学生的学习成绩明显与睡眠时间长短有关。那些每天睡眠少于8小时的儿童，60%的人跟不上功课，40%的人勉强够上平均分数线，且他们之中无一人名列前茅。而另一些每晚睡10小时左右的孩子，仅有13%的人觉得功课吃紧，76%的成绩中等，11%的学生功课优良。结果还表明，睡眠不足（减少）的孩子常伴有口吃等语言障碍，比正常儿童显得反应迟钝。

1995年《中国教育报》曾刊登过题为《清华，期待体魄强健的新生》的文章。文章通过对清华新入学的学生进行较全面的体能调查，发现新生的体能状况令人担忧。以1994年新生入学三项体能测试为例（满分300分），456名女生和1707名男生参加测试，其中三项测试成绩不足180分的女生达66.9%，男生达66.6%。同年清华大学对大学新生进行有关体育和健康方面问卷调查，其中一栏是“你认为自己的健康状况是：强壮、一般、较弱、很弱、多病”，请学生自己如实选择。调查结果是填强壮的占有1.26%，一般为12.42%，较弱的为45%，很弱的占34.08%，多病的占7.24%，高分数与低体能者形成如此鲜明的反差！据了解，1994年清华大学从全国30个省、自治区、直辖市近千所中学招来2300多新生，这一问卷调查应该说是在全国具有一定普遍性的。清华大学所做的测试和调查与其说是对入学新生的体能考查，不如说是对这些高才生所在中学过重的课业负担导致体弱现象的一次检查。

---

* 陶文中：《减轻中小学生过重课业负担》，《中国教育报》1995年2月13日。

1.2.2 如何减轻学生的课业负担

中小学生过重的课业负担已到了非减不可的地步和时候，这是广大中小学生的迫切要求，是全社会的共同愿望，是关系到我们培养什么样的人，怎样培养人的一件大事。理论和实践证明，要减轻学生的课业负担，除了转变教育观念外，更重要的是在中小学开展教改和研究，进行素质教育。不少教育行政主管部门和学校在"减负"方面做出了艰苦的努力，收到了明显的效果。

早在1985年，吉林省教委就对"减负"问题比较重视，他们以"减负"为突破口，围绕实施素质教育，组织全省教育系统进行了深入学习和广泛讨论，并对中小学课业负担问题进行了专题调研，使大家认识到了问题的严重性，增强了"减负"的责任感。省教委从三个方面入手进行教改和研究，减轻中小学生过重的课业负担。

首先是严格要求，全方位强化管理。通过召开会议、下发文件、领导讲话、现场办公等多种形式，紧紧围绕减轻过重课业负担、全面提高学生素质这个中心，从课内到课外，从学科到活动，从校内到校外，规范教学行为，强化负担管理，概括起来做到了五个严格：①严格控制学生在校活动总量和作业量。按照国家教委的有关规定，他们始终把控制中小学生在校活动总量和作业量，当做"减负"的一项重要措施反复强调，紧抓不放。②严格管理各种各类复习和辅导材料。针对乱编、乱印、乱订各类中小学复习资料和练习册现象，省教委下发了关于查处各种复习资料工作的通知，全省上下动员，从抓减轻中小学生书包重量入手，花大力气治理"三乱"，坚决查处各类违纪事件，维护教学用书的严肃性。③严格规范中小学教学用书的编写、出版和发行。省教委成立了中小学教材审定委员会，负责把住中小学用书的审定关。④严格控制各种类型的竞赛、读书和评奖活动。根据国家教委有关通知精神，全省各种类型的竞赛、读书和评奖活动，均由省教育行政部门归口管理，省教委下发了《关于中小学学科类、科技类竞赛、读书、评奖等活动的管理办法》，有效地制止了过多过滥的竞赛活动，使中小学生从繁重的竞赛活动中解脱出来。⑤严格对节假日和双休日的管理，把节假日真正还给学生，确保中小学生自主支配、自由休息和娱乐。

其次，是抓住关键，加大升学考试的改革力度。升学考试是教学工作中的“指挥棒”，对减轻过重的课业负担具有重要的导向作用。多年来，他们抓住这个关键，增强普及意识，淡化选拔意识，面向大多数学校，面向大多数学生，使考试更好地为全面提高学生的素质服务。①改革小学考试。省教委下发了《关于改革小学考试办法，减轻学生过重负担，全面提高教育质量的若干意见》，明确提出评定学生成绩要坚持考试与考查相结合，毕业考试和平时测验相结合，笔试、口试和动手操作相结合，革除单纯以考试分数代表全部学习成绩的弊端。②通过减少考试次数和考试科目、改革考试方法、降低考试难度而改革了初中升学考试。③改革初中分流教育毕业考试。目前全省初中分流教育考试（考核）已自成体系，体现了分流教育的特点，从内容、形式到标准以及毕业证书的发放同普通初中完全区别开来，并在实施中逐步做到了科学化、规范化和制度化。

最后，是完善机制，落实“减负”的保证措施。减轻过重的课业负担，全面提高学生素质是一项艰巨的任务，必须常抓不懈，纳入教学工作管理的良性循环轨道，构建科学、有效的运行机制，从具体措施上提供保证。①建立质量检查机制，坚持“减轻负担”与“提高质量”两手抓。从1993年起，省教委开展了“教学质量万里行”活动。质量检查小组通过召开师生座谈会，搞师生问卷调查，掌握了大量的第一手材料。省教委充分利用检查结果，向受检单位及时反馈，促进了教学质量的全面提高。②通过督导评估机制，科学考核办学水平。自1990年以来，该省建立了各级政府和教育部门两个系列的“双线目标管理责任制”，每年都要对责任制的情况进行督导评估。8年来他们坚持把减轻学生过重的课业负担，落实“两全”作为重要指标列入责任书，作为考核各级领导政绩的重要内容，并加大权重，强化督导，充分发挥其督导作用。③运用奖惩激励机制，注重培养和树立先进典型，通过多种形式大张旗鼓地宣传他们的经验和事迹，充分发挥典型的引路作用；同时也抓了一些反面典型，对某些违背教育教学规律屡禁不止的行为进行了查处，并通过报纸、电台、电视台等新闻媒介随时曝光，形成了“减负”的有利氛围和社会大环境。

经过全省上下的共同努力，绝大多数中小学办学思想端正，课堂教学抓“纲”“务”“本”，课外活动丰富多彩，违背教学规律的现象明显减少，为学生生动活泼、积极主动地得到发展创造了有利条件。越来越多的学校形成了良好的教风、学风和校风，形成了各自的办学特色。全省小学基本无流失生，初中辍学也得到了有效控制。学生毕业合格率、体育达标率连续多年超过国家规定标准，广大中小学生的整体素质得到了全面提高。

和谐教育法的研究与实验取得的成果也说明了在中小学开展教改和研究有利于减轻学生过重的课业负担的问题。这项研究和实验从1986年开始，目前已扩展到山东省25个县（市、区）和大企业的几百所中小学及幼儿园，并在北京市和黑龙江省的部分中小学推广。从实验的结果看，提高了课堂教学效果，减轻了学生的课业负担。几年来一直全面实验这项课题的山东省邹平县实验中学，许多学科如政治、历史、地理、生物等进行当堂达标，作业堂堂清，取消家庭作业。学生在校时间、作业量大大少于县内同级学校，而教学质量、升学成绩年年上台阶。1993年第一届走完三年教改全程的初中应届毕业生，升入重点高中、中专的人数达30%，在全县遥遥领先。几年来，这个学校坚持学生不上晚自习，学生在校时间不超过8小时，师生共同过双休日，而教学成绩稳居全县同类学校之首。山东省莱芜市实验小学进行和谐教学实验后，学校规定一年级不留家庭作业，二、三年级课外作业总量不超过半小时，四、五年级课外作业总量不超过40分钟。同时，在校内实行静校制度，放学后15分钟要求学生全部离校。学生课业负担减轻了，教学成绩却大幅度提高，1993～1995年连续三年各年级各科及格率平均增长4%～10.8%，优秀率平均增长20%～36%。

1.2.3 中小学教师进行教改和研究有利于学校的发展

教育行为对教改和研究的依赖性，是现代教育的重要特征之一。因此，办现代化学校，就要坚定不移地走教学改革和科研兴校的道路。实践证明，只要通过反复酝酿、筛选，抓住学校的主要问题开展教改和研究，按照方案认真实施，形成制度，并不断加以总结和完善，学校的教育实践就会更合理，更符合规律性。学校通过开展教改和研究，信息会更多，思路会更活，视野会更宽，名气会更大，学校就会发展，办学效益就会更好。综观全国，凡是有名望的中小学，都有自己的教改实验课题。通过教改和研究，提高办学效益，不断增强学校的知名度，能使名校的“名气”更大，使一般校向名校迈进，使薄弱校逐步改观。多年来，一些学校在这方面进行了积极的探索，取得了可喜的成绩。

20世纪80年代初，湖南师大附中提出“发挥重点中学优势，积极开展教育科研”的口号，本着教学、教改和科研相结合的原则；采取教师、干部、专业理论工作者相结合的办法，开展教改和研究。目的在于探索教育教学规律，提高教师的理论水平和思想、业务素质，促进办学思想科学化，改革落后的教育思想、教学内容和教学方法，全面提高教育质量，使学校办出特色。十几年来，他们坚持学习教育科学理论，始终把教育思想的转变放在学校领导工作的首位，率领全体教职员工走科研兴校之路，积极开展整体教改实验，在改革实践中不断提高认识，更新观念，探索学校最优发展的道路，对教育教学效果起制约作用的各种因素，从整体优化出发实行综合控制，使它们尽可能合理地组合，协调地发展，达到全面贯彻教育方针，全面提高教育质量的目的。这项整体改革包括三方面的内容，一是综合改革，包括教育、教学、内部管理等的改革；二是整体育人，把学生看做发展的整体，以德、智、体、美、劳与个性的全面和谐发展为目标，全面提高学生素质；三是系统优化，以学校内部育人系统的优化组合为主导，协调家庭、社会各种教育因素，形成教育合力。从整个学校来说，就是探索如何在正确的教育思想指导下，对学校教育内部各个要素及其结构进行比较全面的、系统的、有层次的设计和改革。经过十多年的努力，取得了一批教改和研究成果，有力地促进了学校的发展。该校整体教改实验课题获1990年湖南省首届中小学教改成果一等奖，同时，汇集这一阶段整体改革成果的《教育实验与全面发展》一书获全国首届教育科学优秀成果二等奖。1996年这项教改课题又获湖南省第四届中小学教改成果“发展奖”。还有26项教改成果获二等奖，2项成果获三等奖，6个课题分别获长沙市课堂教改一、二、三等奖。

江苏省如东县马塘小学从20世纪80年代初就开始进行教改和实验研究。学校领导首先更新自己的教育观念，实现从“苦教”向“善教”转化这一观念的飞跃；更新自己的管理观念，实现从“向苦干要质量”到“向科研要质量”这一观念的飞跃，从而引导教师不断增强科研意识，积极参与科研活动。其次，他们建立了完善的教改和科研组织，学校成立了由校长、分管教育科研工作的副校长、教导主任、教科室主任、总务主任和主课题负责人、子课题的教师代表等组成的领导小组，负责全校教育教学理论的普及，教改和科研的规范与管理，科研课题的立项、研究和指导，教改和科研讨论会及教学经验交流会的召开，教改和科研成果的奖励和推广。教导处具体负责组织实施，下辖几个教研组，教研组内又有各年级的备课小组即校领导小组→教导处→各学科教研组→各年级学科备课小组→专任教师，形成了上下贯通的教改和科研组织网络，使学校教改和科研活动与各学科教育教学实践直接贯通起来。第三，学校领导亲自动手，率先垂范。学校正副校长中有 3 人是特级教师、具备中学高级教师职称，1 人为省级有突出贡献的中青年专家、科研兴市奖励基金获得者，1 人被评为全国科研型校长。领导班子成员带头上实验示范课、汇报课、研究课，带头搞调查研究，亲自主持了两项国家级子课题，两项省级课题和两项市级课题的实验工作，其中整体改革实验论文先后 6 次获省级以上奖励。领导成员亲自做关于科研的报告，写文章，出专著，以自己的行动给教师做示范。近年来，12 名领导班子成员在各级报刊发表文章 700 多篇，在全国各级各类论文评比中获奖 202 人次。在校领导的带领下，全校教师积极参加到教改和科研中。十多年来，该校从单项实验到整体改革实验，从课堂教学改革研究到课内外教育活动有机结合的研究，由一般应用性课题研究到理论性课题研究，循序渐进，不断深入。学校共撰写实验课题总结 260 余份，获省以上奖励 62 次，2 次获江苏省教育科研成果奖。全部教师参加了实验课题的研究，有 1996 篇论文辑纳成 3 本专著，72 名教师的论文获奖共 400 多次，38 人参加县以上各种学术团体。通过开展教育科研，提高了教育质量和办学水平，达到了“科研兴校”的目的。

江西高安中学在校内专门设有科研机构“教育研究室”，以提高学生的全面素质为重点，大力提倡教育科研与实践，取得了显著的成效。一方面，学校制订了教师每周半天的集中教研日制度，积极改革教法、讨论学法、研究考法，进行了“理科教学法程序化、文科教学法练习化、作业实验规范化”的教学实验，有关论文得到同行专家的好评；另一方面，学校还进行“早慧少年儿童的发现及超常教育整体改革实验”的研究，探索早出人才、快出人才、出好人才的科学育人之路。该校试验班已为中国科技大学、南京大学等高校输送了数十名少年大学生。学校实验班有200多学生在省以上学科竞赛中获奖，其中全国高中物理、数学、化学竞赛金牌榜上有名，全省初中数学、化学竞赛多次获得团体第一和第二名。1993年高考，高安中学的考生457人接到录取通知书，其中140名考取了全国重点大学。

以上学校所以能获取如此巨大的成就，主要得益于学校积极开展了教育科学研究和教改实验活动。可见，在中小学积极开展教改和研究，有助于学校的发展。

1.2.4 中小学教师进行教改和研究有利于提高素质，造就一批教育家

(1) 有利于提高教师素质

教育理论和实践证明，鼓励中小学教师参与教育科学研究，特别是参与教改方面的教育科学研究，有利于提高教师素质。首先，进行教改和研究要求教师在一定的教育理论指导下从事教育教学活动，迫使他们认真学习教育理论，经常系统地搜集、积累和丰富资料，锻炼和提高他们进行科学分析概括的能力和技巧，形成严谨的科学态度，从而扩大科学眼界，使他们肤浅的、零散的教学经验和认识提高到深刻的、系统的理论认识，进而提高他们的理论水平和业务能力。其次，开展教改和研究，有利于教师更新知识、发展创造力。由于经济、科技的迅速发展，信息总量的急剧增加，知识更新的周期、老化的速度正在加快，目前，新学科、新理论、新技术、新方法等大量涌现，教学手段也日趋自动化、微型化、电子计算机大量应用于教学，特别是计算技术、信息技术、电视技术的结合，正在促进教学手段发生根本变化。因此，今天的教师即使过去学习基础扎实，知识占有量比较充分，也还需要再学习，不断更新知识结构和能力结构，以适应教育事业发展的需要。而进行教改和研究则是教师更新知识、发展创造力、提高能力水平的最佳途径和方法。因

为教育科学研究的课题来自一定的教育理论和教育实际，具有时代感、整体观和创造性。中小学教师直接参加教育科学研究就要在实践中积极地探索，促使他们自觉地学习，收集信息，分析加工信息，把教育变成促进再生新信息的过程。第三，教育科学研究是教改的先导和基础，这就是说以科研带教研，以教研促教改。中小学教师积极投身于教育科学研究，特别是教改实验的科学研究中，参照上级教研部门下达的教研任务，从个人实际出发，通过选择课题，确定目标，设计方案，运用一定的方法和手段去分析、研究教学中各种变化的主要特点，开展教育调查、实验，进行思考和探索，不仅能丰富自己的教学实践，取得一定的教研成果，而且能使他们明确教改的实质，提高教改的自觉性和紧迫感，为深化教改做出贡献。第四，教育科学研究能够提高教师的教育科研意识，改变教师的角色。教改实验研究工作具有很强的创造性，每个教师都可以结合自己的本职工作承担课题组中的专题研究，课题组定期召开培训、考察、研讨活动，大家将自己的研究成果总结出来进行交流、发表，相互学习，相互竞争，得到共同提高。通过教育科学研究，教师不仅能解决教育教学问题，而且能弥补自身知识和技能的缺陷，转变观念，提高政治思想素质，文化业务素质，增强自信心和成就感。在这个过程中，教师的教育教学工作也将由“经验型”转向“科研型”，教师的角色由“教书型”转向“专家型”和“学者型”。

我国许多中小学在教育教学改革和研究方面进行了一些有益的探索，在一定程度上提高了教师的素质。

浙江省东阳中学自1994年开始构建“名师工程”，并于1995年进入省基础教育研究重点课题行列。学校提出“向教育科研要质量”“科研兴校”“科研兴教”的思路，强调“创建名牌学校，必须开展教育科研；提高育人质量，必须依靠教育科研；成为优秀教师，必须投身教育科研”。学校领导者通过物质激励、目标激励和榜样激励，为教师提供充足的动力。在增加信息方面，学校每年为教师免费订阅专业报刊杂志3～4份，每个办公室都有《中国教育报》《浙江教育报》《德育报》《教师报》等各学科的有关报刊共30余种200余份；学校教科所专门编印教育科研文稿，收集和介绍最新教育成果与信息，组织教育科研沙龙，交流信息；开通了省教科网,教师通过办公室的计算机即可与外界进行联系和交流。在对外交流方面，学校实施开放式教学，在“教学周”期间，本校任何领导和教师都可随时进课堂听课，还热情接待了湖州、萧山、温州、嘉兴等地区10余所学校的领导和教师前来观摩；该校派教师到外地拜名师，每年组织几次考察活动及校际联谊活动;积极支持教师参加教研活动、业务进修与培训，邀请专家学者来校讲学等。由于加强了对外交流，教师们大开眼界，既增加了知识，又增加了压力。在帮助教师成名方面，学校帮助每个教师尤其是青年教师制订了阶段性发展计划，目前已出资为4位语文教师编印文学作品集；还设立专项基金为教育科研骨干教师出版教育论文集；推荐教师到各地讲学，鼓励他们著书立说，已有10余名教师参与浙江电视台作高考辅导讲座；为特级教师、教坛新秀、教学能手拍摄教学录像，以更大地发挥他们的示范作用。

经过近几年的实践和探索,该校取得了显著成绩:1名教师被评为特级教师,1名教师被浙江教育学院聘为兼职教授,3名教师获省教坛新秀称号,4名教师被评为金华市、东阳市拔尖人才,20余名教师荣获省、市优秀教师、优秀科技工作者等称号，9名教师被评为东阳市首批教学能手；10名以上教师取得了硕士课程研修班结业资格；70%以上的教师在各级报刊上发表文章或在论文评比中获奖；各学科竞赛辅导教师均获优秀指导教师等称号。

重庆市渝中区第一实验小学从1989年起进行教育整体改革,经过十几年的研究和实践，逐步形成了“和谐、活泼”教育的办学特色。“和谐、活泼”教育是遵循马克思主义关于人的全面发展学说和国家的教育方针，以系统科学为指导，根据儿童身心共性与个性发展有机统一的规律，按照系统整体优化原理,优化校内外诸教育因素,使教育过程和谐有序、生动活泼，全面提高学生素质。该校通过调整学科课程，构建生动活泼的活动课程，挖掘潜在课程的价值，深化学科教学改革，提高了办学水平，促进了学生全面、和谐、生动活泼的发展，尤其是提高了教师素质和整体水平。目前，该校教师中，大专以上学历的占教师总数的51%，小学高级教师占48%，中学高级、特级教师、市级学科带头人占0.5%；校级骨干教师占26%，区级骨干教师占26%，市级骨干教师占19%；参加全国、省、市学术团体的教师占总数的27%，其中有一半人担任教育学会所属专业委员会秘书长、理事、学术委员等职务。近年来获区级以上教育科研成果奖174人次，参加全国学术研讨会24人次，获省级以上优质课竞赛奖20余项，在报刊上发表文章50多篇。学校出版了教育改革论文集《路标与轨迹》、学生优秀作文选《芳草茵茵》和《人师》《尖尖角》等报纸。近年来教师获区级以上各种荣誉奖228人次，其中有的被命名为“师德楷模”“全国优秀教师”“四川省百名优秀校长”和“十佳”教师等。

（2）有利于建设有中国特色的教育科学体系

有中国特色的教育科学体系的建设，不仅要依靠广大专业理论工作者的积极努力，更需要第一线的中小学教师的积极参与。如各科教学法是研究各科教学过程的规律性的科学，它们是指导各科教学实践的理论基础。对这些学科的教学规律的认识，必须从教学实践中来，在教学实践中去发现它、认识它和利用它。要发展完善各科教学法，广大中小学教师就必须广泛地、系统地开展教育教学研究活动，通过教学经验总结、教学调查、教学实验等方法，积累丰富的材料，并经过加工，从大量的错综复杂的教育现象中获得规律性的认识。在近十几年的教育科学研究中，有一大批中小学教师取得了丰硕成果，为建设有中国特色的教育科学体系做出了贡献。如小学数学特级教师邱学华经过研究探索，提出了尝试教学法，中学语文特级教师魏书生提出了六步教学法，小学语文特级教师李吉林提出了情境教学法，中学高级教师刘显国提出了反馈教学法，等等。中小学教育教学实践孕育着教育教学理论的产生，呼唤着教育科研的开展。广大中小学教师参加教育科研有着无限丰富的内容和广阔的前景，对于建设有中国特色的教育科学体系具有重要的意义。

（3）有利于造就一大批教育家

中小学教师不能满足当一名“教书匠”式教育工作者，应当立志当一名教育专家。古今中外的许多大教育家都是教师出身，如我国的孔子、陶行知，捷克的夸美纽斯，前苏联的马卡连柯、苏霍姆林斯基。教师成为教育家，就必须勇于实践，勇于创新，积极从事教育科学研究和实验。在这方面苏霍姆林斯基是最好的典范。他用了毕生的精力，在前苏联的一个农村中学教学，写了40多部教育专著，丰富了教育理论的宝库。他深有体会地说："真正的学校应当是一个积极思考的王国。"

开展教育科学研究可以有效地提高教师的教学水平。国家教育委员会在《中小学教师职称评定条例》中明确提出，中学高级教师必须承担教育科学研究任务，且要写出理论联系实际、有一定水平的经验总结、科研报告或论著。小学高级教师也有相应的要求。教师参加科学研究必须打破对科研工作的神秘观念，不要以为教育科学研究高不可攀，要发现参加科研的有利条件，如熟悉教材、学生，容易把握教学中的各种问题，便于观察各种教育现象，对教育教学感受比较深等。

教育既是科学，又是艺术。科学规律应在实践中不断探索，以便有所发现，有所发明。艺术技能也应在实践中不断创新，不断完善。中小学教师只要强化科研意识，积极钻研教育教学理论，认真实践，仔细观察，勇于探索，就能成为真正的教育家。

有人认为，教育家是高不可攀的，古今中外只有少数人是教育家，所以在我国当前造就一批教育家是不可能的。我们认为，这种观点是错误的，模糊了教育家的标准。我们提出以下几条标准，可供参考。

①重视教育，酷爱教育。教育家对受教育者有一种真诚的、无私的、持久的和普遍的爱，也是对教育事业的一种执着的、热烈的爱，即个人对教育现象有浓厚的兴趣和迫切的需要，有强烈的从事教育活动的心理期待，能够从教育活动中获取精神上的极大满足，愿意为发展社会主义教育事业付出自己毕生的精力。这种发自内心的爱，是一切有效的教育工作的开端和一切成功教育的前提。有没有这种爱，是区别一位教育家和一位以教育谋生的人的根本标志。

②创造性地从事教育工作并有显著的工作业绩。这是衡量一位教育工作者能否被称为教育家的关键所在。教育工作是一种创造性的劳动，教育家正是在较高的水平上卓有成效地从事创造性劳动的人。一方面，他们掌握了从事这种高度创造性劳动所需要的各种专门知识和才能，如精深的专业知识、教育科学、心理科学和管理科学知识，以及宽广的知识面，包括马克思主义理论、文、史、哲、数、理、化、天、地、生、工、农、兵、学、商和电脑等知识，具有较强的组织管理能力和教书育人能

力；另一方面，他们又能够根据各种具体的教育对象和情境综合地、灵活地加以运用，以高度娴熟的教学技巧和机智、灵活自如、出神入化地带领学生学习，用自己的思路引导学生的思路，用自己的知识丰富学生的知识，用自己的能力培养学生的能力。尤为重要的是能在教学实践中用自己高尚的思想品格熏陶感染学生的思想品格，用自己的智慧启迪学生的智慧，用自己的情感激发学生的情感，用自己的意志调节学生的意志，用自己的个性影响学生的个性，用自己的心灵呼唤学生的心灵，用自己的灵魂铸造学生的灵魂，用自己的人格塑造学生的人格，从而达到既教书又育人的效果。

③研究教育，改革教育，有独特的教育经验和思想。教育家重视研究教育规律，掌握前人的教育理论，了解世界教育发展趋势，结合自己的教育实践进行教改和科研，对教育教学进行最真实最有创造性的变革，从而不断突破自我，超越自我。同时他们思想深刻、勤奋耕耘，不断积累生动的教育经验，探索教育规律，形成自己独特的教育思想和理念，并善于将这些经验和思想总结表达出来，使它们成为教育理论宝库中新的素材和例证。如苏霍姆林斯基一生从事学校教育工作，从事教育科研活动，共写了 40 多部书、600 多篇论文、1000 多篇供儿童阅读的童话、故事和短篇小说。

④以身作则，为人师表。教育家的不同凡响之处，在于他们都具有高尚的品德、健全的人格、健康的行为习惯和良好的工作作风，是学生的榜样，具有无穷的教育力量，这种教育力量以直觉的、形象的、理论的形式非常自然地作用于学生，使学生在不知不觉中受到潜移默化的陶冶。他们站在时代的潮流前头，是新思想新文化的传播者，也是新时代的开创者和建设者。在其任职的学校、在社会上都享有崇高的威望，受到师生及社会各界的爱戴和敬重。

以上四个方面是教育家必备的要求，缺一不可，为了更深入地了解和认识教育家，按照其工作侧重点的不同，可把教育家分为教学和办学两种类型：

教学型教育家，是创造性地从事实际教学工作，在教书育人中做出了显著的成绩，并积累了丰富的有价值的教学经验和思想，在一定范围内为同行们所推崇的教学工作者。如以“全面培养、发展个性、和谐施教、悉心育人”而著称的特级教师赵润；提出“全面育人，整体发展”的教育思想和讲讲读读、议议练练、学习为主、注重智能的课堂教学模式并取得显著成绩的特级教师霍懋征；以“细、实、活、深、严”为教学特色，荣获中国福利妇幼事业第一届樟树奖、上海市园丁奖的特级教师袁瑢；首创“情境教学法，”开创小学语文教学新局面的特级教师李吉林，等等。

办学型教育家，是从事实际的教育行政管理工作，成功地领导了某所学校或某一范围的教育事业，显著地提高了其办学水平和声誉，并且积累了丰富的有价值的办学经验和思想的教育管理工作者。如具有“日新月异、允会允能”教育思想，先后创办南开中学、南开大学、南开女中、南开小学和重庆南开中学，为我国近代教育事业的发展做出不可磨灭贡献的张伯苓；以“综合、多维、发展”质量观治校的育才学校校长段力佩等。

实际上，有许多教育家既在教学工作中做出了突出成就，又在办学实践中取得了显著业绩。尤其是不少办学型教育家，原先就是教学型的教育家。因此，对于他们来说两种教育家的角色是兼而有之的。古今中外的一些著名的教育家，如孔子、朱熹、陶行知、蔡元培、夸美纽斯、苏霍姆林斯基等，便是如此。

从以上分析可以看出，“教育家”确实是一个很珍贵、很难得的称号，它不仅有专长上的标准，而且有思想品德等方面要求。因此不是每一个教育工作者都称得起教育家的。但我们也可看出来，教育家并不是可望不可及的，无论是教学工作者还是教育管理工作者，只要按教育家的标准严格要求自己，兢兢业业，努力工作，都有可能成为教育家。而在教育实践中确实有很多人是这样做的，因此，通过教改和科研在我国造就一批教育家是可能的。辽宁农村实验中学提出的“争当教育家，不当教书匠”，许多学校实施的“名师工程”等，都有利于造就一批教育家。

1.3 中小学教师教改和研究能力提高的途径

在教学改革深入发展的今天，如何进一步提高教师的教改能力，已成为师资培训工作的新课题。

1.3.1 理论指导

理论是客观事物的本质及其规律性的正确反映。抓住了理论就是抓住了根本。例如，语文教学中，认识了语文教学规律，用以指导教学实践，就能保证语文教学质量的提高。事实证明，许多特级教师的令人钦佩的教改成果都是在理论指导下取得的。可见，一般教师进行教改，必须有理论指导。

毋庸置疑，教改要以教育学、现代教学论、心理学和教学法等理论作指导。此外，为了帮助农村教师突破偏狭等思维方式的束缚，确立适应教改所必备的辩证思维和立体思维方式，哲学认识论和科学系统论的指导也是必不可少的。

农村教师需要全面、系统地学习理论，但是受时间限制他们又难以尽可能多地接触理论，这个矛盾怎样解决呢？笔者经过实践摸索，采用了灵活的办法，即每次培训侧重某方面的理论指导，视情况融汇贯通其他方面的理论，这样做较为有效地解决了矛盾。例如，现代社会十分重视人才素质的整体规格，语文教学大纲据此确定多元化、综合化的教学目标，是有多种科学理论作依据的。笔者侧重从现代心理学的角度进行指导：心理学认为，人的身心系统具有整体机制，人本身是一个综合发展的统一体，是由多种素质熔成的“合金”。因此，人的素质不能一部分一部分割裂地孤立地培养，应该始终置于综合训练之中。学生的学习既包含感知、理解、巩固、运用知识和认知活动，又包含情感、意志等意向的心理活动，它们密切联系、不可分割。所以，语文教学必须对学生进行全面、充分的综合性培养。如果无视大纲培养语文能力、发展智力和进行审美、思想教育等目标要求，只单纯传授知识，那就违背了遵循人的身心完整统一发展的规律，必然导致教学的失败。明白了这个道理，学员在教学中就能重视全面、正确地贯彻大纲精神，纠正攻其一点不及其余的弊病，才能成为自觉的行动。这样，在侧重心理学理论教学中，也蕴含了有关教学论、系统论的理论教学。

由此可见，理论指导应本着“精要、好懂、有用”的原则进行。选材应避免面面俱到，重在领会基本精神；阐述应简明通俗，不拘泥于具体概念，强调学以致用，切实有效。理论指导的方式不拘一格：重点问题宜讲授；一般问题宜指导学员自学；疑难问题宜组织讨论，做好总结；还可设计练习，巩固理论指导的成果。

1.3.2　范例指导

范例是一种典型化的教学内容。每个范例都凝聚着一类事物的特征，学习一个范例就能由此掌握某类知识的规律。范例使寓于其中的看不见、摸不着的理论具体化、形象化。因而，信息不灵、见识不多的农村教师对范例教学尤感兴趣。在教学中多给学员介绍教改范例，从而丰富学员对教改的感性认识，具体帮助他们了解教改活动的特点和规律，利于激发他们教改动机的产生。可见范例指导对农村教师有着特殊的重要意义。

范例指导十分重要，但对范例要有选择，笔者鉴于语文教学以培养学生语文能力为核心目标，因而指导学员学习各种培养读写听说能力的范例；鉴于既要大面积提高教学质量、又要减轻学生负担，因而指导学员学习语文整体改革的范例，等等。概括范例指导的成功经验，主要有以下几点。

（1）要精选范例

范例众多，不胜枚举，要注意精选适宜学员层次和需要的范例。例如，魏书生教师在普通学校普通班级进行教改，却取得了举国注目的改革成果，被誉为“中国青年教育改革家”。魏书生的教改范例，对农村教师来说比大城市特级教师的范例震动大。因为前者的条件与农村教师基本相同。学员学了这个范例，大大激发了向魏书生学习、大胆创新、锐意改革的热情。这个范例选得恰当，所以取得了令人满意的效果。

（2）从范例中探索教学规律性

为防止学习范例囫囵吞枣、食而不化的现象，克服对范例认识的表面性和片面性，要十分注重从范例中揭示教学规律性的问题。在培训中，笔者指导学员从范例中探索了：魏书生培养学生自学能力的实验，遵循了知情意行的心理规律；钱梦龙阅读教学改革体现了语言训练与思维训练相结合的规律等。通过探索范例规律性的实践，学员的认识获得了理性的升华。

（3）要求学员把范例的榜样转化为自身的品质，从而支配教改行为

这是范例指导的出发点与归宿。学员学了魏书生的范例，普遍认识到：魏书生热爱教育事业是他改革成功的前提；更新教育观念是改革成功的关键；学习和运用教育科学理论是改革成功的基础。自己要想同样获得教改成功，就要像魏书生那样，从这些方面去努力，坚定教改信念，并把主动、积极地投入教改实践作为自觉、持久的行动。

进行范例指导既可用理论分析、评价范例，也可用范例阐明，验证理论。具体方法有：口头评介、典型课示范、教学录像观摩、研讨教学实录资料和报刊“教学艺术镜头”栏目等。

1.3.3 模式指导

教学模式是根据某些教学思想、教学理论而设计的可以操作、可以控制的结构性流程，由多种教学方法按科学程序综合而成。掌握教学模式的意义在于：①使教学理论落到实处。某种教学思想、教学理论总要通过一定的方法和模式结构体现出来，因而人们在运用某种具体的方法和教学模式的过程中，必然受到某种教学思想的影响，领会某种教学理论对教学实践的指导作用；②使抽象的理论变成便于操作、控制的教学程序，促使师生的智力活动趋向有序化；③能力的提高，需要按一定的模式进行严格的训练。这比无序、无格的随机训练要有效得多。

笔者在培训中评介了多种各类教学模式，供学员借鉴运用，如：课堂教学结构模式、单元教学模式、指导中学生学习方法的模式等。从学员尝试模式的成败得失的实践中，笔者逐步认识到，模式指导应注意以下几个问题。

（1）明确教学模式的指导思想

这是因为某种教学模式所体现的某种思想、理论本身不会自然而然地表露出来，它要靠实践者去深刻领悟和具体实施，才得以体现。如果不明确模式的指导思想，只注重模仿模式的一些步骤、环节，就会成为毫无意义的机械凑合，就达不到运用模式的目的。为了提高学员的认识，笔者组织学员观摩钱梦龙“语文导读法”系列教学录像，指导学员研讨“导读法”教学模式所体现的“以学生为主体，以教师为主导，以训练为主线”的教学指导思想；并引导学员将自身的教学与钱梦龙的教学比较，帮助学员认识，教学思想正确与否、教学模式成熟与否跟教学质量高下的关系，进一步明确掌握教学模式及其指导思想的重要性。

（2）建立“为我所有”的教学模式系统

学习先进的教学模式，明确其指导思想，熟练操作技能，其最终目的是为了由此构建自己的教学模式。别人的模式再好，不可能完全适应自己的实际。再则，为了适应语文教学目标多元化、教学内容综合化、中学生个性多样化等方面的需要，也应建立“为我所用”的教学模式系统。这不仅是必要的，而且是可能的。因为实际上，教学过程结构中所包含的因素，由于其组合方式不同而具有多种不同的形态，并有各自独特的功能，体现各自的教学思想、教学理论。因而，一般教师通过学习他人的先进教学模式，在掌握其指导思想的前提下，根据自己教学、教改实践的需要，对模式进行融合、组合等方式的变革，就能达到建立新模式的目的。如：培训班学员对魏书生的“六步课堂教学法”、钱梦龙的“六步自读法”等模式进行改造，删去难度大的环节，换上自己行之有效的环节，组合成新模式，应用于实践，都取得了较为良好的效果。他们高兴地说：“学生主动了，教学有活气了。”如继续坚持探索实践，建立“为我所用”的教学模式系统是完全能够做到的。

（3）应用语文教学模式应有范围限制

语文教学模式主要体现语文教学的科学性。但是，由于语文教学还有艺术性的一面，它是一种个人技巧性很强的活动，无法全部按一定的规律或法则来进行。所以，我们只能在实践中探索能够成为教学模式的那部分，尽量使之成为行之有效的教学系列活动。

1.3.4 经验指导

教学经验是教师在长期的教学实践中积累起来的，有些教师介绍经验时常常是尚未被理论化的实践描述。因而总结学习经验要有一定的指导。

（1）重视经验的基础作用

教师在教学中积累的丰富经验，是接受新理论、新知识的基础，它决定着教师获取新理论、新知识的速度和广度。所以，要十分重视经验的基础作用，教师要尽量多地投入实践，在实践中不断地积累经验、丰富经验。

（2）重视总结经验，得出规律性认识

教学经验诚然可贵，但它往往只告诉人们应该怎样做，而不能说明为什么要这样做。要克服这种局限性，就必须对经验进行科学的抽象，使之上升到理论的高度，成为规律性的东西。为此，笔者指导学员总结“教学观念支配教学行为”的经验，获得了一些规律性的认识：持“教懂”观念时，在教学中重知识、轻能力，重教法、轻学法；持“教会”观念时，着力于知识化为能力，着力于练、点拨；持“会教”观念时，注重智力的开发，注重非智力因素的发展，致力于自学能力和创造精神的培养等。通过经验总结，学员们彻底说明了自己：更新教学观念是坚持正确的教改方向、提高教学质量的根本保证。

（3）总结经验的目的在于应用

为了有利于教研工作的开展，笔者根据学员编写教案的实践，总结了若干评估语文教案质量的经验，目的就是为了学员能应用于实践。据此可以借鉴优秀教师的教案、评价同行教师的教案和编写自己的教案。对于那些经过实践检验能获得良好效果的成熟经验，更应发挥其社会效益予以推广。如欧阳代娜的全面调动大脑四功能区的作用，计算考试项目的比例的经验，就可应用于语文考试命题中，以增强考题组合的科学性。又如借鉴魏书生指导学生互批作文的经验；既利于提高学生修改文章的能力，又利于解决教师批发作文负担过重的问题。

经验指导的具体方法有：①比较法（通过比较，促进学员学习先进经验的积极心向）；②交流法（增加信息容量，扩大智力活动范围）；③筛选法（淘汰排除一些，优化发展一些，提高评判经验的能力）；④反馈法（对经验的使用情况及时评价、调控，使之逐步完善）等。

经过上述多途径指导的培训，学员教改方向明，信心足，热情高，行动快。回到学校后，所有学员都有目的、有计划、有步骤地开展教改活动，还影响和带动了本校同学科、同年级甚至不同学科、不同年级、不同学段的教改活动，普遍取得了良好的效果。实践证明，通过多种指导途径的培训形式来增强教师的教改意识、提高教师的教改能力，不仅是切实可行的，而且是十分有效的。

1.4 中小学教师教改和研究范例

1.4.1 李吉林的小学语文情境教学实验

这项实验是由江苏省南通师范第二附小特级教师李吉林探索实践的。实验经历了“创造情境，进行片断语言训练”，“带入情境，提供作文题材”，“运用情境，进行审美教育”，“凭借情境，促进整体发展”4个阶段，逐渐形成了以情境交融为主要特色的小学语文教学新体系。这项实验受到了学生的普遍欢迎，学生学语文感到“易”、“趣”、“活”，提高了课堂教学效率，使教学变为具有吸引力的有趣而有意义的活动，对培养学生情感、启迪思维、发展想象、开发智力具有重要作用。

情境教学的内涵是教师带领学生观察生活的真实情况或根据课文所描绘的情景，创设出形象鲜明的投影图画片，辅之以生动的文学语言的描述，并借助音乐的艺术感染力，再现课文所描绘的情景表象，使学生如闻其声，如见其人，仿佛置身其间，如临其境，把学生带入与教材内容相应的气氛中，师生共同进行一种情景交融的教学活动。

实验的主要内容和做法：

(1) 创设情境，为学生开拓遥远的想象空间

李吉林老师运用情境教学法，着眼于发展，根据教学任务，班级特点，选择创设情境的途径。主要有6种途径。

①生活展现情境。把学生带入社会，带入大自然，从生活中选取某一典型场景作为学生观察的客体，通过教师语言的描绘，把它鲜明地展现在学生眼前。

②实物演示情境。以实物为中心，略设必要背景，构成一个整体，以演示某一特定情境。以实物演示情境时，应考虑到相应的背景，如“大海上的鲸”“蓝天上的燕子”“藤上的葫芦”，通过背景，激起学生的联想。

③图画再现情境。图画是展示形象的主要手段，用图画再现课文情境，实际上就是把课文内容形象化。课文插图、特意绘制的挂图、剪贴画、简笔画都可以用来再现课文情境。其中剪贴画、简笔画更简便易行。

④音乐渲染情境。音乐的语言是微妙的，也是强烈的，给人以丰富的美感，往往使人心驰神往。它以特有的旋律和节奏，塑造出音乐的形

象，把听者带到特有的意境中。用音乐渲染情境，并不局限于播放现成的乐曲、歌曲，教师的弹奏、轻唱以及学生的表演唱、哼唱都是行之有效的办法。关键是选取的乐曲与教材在基调上、意境上以及情境的发展上要对应、协调。

⑤表演体会情境。情境教学中的表演有两种，一是进入角色；二是扮演角色。“进入角色”即“假如是课文中的×”；扮演角色，则是担当课文中的某一角色进行表演。由于让学生自己进入角色，扮演角色，课文中的角色不再是在书本上，而是自己或班级中的同学，这样，学生必然对课文中的角色产生亲切感，很自然地加深了内心体验。

⑥语言描述情境。以上所述创设情境的五种途径，都是运用了直观手段。情境教学十分讲究直观手段与语言描绘，这对学生的认知活动起着一定的指向作用，增强了感知的效果，情境会更加鲜明。学生因感官的兴奋，主观感受得到了强化，从而激起情感，促进学生进入特定的情境之中。随着年龄的增长，直观手段逐渐减少，单纯运用语言描绘带入情境日渐增多。

（2）阅读课中的情境教学

主要抓好“初读—读通—弄清作者思路”“细读—读懂—理解关键词句段”“精读—读深—学会欣赏课文精华”3个环节。阅读程序是“带入情境读全篇”，“强化情境抓重点”，“凭借情境品语感。”具体做法是：

①初读——创造情境抓全篇，激发动机理思路。初读，是学生第一次感知教材。在教学一篇课文的起始阶段，或通过语言描述情境，或描绘画面，或揭示事物，或联系学生已有经验，导入新课，激起学生阅读全篇的兴趣，使学生主动地去读全篇，弄清作者思路。对写人、写事的课文，通过情境的创设，唤起学生对故事主人公的关注；对写景、抒情的课文，通过情境的创设，把学生带入丰富的美感中，使学生因爱美而读全篇；对状物的课文，通过情境的创设，对所摹状的物体获得具体的表象。

②细读——突出情境抓重点，从整体上理解关键词、句、段。在概览全貌后，准确地掌握重点段，区分主次，是培养学生实际阅读能力的重要方面。通过带入教材描绘的具体情境，结合使用点拨、设疑、对比

等方法，引导学生理解关键词句。形成“作者用语言文字”——（表达）——胸中之境；学生进入作者所描述的情境——（理解）——描述作者胸中之境的语言文字”的程序。

③精读——凭借情境品语感，欣赏课文精华。课文精华即绝妙之笔，或一段，或一节，或一词一句。多读精化之处，是体会教材思想，提高文字表达能力的重要环节，也是提高学生阅读能力、欣赏水平的有效步骤。教师主要引导学生体会语感，要求悟出文章中传神的字字语语，体会“画中之情，画外之音”。具体做法是比较和诵读，“增”与原文相比，“删”与原文相比，“替换”与原文相比，“前后改动”与原文相比。引导学生比比、读读、想想、讲讲，体会整齐与错乱、细腻与粗略、形象与干巴、具体与空洞、准确与牵强间的差异，在比较中加强感受。

（3）作文课中的情境教学

主要抓好4个环节：一是以观察情境作为写作基础。引导学生观察大自然、社会生活和一些艺术作品或具体实物。通过学生自己实际感受，让他们去说、去写，有感而发。二是以激发兴趣、开拓思路作为作文指导重点，通过各种手段将观察到的情境再现到学生眼前，唤起学生的回忆，使思维活动处于最佳的情绪状态，促使学生在情境中构思。同时开拓学生思路，主要做法是：确定题材范围，自我选材命题；灵活运用提纲，鼓励多种组合；鼓励大胆创造，进行想象性作文。三是以范文引路，读写结合作为作文指导原则。实验对教材增选编排及使用进行了初步改革，除使用统编教材外，还自行编写辅助教材，以发挥范文的示范作用。一二年级采取“识字、阅读、作文”三线同时起步，结合学生生活组成单元，进行观察说话、写话。三至五年级采取四结合大单元教学强化。四结合是读与写结合，认知与情感结合，课内与课外结合，训练语言与发展智力结合。四是提早起步，螺旋上升。从一年级起，在识字同时，进行大量语言训练，以语句训练为主，同时设口头作文课。从二年级起写观察日记，三年级开始情境作文。各年级有所侧重，螺旋上升。

1.4.2　丁有宽的小学语文读写结合教改实验

这项实验是由国家级有突出贡献专家、全国劳动模范、广东潮州市浮洋镇六联小学的特级教师丁有宽主持进行的。从1963年始，他先后在

26 个教学班进行了 8 轮实验，经历了初试、再试、验证、深究、推广 5 个阶段。1987 年 1 月～1988 年 10 月，主编了《小学语文读写结合实验教材》(1～10 册）及配套使用的各年级总复习 5 册，这套教材已被国家教委列为九年义务教育单科教材。这项实验在国内外产生了广泛影响，到目前为止，全国有 25 个省市 368 年实验点、1612 个教学班、约 12 万学生试用这套实验教材。同时，台湾、香港、澳门地区和朝鲜、日本、德国等国家也有人进行这一试验。

这项实验围绕发展学生语言和思维这个中心，以培养学生自学自得、自作自改能力为目标，以读写结合训练为主线，全面提高学生的听、说、读、写能力，大面积提高语文教学质量。

实验的主要内容和做法：

(1）设计了读写结合训练的两个系列

实验针对小学语文教学存在的“杂、乱、华、死”的通病，按照“杂中求精，打好基础”“乱中求序，分步训练”“华中求实，突出重点”“死中求活，教给规律”的思路，设计了读写结合训练的两个系列。

①五步训练结构。每学年分为一步，着力于能力培养。

第一步（一年级）训练：掌握识字方法，培养识字能力，以字词为重点，从句入手。练好一句完整的话和 3 个句式（连续、并列、总分），训练“记叙有中心”。

第二步（二年级）训练：运用部首、音序查字法识字、阅读，以词句为重点，从段着眼，从句入手，侧重练好几种句群法（连续、递进、并列、总分、概括与具体、因果、转折、主从、点面、承接），前五种是训练重点，训练记叙有中心，有条理。

第三步（三年级）训练：掌握读书法（初读、细读、精读），着力培养学生“三读”能力，养成读书习惯。以句段为重点，从篇着眼，从段入手，侧重练好八种构段法（连续、递进、先概括后具体或先具体后概括、先总述后分述或先分述后总述、先点后面或先面后点、先记叙后抒情或先抒情后记叙、先概括后记叙再抒情和对比法），兼及文章开头五法（交代“四素”、开门见山、提出问题、描写引入、抒发感情）和结尾五法（事情结果结尾、点明主题、展示未来、抒发感情、描写结尾），训练记叙有中心、有条理、有重点。

第四步（四年级）训练：掌握读记法（读，重在精读；记，摘录、评注、提纲、读后感），以篇章为重点。在三年级训练的基础上，着重进行构篇五法（审题、立意、选材、组材、修改）和观察训练，并兼及记事四法（事序，时序，地序，以事序为主综合时序、地序）、状物五法（景色、建筑、植物、动物、场面）和写人八法（外貌、语言、行为、心理活动、人物综合描写、一事表人、几事表人、几方面品质表人）的读写训练，训练记叙有中心，有条理、有重点、有特点。

第五步（五年级）训练：掌握对应法，以培养学生自学自得、自作自改的能力为重点，以综合训练为主。

教会学生从读学写的对应方法：①从读学解题—作文练审题和拟题；②从读学概括中心—作文练表达中心；③从读学分段、概括段意—作文练拟写提纲；④从读学区分文章主次—作文练安排详略；⑤从读学捕捉中心段—作文练习突出中心；⑥从读学品评词句—作文练遣词造句；⑦从读学作者怎样观察事物—作文练观察方法。

此外，还教给学生自作自改的方法，要求做到：四想（想文章的中心、表现中心的材料、文章的题目、文章的布局谋篇），三拟（拟好题目、提纲、主次），二写（先写草稿后誊写作文），一多（多修改）。

上述五读写训练系列，有计划地按次序完成 50 个基本功（记叙文读写训练五十法），安排成 55 个单元（其中编写 35 篇“读写提要”），分为 108 组文章，精选 418 篇例文，并配上相应的近 800 题次的训练。

②一步（一个学年）系列教学结构。根据读写结合训练目的、重点，安排学年教学结构。一、二年级设计单元分组训练，每学年一学期有个导学单元，起统领作用。三至五年级的单元分组教学由阅读提示、三类课文（精读、略读、自学）、综合训练和课外训练 4 个部分组成。“读写提示”放在单元之首，总领各课。在提示中把本单元读写要求和训练方法交给学生，使学生明确学习目的，掌握学习方法，能自学自得。

（2）设计新课堂教学结构和教学方法

实验对课堂教学结构作了改革，以读写结合贯穿教学全过程，分 4 个环节：①预习；②疏通课文（质疑、解决难点、点明关键、弄通文章思路、概括中心等)；③重点精讲（对重点要求当堂做到五会：理解、品评、复述、背诵、运用)；④练写（仿写和片断训练)。在教学方法上，以学习迁移和语文教学心理学的理论为基础。重点采用以下方法：①重视模仿、片断训练。对课文的仿写大致有三种情况：一是仿其意，指从具体事物导出抽象的道理。如学了课文《落花生》，写《粉笔》，表达舍己为人的精神。二是仿其格，即对课文思路、结构的模仿。三是仿其法，即对课文写作特点和表达方法的模仿。其中还包括对作者思维方法和观察方法的模仿。片断训练作为学生进入命题作文前的过渡训练，在实验教学中是大量存在的。②读后写，写前读。读后写可以是读一篇，仿一篇，也可以是读相类似的文章多篇，仿写一篇。写前读，是在写某一题目的作文之前，阅读与此类作文有关的文章，目的是提供范例，便于仿写。有的写前读是针对作文中存在的问题，有目的地找一些课内外的文章，让学生阅读，再落笔。③一文多教，多次练写。每教一次均变换一个角度作重点分析，然后让学生仿写。如《我的战友邱少云》一课，共进行三次读写结合的教学：第一次是从文章的重点段理清层次，概括段章，进行仿写；第二次是学习文章详略得当的方法，然后仿写；第三次是学习文章的开头、结尾方法，再作重点仿写。这种多角度的读写结合训练，目的明确，任务轻，易于成功，能有效调动学生的写作积极性。

1.4.3 腾昭容的“童话引路”实验

“童话引路”教学是从1983年秋由湖南省凤凰县箭道坪小学语文教师腾昭容开始实验的。几年的实践证明，“童话引路”教学符合儿童心理特点，具有很强的生命力。它受到了广大小学教师的欢迎，并得到全国许多专家的肯定和赞赏。

所谓“童话引路”，就是以儿童喜爱的童话作补充教材，让儿童听童话，说童话，读童话，写童话，从而把儿童引上爱听、爱说、爱读、爱写之路。

(1)“童话引路”的基本做法

①教材。以统编教材为主，补充教材为辅，两种教材并用。

“童话引路”教学，在一般情况下按照小学语文教学大纲和统编教材进行教学。但由于统编教材中童话课文太少，不能充分满足儿童的需要，需要自选、自编“童话引路”补充教材，两种教材并用，互相渗透，不增加语文总课时数。选编引路教材，一、二、三年级要选用以动物为主人公的拟人童话，每个学期一本。一年级用的引路教材，要以听为主；二、三年级的引路教材，要以读、写童话为主。

②让学生听童话，激发学习兴趣。一年级，教师每周要给儿童讲一个与其生活、学习息息相关的童话故事。听童话，孩子的好奇心得到满足，因而激发起学习兴趣。

③让学生读童话，逐渐扩大阅读范围。读童话从一年级第二学期开始。这时，孩子们已具备了阅读条件，让他们开始自己阅读。每个儿童的平均阅读量，一年级第二学期为 3 万字，二年级每学期为 20 万字，三年级每学期为 30 万字。读童话开始，儿童的兴趣集中在童话故事上，到了三年级，兴趣逐渐扩展阅读范围也便由童话扩大到读故事、小说、诗歌、科普读物等，由读短文章发展到读大部头的书。

④让学生说童话，把听说读写连接起来。儿童听了童话，读了童话，记住了许多童话，于是便产生了向别人说童话的欲望。教师要创造条件让学生说童话。在教学中，教师要坚持由听到说，由读到说，由说到写，使童话成为综合发展儿童听说读写能力的纽带。

⑤让学生写童话，提前进行作文训练。教师利用学生对童话故事的特殊爱好，从一年级末开始进行“听童话写童话”的训练，即让学生先听教师讲一个简短的童话故事，然后模仿着说，再写下来。二年级主要进行看图写童话的训练，由看多幅图写发展到看单幅图写。三年级采用多种形式写童话。

与此同时，从二年级开始，进行写一般记叙文的训练，二年级写观察日记。三年级以后的作文训练采取双线安排：一方面，按统编教材系统地练习写一般记叙文；另一方面，又按补充教材练习写童话。要把二者有机地结合起来，互相促进，相得益彰。

⑥以童话为中心，开展多种形式的课外活动。围绕“童话引路”教学，在班上要经常举办一些活动，如举办童话故事会、过童话狂欢节、办童话手抄报、自编自演童话剧，等等。

（2）"童话引路"的基本经验

①童话引路，发展学生的听说能力。童话故事符合学生的天性，可以使低年级的孩子听得入迷。因此，用童话引路来发展学生听说能力，比用一般方法要有效得多。听童话、说童话的形式很多，主要有：教师说，学生听；学生说，学生听；放录音，学生听；学生观察实物说；学生看图说等。

②童话引路，发展学生的阅读能力。学生自觉地阅读课外书，一般从三年级开始。然而童话实验班的学生从一年级第二学期就与课外书籍结下不解之缘。一年级第一学期扩大了识字量，提前学了查字典。进入一年级第二学期，孩子们虽然因识字不多，读起书来还不大流畅，但童话故事有着磁石般的吸引力，没读完他们是不甘心放手的。所以，一般不识的字，他们就去查字典，问大人。读得多了，慢慢地也就开始会读了。进入二年级，学生阅读童话也进入高潮。进入三年级，孩子们阅读面扩大了，除了阅读长篇童话，他们还看《西游记》《白话聊斋》等大部头神怪小说。学习时普遍养成了做读书笔记的习惯。

用童话引路来提前阅读，大量阅读，已显示的效果有三：第一，扩大了知识面。第二，扩大了识字量。据统计，到二年级第二学期为止，人均识字量为1976个，比教材规定多400多个。第三，提高了阅读能力。

③童话引路，发展学生的作文能力。学生作文从写童话起步。二年级第一学期开始学写童话故事，到第二学期进入写作高潮。进入三年级，除按照教材进行一般记叙文系统训练外，还要安排十篇童话作文。组织儿童编写童话有以下几种形式：一是听童话故事，写童话。二是看图画，编童话。三是看实物，编童话。四是观察生活，编童话。五是学课文，编童话。学生的作文，以写童话为主，同时也要写日记，写别的小故事。

④童话引路，发展学生的想象力。童话引路教学发展儿童想象力的做法有以下几点：

一是在观察的基础上想象。编童话故事需要想象，但想象要以观察为基础。在指导儿童观察时，要注意提示学生有顺序进行观察，一部分一部分地进行观察，细致地进行观察，并且边观察、边想象、边说话。

二是搭起想象的桥梁。图画只能画出一刹那间的情景，要由一幅画或几幅画想象开去，构成一个完整的故事，还需要教师搭搭桥。搭桥的办法，主要是提出引起学生想象的各种问题，诱使学生由一幅画想到前前后后许多画面，由一个情节想到前前后后情节的发展变化，由一个动作想到一连串的动作，由一种表情想到变化着的各种表情，由无声想到有声。

三是激起想象的发散。做法有二：第一是设计好画面、题目，让学生有想象的余地；第二是从多角度提出编童话的要求，从多侧面引导学生构思故事情节。

四是力求想象合情合理。老师要善于引导，启发孩子们自己去比较、辨别、区分，譬如把一些想象得不大合理的作文念给学生听，让学生通过议论提高认识。

⑤童话引路，要处理好统编教材与补充教材的关系。腾老师使用教材的经验，主要有以下几点：

一是严格按照三类课文的要求组织教学，把重点放在教给学生独立阅读的方法上，扎扎实实地教好通用教材。

二是把通用教材中的童话故事变成模仿教材，指导学生在理解课文内容和写作特点的基础上仿说、仿写童话故事。鼓励学生仿中有创。

三是每组课文之后，增加精选童话补充教材，并鼓励学生大量阅读童话作品。

四是充分发掘教材基础训练中的童话因素。

（3）“童话引路”显示出的优势

①极大地激发孩子们的学习兴趣。因为童话所具有的功能一是童话反映生活的形式——幻想，符合儿童的天性；二是童话的表现手法——拟人，符合儿童的心理特点；三是童话的内容贴近儿童的生活实际；四是童话的语言符合儿童的口吻；所以，儿童对童话有着特殊的好感，乃至可以“入迷”。童话引路教学的本质意义就在于激发儿童的兴趣，将儿童引入“入迷”的最佳学习境界。

②使儿童语文程度得到显著提高。因为“童话引路”符合学习语文的规律：一是它能让学生主动地多读多写；二是听、说、读、写有机联系，互相配合，同步发展，所以教学能收到事半功倍之效。

③使儿童的想象力得到发展。“童话引路”教学不仅可以发展儿童的再造想象力，而且注重发展儿童创造想象的能力和幻想能力，它寓发展想象能力于发展听说读写能力之中。

④思想教育成果显著。“童话引路”教学，既引智慧之路，又引人生之路。好的童话把抽象的道理和道德观念变得具体生动，使儿童乐于接受，成为打开儿童心灵的钥匙。许多孩子在童话的熏陶感染下，思想品德和生活习惯发生了变化。

（4）“童话引路”尚需探讨与摸索的问题

“童话引路”实验已经取得很大成效，充分显露出了勃勃生机和活力。但实验目前只在低年级和中年级前段进行。学生进入四年级以后，兴趣有所转移。这项实验在高年级如何延伸、发展？这些都有待于进一步实践与探索。

1.4.4 南京师大附属小学的“听读欣赏课”实验

小学语文“听读欣赏课”是由南京师范大学附属小学进行的教学实验。这个实验把音乐、艺术、语文三个方面的因素结合起来，给学生以艺术享受和美的教育，对提高学生音乐、美术、文学欣赏能力是有好处的，对改革语文教学也有很大的借鉴意义。从几年的实验结果看，已取得明显的成效，并引起了很多同志的关注。

（1）“听读欣赏课”的目的、性质

①目的：通过听读专用教材，诱发读文字教材的兴趣，在听和读的过程中，进行欣赏。通过听读欣赏，培养听的能力，说的能力，读的能力；发展学生思维能力、想象能力、记忆能力。在上述能力发展的过程中，开拓视野，丰富知识，认识汉字，陶冶情操，进行思想品德的教育，逐步培养欣赏、审美的能力。

②性质：听读欣赏课，是一种新的课型，它与统编语文讲读课相联系而存在，是语文讲读课的一种辅助。听读欣赏课也是有目的、有计划地进行教学，是语文教学的一个组成部分。它对讲读课，既是一种巩固，又是一种补充；既是一种反馈，又是一种扩展。

（2）“听读欣赏课”的教材与教学程序

“听读欣赏课”的教材由听的、读的、看的三部分组成。听的录音磁带：要求有感情地用标准的普通话朗读，根据教材的内容，还要配以适当的音乐。读的文字材料：要求形象鲜明、语言优美，教材内容思想性、趣味性、知识性、故事性也要强，要符合学生的年龄特征，篇幅短小，一般在三四分钟内读完。看的教材主要是幻灯片，根据教材内容，一般配制一到三张幻灯片。

"听读欣赏课"的教学程序，一篇教材，一般用两个课时教完。第一课时重点是让学生通过听与读的训练，在理解教材内容的基础上，各自交流对教材的感受、体会。其步骤是：第一步，让学生听录音；第二步，让学生各自小声朗读，认识生字，疏通课文，在自读的基础上，教师提名朗读；第三步，让学生听录音轻声跟读；第四步，学生听录音欣赏。可有表情地轻声跟读。

第二课时的重点在深化反馈，进行再创造，可根据教材的特点，每一课侧重一个重点；有的课文，可侧重表情朗读，分角色朗读；有的课文，可侧重于说话、讲故事的训练；有的课文，可侧重于创造性的表演。但不管什么样的教材，都要练习朗读，都要作小结谈话。课的最后，都要听录音，进行综合性的欣赏，在艺术的情境中结束教学。但是"听读欣赏课"的教学程序也不是一成不变的，一切都要从实际出发，有的教材也可以只上一个课时。

(3)"听读欣赏课"的基本做法

"听读欣赏课"主要是培养学生的听、读、欣赏和说的能力。

①关于听：听之前，教师要根据教材的不同特点，有目的地提出一些具体问题，以便学生在听录音的过程中和听完录音之后积极思考、议论。有时也可以只提一般的要求，不提具体问题，让学生根据各自的爱好、兴趣去思考，以利发展个性特点。

听之后，检查效果时教师不能只满足于学生讲的答案，而要学生从自己的回答中总结经验教训，不断提高听的能力。

听的过程是学生紧张的思维过程，教师要与学生一起，认真地听，要善于以自己的神情、动作激发学生的情绪，带领学生入情入境。

②关于读："听读欣赏课"让学生读的机会较多，各个阶段的读的要求要恰当。

初听之后的读，目的在于扫除文字障碍，了解内容。这时可以要求学生各自小声地读，边读边思考。但不宜采用齐读的方法。

再听之后的读，目的在于进一步理解内容，能流利地朗读，为欣赏打基础。读之前，教师可提出几个问题引起学生思考。这时可放录音，让学生轻声跟读，让学生从录音朗读中的节奏、重音与语调中理解课文。

欣赏的读，目的在于加深理解，进行综合的、整体的欣赏。可要求学生放声跟录音朗读，这时可采用集体与个体相结合的欣赏朗读方法，以激起学生的感情波澜。

基本训练阶段的读，目的在于提高朗读水平与朗读技巧。这时要求反复听、反复读，严格训练。

各种各样的听读之后，要进行检查，评议学生的朗读，教师要指出好与否及其原因，并要做好示范。

③关于欣赏："听读欣赏课"的教材是"文学语言""音乐""图画"等多种艺术的综合体，所以欣赏是多角度多侧面的，这就要求教师善于组织和引导。

对故事中人物形象的欣赏，教师要抓住故事中人物身上所蕴含的深义，启发学生思考，使人物在学生的心目中活起来，从中受到感染。对语言文字的欣赏，教师要借助教材文字规范，读来琅琅上口，文句优美，耐人寻味的特点，启发学生体会文句中遣词造句的妙处。对表情朗读的欣赏，由于表情朗读是一种艺术，朗读中速度、节奏、重音、语调等的技术处理，要服从课文的思想内容。教师要一边模仿复述录音里的朗读，一边示意学生思考、想象，并用手势暗示朗读节奏，让学生慢慢领悟。对教材中音乐的欣赏，由于"听读欣赏课"教材中的音乐对于文字教材来说是相辅相成的。这对小学生欣赏来说是比较困难的，因此，教材要根据学生的实际理论水平，充分发挥自己的主导作用。如何借助幻灯打出的画面让学生欣赏音乐，可在乐曲的进行中教师做适当的提示，让学生注意；教师可直接吟唱教材中的音乐旋律，加以表情动作启发学生思考；还可将教材中的音乐与文字先分解开来让学生欣赏，然后再合成，再欣赏。

④关于看：这里的看主要是指看幻灯图片。它可以穿插在"听读欣

赏课”的整个过程中。但要学生在看图片前，一定要自己先动动脑筋，在头脑里出现画面或先说一说想象中的画面，然后再放出幻灯图片。这样能起到调整学生思维，促进学生记忆的作用。

⑤关于说：“听读欣赏课”的各个环节都离不开说。有听了录音后的说，可说说听过后对教材的理解；有看了幻灯图片后的说，可说说与自己想象中的画面的区别；有欣赏后的说，可谈感受，也可用自己的话创造性地再造故事中的人物形象等。

上述听、读、欣赏、看、说的几个方面，在实际教学过程中，是互相交织在一起不可分割的统一体。这样的课堂教学结构将是：教师上课将配有乐曲的朗读教材、幻灯投影教材与文字教材互相配合使用，使音乐的形象、美术的形象与文章反映客观事物的形象融为一体，学生学得积极主动，教师教得轻松愉快。

(4)“听读欣赏课”的效果及理论依据

通过实验，“听读欣赏课”已收到可喜的效果，学生学习语文的积极性普遍地提高了，思维更加活跃了，知识领域更加开阔了。特别是小学生模仿能力强，在录音的诱发下，朗读的能力，说话的能力，普遍提高了；识字能力增强了，认识了大量的字。

这项实验取得明显效果的理论依据：第一，它符合儿童的年龄特点，有利于促进有意识活动和无意识活动的协调发展；第二，它符合用脑科学，有利于促进大脑左右两半球的协调发展；第三，它符合教学规律，有利于促进理智因素和情感因素的协调发展。

1.4.5 魏书生的语文教学改革经验

魏书生是辽宁省特级教师、全国劳动模范、著名语文教改专家、“全国十大杰出青年”称号获得者。在语文教学实践中，他以教育科学为指导，以为21世纪培养新人为目标，大胆进行教学改革，取得了显著效果。10余年来，他一直教两个班的语文课兼班主任，近年又肩负校长的重任。有时外出开会很长时间，从不让别的老师代课，学生照样学得很好。升学考试语文单科成绩与其他学科成绩，在盘锦市44所初中里一再夺魁。

魏书生的语文教改经验主要内容如下。

（1）把民主化和科学化作为教改的指导思想

民主就是把学生当做一个广阔的世界，尊重学生，爱护学生，学生是班级的主人，教师是学生的公仆。在教学过程和具体的教学环节中，都使学生感到自己是人生的主人，让他们感受到做主人的自豪，注意发展学生的个性，跟学生商量学习程序。充分相信学生，教师不留统一作业，把教师批作业改为教师指导下互批，教师不出题考试而由学生自己出题互相抽签考试，然后互相评卷。科学，就是引导学生科学地学，培养学生的科学态度和探求科学的学习方法，培养学生的自我教育能力和自学能力，做到语文教学的自动化管理。民主解决了学生学习的积极性、主动性问题，解决了教师为学生服务，同学生齐心协力搞教改问题；科学则解决了语文知识结构科学化、语文能力科学化问题，解决了学生科学学习方法与教师运用教育学、心理学的原理进行教学的科学教法问题。

（2）面向21世纪设计语文教改目标

语文教学改革要着眼于为21世纪培养合格人才，他把未来人才应具备的基本素质概括为政治、知识、能力素质3个方面。据此，制定了语文教改的总目标。

一是政治素质目标，包括人生观、世界观、道德观、心理品质4方面。他认为，语文教学要培养学生树立无产阶级的人生观、世界观、道德观；要培养学生的兴趣、动机、情感、意志、毅力、习惯、自尊心、自信心、意志力、胸怀、胆略、果断力和效率等心理品质。

二是知识素质目标，包括语文知识、语文以外的其他知识。他把中学语文知识分解为4部分、22项、131个知识点。其他知识主要包括社会科学和自然科学知识、人物传记、文学、作品、科技信息等内容。

三是能力素质目标，包括语文能力、自我教育能力和自学能力。他认为，自我教育能力和自学能力是人的能力结构中的基本能力。他强调语文教学要培养学生的注意力、观察力、记忆力、想象力、思维力、读的能力、说的能力、写的能力等语文能力；要培养自我分析能力、战胜自我和超越自我能力、自己管理自己能力，要培养自学语文和一般知识的能力。

(3) 创造了六步教学法

一是定向。教师确定新课学习与训练的重点、难点，并告诉学生，使学生学习方向明确，心中有数。

二是自学。学生根据教师提出的学习重点难点，自己找答案。

三是讨论。对自学中没有解决的问题，学生相互讨论。

四是答疑。教师根据学生学习情况，有目的地对学生经过讨论尚未解决的问题进行引导解答。

五是自测。学生根据定向提出的重点难点，自拟一组自测题，自答自评。

六是自结。下课前学生自我总结本节的收获。

(4) 培养学生的自学语文习惯

魏书生很重视培养自学习惯在语文学习与人生成长中的教育价值，他把培养自学语文习惯，最终形成自学能力，作为语文教改的核心。在教学实践中，他主要从阅读方法、写作方法、学习方法 3 方面培养学生的自学习惯。

在阅读方面，主要培养学生认真预习的习惯、查阅工具书的习惯、按“四步八遍”阅读课文的习惯、圈点批注的习惯、画知识树的习惯、质疑讨论的习惯、自测自结的习惯。

在写作方法方面，着力培养学生留心观察的习惯、写日记的习惯、摘抄名言的习惯、自改互改的习惯、书写讲求格式的习惯、练习钢笔书法的习惯。

在学习方法方面，主要培养学生科学用脑的习惯、写教材分析的习惯、课内外结合的习惯、在生活中运用语文的习惯、读社会这本大书的习惯。

学生养成了良好的学习习惯，学习语文就能达到“自动化”的程序，就会提高学习效果和效率。

(5) 建立语文教学管理体系

魏书生认为，改革语文教学，关键在于使语文教学管理朝着自动化的目标发展。他依据语文教学社会性、工具性、实践性、整体性的特点，建立了语文教学的管理系统。一是计划系统。做到以法治理语文教学，制订班规班法，做到“人人有事干，事事有人干，时时有事干，事事有时干”。二是监督检查系统，做到自检、互检、班干部检查、班集体检查、语文教师抽查。三是反馈系统，做到个别讨论反馈、班干部反馈、班集体反馈、家长反馈。每个系统都提出目标、内容、时限和实施方法，总计为6类34件事（每天每人必做的6件，每天按学号轮流做的3件，每周做一次的3件，每学期做的9件，不定期做的6件，渗透于语文教学中做的7件），把语文学习落实到扎扎实实的听说读写训练之中，提高了学生驾驭大脑、选择方法、自学语文的能力。在这种科学管理的教学活动中，学生所做的每一件事都目标明确，讲求效率，学有所得。

1.4.6 张思中的中学外语十六字教学法实验

这项实验是由华东师范大学第一附属中学张思中同志提出的。他经过多年的实践与创造，总结成“适当集中，反复循环，阅读原著，因材施教”外语十六字教学法。实验取得了显著效果：一是创造了中学生一门外语过关的记录，实验班学生高中毕业时，外语水平相当于大学二年级水平；二是创造了中学生自己译书出版的记录，由实验班几位学生翻译的《化学竞赛习题汇编》正式出版；三是实验班高考成熟，3年（1984～1986年）成绩优异，在上海及全国都是名列前茅。

实验的主要特点是：在一定条件下将一册或几册教科书的词汇和语法提前在学课文前集中教学；基本扫除单词和语法障碍后，学习课文和翻译自选外文读物；采用科学方法记忆，并注意增加所学内容的复现率；遵照大纲要求，注意因材施教，当班级中出现明显的学习差距时，进行分组教学；听说读写贯彻始终。

实验的主要内容和做法：

（1）适当集中

一是集中识词。先是思想动员，讲明集中识词的可能性、目的、要求和方法、困难与利弊等。之后介绍记忆与遗忘的规律和单词的记忆方法，如分析结构法、联想法、对比法等。最后是集中识词，规定每天的数量，并要求定时定量完成。词汇主要从每册书后的词汇表和常用单词中选择。

二是集中讲语法。把常用语法分成4类：词形变化与用法，把复杂的规则归纳成几句口诀，然后反反复复地练；简单句与句子成分分析，也是反复操练到掌握为止；复合句；其他，如形动词与副动词，只需举行讲座。

三是集中听说读写的基本技能训练。训练的步骤主要是口语训练、说读外文原著训练、书写与写作训练。

(2) 反复循环

要求遵循记忆的规律，组织学生重现、再认学过的词汇与知识。当天的单词，当天晚上、第二天清早与晚上必须重现、再认。按遗忘每24小时递减50%的规律，每隔2、4、8、16、32、64天均要重视再认，此后每学期开学之初、大考之前最少要循环复习一次。

(3) 阅读原著

一是介绍工具书与寻找参考资料的方法。提出课外阅读四步诀：一查、二猜、三议、四问。

二是介绍翻译的基本知识、窍门以及应有的翻译道德。先让学生翻译已有的对照读物，积累经验。之后根据学生的兴趣和志向选择国外中学教科书或资料，认真阅读并进行翻译。

(4) 因材施教

针对学生学习外语出现的差距，采取分班（组）进行复式教学。凡是愿意学好外语，成绩较好，其他各科成绩也可以的可读快班；凡对外语无兴趣或学习有困难、成绩较差的可读慢班。快慢班要求不一，教材不一，进度不一，考试评分也不一样。快班以自学为主，辅导授课为辅，进度快，要求高。慢班以教师授课辅导为主，自学为辅。快慢班学生可自由调整。快慢班的合分也是相对的，可合可分，如讲共同的语法可以合起来听讲，阅读课文又可以分开。

这项实验受到了全国各地的重视，目前全国已有20多个省、自治区、直辖市的近1000所学校进行实验。

1.4.7 马芯兰的小学数学教学改革经验

马芯兰是北京市朝阳区幸福村小学数学教师，她从1977年起开始在一年级进行教改实验，3年后学生的数学学习质量达到相当于当时五年制小学毕业水平。1980年秋开始第二轮实验，又取得了明显的效果。1984

年 8 月，北京市教育局发出了《关于向马芯兰同志学习的通知》，并直接组织领导推广马芯兰的教改经验。1995 年 1 月 5 日，北京市教育局为马芯兰举办了专题教学研讨会，并从 1995 年起，大力推广她的教改经验。

马芯兰教改实验的特点是：根据儿童学习数学过程的特点和规律，运用学习迁移的原理，全面改革小学数学的教材和教法，突出重点知识的教学，给数学基本概念、原理、法则以中心地位，同时加强知识的内在联系，适时进行渗透，使学生形成良好的认知结构，为今后学习打下良好基础。其实质可以概括为三个“中心地位”，即：在教材知识结构中，给最基本最重要的概念以中心地位；在形成学生认知结构中，给数学思维能力以中心地位；在改革课堂教学结构中，给学生的认知规律以中心地位。

实验的主要内容和做法：

（1）改革小学数学教材，以最基本的概念为核心组建知识结构

马芯兰根据数学知识的内在联系和儿童智力发展的规律，突出教材中的最基本的概念、原理和法则，并以此为中心，从纵横两方面对教材内容进行调整和组合，使之成为一个新的、比较好的教材知识结构。最基本的概念是指在知识和技能的网络中普遍的、适用性强的概念。

如，“和”这个概念则是知识的核心的核心。在学生学习“10 个以内数的认识”时就开始以渗透的手段逐步建立“和”的概念，通过渗透“和”的概念学习“10 以内数的认识”“加、减计算”“理解加减关系”“加减求未知数”“简单应用题的结构”“弄清求和、求剩余应用题结构”。当出现两个或两个以上加数都一样的时候（5＋5 ⟶ 5＋5＋5）开始认识“相同加数”、“相同加数的个数”，过渡到学习“乘法意义”。以此为概念的核心理解乘法口诀及其意义，学习有关乘、除法应用题及计算。

从“和”的概念中还可以引出两个不等的数量相比较而出现的“两样多”“差”的概念，较大数是由和较小数同样多的数还有比较小数多的数合并起来的。“较小数”“差”是相当于较大数里的一部分。同时理解有关“差”的应用题的数量关系。

若“差”出现了和较小数同样多，则引出“倍”这一核心概念。较大数里面有若干和较小数同样多的数，较小数为一倍，较大数是较小数的若干倍。又以“倍”为核心理解“倍”的应用题的数量关系。

反之，以较大数为一倍数，较小数是较大数若干份中的几份，较小数是较大数的几分之几。这样以“分”、“分数意义”为核心学习“分数应用题”、“百分数、比的应用题”、“比例应用题”。

这样就以“和”的概念为核心的核心把小学数学的大部分知识连成有机的网络。

纵的方面，就是按照知识的纵向联系，归结为计算和应用题两条线。横的方面，就是把教材中有横向联系或互逆关系的知识编排在一起，形成知识块。如把11类简单应用题组成一大块，这一大块又分4小块，即把教材中属于每份、份数和总数数量关系的内容编为一块；把部分数与总数关系的内容编为一块；把求两数差关系的内容编为一块；把倍数关系的内容编为一块。然后以基本概念、法则为中心，一块一块地进行教学。

（2）组建学生较好的认知结构

组建学生认知结构的根本意义，是在引导学生研究基本概念、原理、知识中，研究学习数学的基本方法，提高学习数学的能力。教学中要研究数学知识的发生过程、概念的形成过程、结论的推导过程、问题的发现过程、规律的揭示过程、方法的思考过程、揭示知识间内在联系的过程。

马芯兰从三个方面组建学生较好的认知结构：

一是抓应用题的问题结构。从简单应用题入手，以认识两个有关的条件和与条件有直接关系的问题来揭示简单应用题的结构特征。然后进行两步应用题的结构训练，使学生从结构上沟通简单应用题与复合应用题的联系，培养解答两步应用题的分析能力。在此基础上，进行多步应用题的思维训练。

二是抓基本概念。马芯兰特别注意以最基本的、起决定性作用的概念为核心，在建立、运用、综合运用和深化这些概念的过程中，来教给学生知识结构。教学实践证实了学生在教学中这样学到的知识，便于理解记忆和再学习。例如：“份”的概念是乘除知识、倍的知识、分数知识、比和比例知识及解答一些较复杂的分数应用题的基础。从二年级乘法意义的认识开始建立“份”的概念，在学习后续有关知识时，都是把“份”放在核心地位，不断理解、运用、深化、综合运用。从而在对“份”的认识的发展中，一直学到小学数学知识的最高阶段。整个过程中，“份”起到决定的作用。以最基本的概念为核心组建学生的认知结构，便于学生学习的迁移、运用、记忆，促使学生学得积极主动。

三是抓知识间的内在联系。把教学的重点放在引导学生分析数量关系上，依据知识之间的逻辑关系和迁移条件，引导学生抓住旧知识与新知识连接点，抓住旧知识的生长点，抓住逻辑推理的新起点，这样就自然地把新的知识与已有的知识科学地联系起来。新的知识一经建立，便会纳入到学生原有的认知结构中去，建成新的知识系统。

（3）改革教学方法

一是强化训练。通过多种形式训练，巩固和熟练学生的知识和技能，培养学生掌握数学问题结构的能力，促进学生逻辑思维能力和思维灵活性、创造性的发展。

二是通过多种形式突出基本概念的教学。如让学生摆一摆、画一画、说一说，让学生动手操作练习。引导学生边观察、边思考、边回答问题，做到眼、手、口、脑并用。对抽象的概念，则寓教学于日常生活之中，使学生对概念有生动形象的感知。

三是加强知识的联系，形成知识的网络。在对概念的理解、运用和深化过程中，要有意识地、不断地把有关知识联系起来，以纲带目，以点带面，通过几个基本概念将有关知识连成线、形成块、织成网，形成一个良好的知识结构。这样学生学起来就容易得多，理解得也会更深刻。

四是适时进行渗透，以使新旧知识联系起来，使前面的学习为后面的学习作准备。

（4）改革应用题教学

一是突出数学能力的培养。应用题教学主要培养学生掌握数学问题结构的能力、逻辑思维能力、思维的灵活性和数学概念能力。

二是重视解题思路的训练。马芯兰根据智力活动的形成从外部语言到内部语言的特点，设计了一套训练学生解题思路的方法。

第一，读题。使学生理解题中的情节和事理；已知条件中，哪个是直接条件，哪个是间接条件，问题是什么，条件之间、条件与问题之间是什么关系。读题的过程就是了解题意的过程。

第二，画批。把题中的重点词、句和思考分析、判断的结果，用文字、符号标出来，以帮助学生了解每个数量的意义及数量之间的内在联系。

第三，画图。主要是画线段图，用线段把题中的数量关系表示出来，以助理解题意。

第四，说理。让学生用清楚、简洁、准确的语言，说明自己分析解答应用题的思维过程及相应的道理。

三是设计新课型，重新编排练习题。实验中采用了结构课、思维分析课、变式课、发散思维课等新课型，并重新编排练习题，反复地、系统地进行训练。如变式课教学，采用 5 种基本方法，即：改变叙述方法，题意不变；改变重点语句；改变条件，问题不变；改变问题，条件不变；同时改变条件和问题。这种课有利于培养学生思维的广阔性、灵活性和深刻性，有利于学生数学能力的发展。

1.4.8 邱学华的尝试教学法实验

这是江苏省特级教师、国家有突出贡献的专家邱学华在长期的教学实践中，逐步创立进行的一种具有中国特色的教学法实验。

1980 年，邱学华根据“先练后讲”的思想，在常州市劳动中路小学数学教学中开始实验，逐步形成尝试教学法的操作模式。经过两年时间的实验，结果表明，实验班学生的自学能力增强了，智力水平提高了，学习成绩上升了，作业负担也减轻了。

为了交流经验，促进研究，从 1985 年开始，每一年或两年举行一次全国协作区尝试教学法研讨会，有力地推动了尝试教学法在全国的推广应用。尝试教学法在教学实践中不断发展、完善和提高。1988 年，邱学华根据来自全国各地丰富的实践资料写成专著《尝试教学法》，并获得全国首届优秀教育理论著作奖，江苏省教育科研成果一等奖。

据 1991 年不完全统计，尝试教学法已在全国 30 个省、自治区、直辖市推广应用，应用尝试教学法的教师约有 32 万人，受教学生达 1500 多万人。宁夏有将近 1/3 的小学教师掌握了尝试教学法，广西灵山县有1/2

以上的小学教师应用尝试教学法。

尝试教学法的实验和应用受到原国家教委基础教育司的支持，他们在给全国协作区第六届尝试教学法研究会的贺信中指出："尝试教学法在十年来的试验中，取得了很好的效果，目前已广泛用于小学各学科的教学中，并且试验分布在全国省、自治区、直辖市，促进了我国各地教法改革的广泛开展。"

尝试教学法已引起国外教育界关注。1986 年日本佐藤三郎教授已将此法编入《世界有特色的教学方法》一书。1988 年日本新算数研究会副会长片桐重男教授亲自到中国研究尝试教学法，并给予高度评价，撰文指出："尝试教学法先让儿童进行思考和讲座然后给予指导，它不失为一种理想的方法。"尝试教学法论文已被译成日文、英文、德文在国外教育杂志上发表，并在 1991 年 8 月北京国际数学教育会上交流，1993 年 6 月邱学华应邀到日本讲学。

目前，尝试教学法应用范围已从小学发展到中学，从数学发展到语文、自然、理、化等学科。全国还成立了尝试教学法研究会，进行研究和推广这项实验。根据尝试教学法在中小学各学科教学中呈现的普遍的积极效果反应，证明在教学过程中尝试原则是具有普遍意义的。在十多年尝试教学法实验研究和推广应用的基础上，继续通过系统、严格的实证研究，构建了一种新教学理论——尝试成功教学理论。

（1）尝试教学法的特点

尝试教学法的理论依据是现代教学论思想，促使儿童的认识结构和教材和知识结构的有机结合，合理地运用了信息论、控制论和系统论等现代科学理论。

尝试教学法改变了传统的教学模式，不是先由教师讲解，把什么都讲清楚了，学生再做练习，把教师讲解的内容巩固消化；而是先由教师提出问题，学生在已有旧知识的基础上，通过自学课本、学生互相讨论，依靠自己的努力，通过尝试练习初步解决问题，有针对性地进行讲解。其特点是"先练后讲"。

尝试教学法所指的尝试活动包含两个要素：学生的尝试和教师的指导。这两个是互相依存紧密联系的，学生的尝试以教师的指导为前提，教师的指导以学生的尝试为目标。教师的指导决不是包办代替，而是根据学生的年龄特点和认识规律，根据教材特点和教学要求，为学生的尝试创设条件。

学生的尝试。中小学各科知识一般可用习题的形式呈现，学生在教师指导下自学课本，在已有旧知识的基础上自己去尝试解决问题，尝试解答习题，或回答问题，或完成某项活动，尝试练习还可采用尝试操作形式，让学生动手操作学具、实验仪器、测量工具等。学生的尝试过程，就是学生自己探索解决问题的过程。它的表现形式有尝试阅读、尝试操作、尝试练习、尝试讲解等。

教师的指导。学生的尝试不是盲目的，而是在教师指导下有目的有步骤地尝试。教师不但要在学生尝试中进行积累，而且在学生的尝试前和尝试后，都必须认真指导。

在学生尝试前，教师要认真制订课时计划，确定学生尝试的步骤，编拟准备题和尝试题，指导学生自学课本，设计指导语或提出自学思考提纲。

在学生尝试中，教师必须巡回指导，了解学生的尝试情况，特别对差生要进行个别辅导，帮助他们完成尝试任务。

在学生尝试后，教师可以组织学生讨论，启发学生尝试讲道理，判断尝试的正误，对正确的答案进行强化，对错误的答案进行矫正。根据学生尝试练习的情况，教师针对学生感到困难的地方、教材关键的地方进行重点讲解，以确保学生系统掌握知识。

（2）尝试教学法的操作程序

尝试教学法共包括 7 个步骤。

第一步：准备练习。这一步是学生尝试活动的准备阶段。出示尝试题不能太突然，应该采用“以旧引新”的办法，从准备题过渡到尝试题，发挥旧知识的迁移作用，为学生解决尝试题铺路架桥。

第二步：出示尝试题。这一步是提出问题。尝试题一般要同课本中的例题相仿，同类型、同结构，这样便于学生通过自己阅读课本去解决尝试题。尝试题出示后，教师应激发学生的兴趣，提出启发性的问题，如“老师还没教，谁会做这道题？”“看谁能动脑筋，自己来解决这个问题？”

先让学生思考一番，然后转入下一步。

第三步：自学课本。这是为学生在尝试活动中自己解决问题提供信息，出示尝试题后，学生产生了解决问题的愿望。这时引导学生阅读课本就成为学生的需要。“这道题，你们还不会做吧，请大家翻开课本看看例题是怎样做的，再想想黑板上的题目应该怎样做。”

阅读课本前，教师可适当提一些思考问题作指导。学生带着问题自学课本，要求具体，效果好。因为学生自学课本后，必须解决黑板上的深度题，自学课本的效果当时就能看到，这样能够调动学生的积极性。

自学课本中，学生遇到困难时可提出问题，教师要鼓励学生质疑问难。通过自学课本，大部分学生对解答尝试题有了办法，都跃跃欲试，时机成熟就转入下一步。

第四步：尝试练习。这是学生尝试活动的主体。一般让好、中、差三类学生板演，全班学生同时练习。教师要巡视，及时了解学生尝试练习的情况，学生练习时，可以继续看书上的例题，边看边做，同座学生之间也可以互相讨论。尝试练习结束后，就转入下一步。

第五步：学生讨论。尝试练习后，可能一部分学生做对了，一部分学生做错了。教师根据三类学生板演的情况，引导学生评讲讨论。谁做对了，谁做错了，板演的学生可以讲讲为什么这样做的道理。不同看法可以争论。这有利于发展学生的口头表达能力及分析推理能力。尝试练习后，学生迫切想知道自己算得对吗，讲得对吗，这时教师讲解的火候已到，就可转入下一步。

第六步：教师讲解。这一步可确保学生系统掌握知识。有些学生会做尝试题，可能是按照例题依样画葫芦，并没有真正弄懂道理。因此在学生尝试练习以后，教师还应进行讲解。

第七步：第二次尝试练习。这一步是给学生“再射一箭”的机会。在第一次尝试练习中，有的学生可能会做错，有的学生虽做对了但没有弄懂道理。经过学生讨论和教师讲解后，得到了反馈矫正，其中大部分学生会有所领悟。为了进一步了解学生掌握新知识的情况以及把学生的认识水平再提高一步，应该进行第二次尝试练习，再一次进行信息反馈。这一步对中差生特别有利。

第二次尝试题不能同第一次尝试题相似。一般要与教科书上的例题稍有变化，或采用题组形式。如出三道题，其中一道题可同例题相仿，一道同例题稍有变化，一道题是以前的旧知识或综合题。第二次尝试练习后，教师可进行补充讲解。

以上七步是一个有机整体，反映了学生完整的尝试过程。这七步中，中间五步是主体，第一步是准备阶段，第七步是引申阶段。

尝试教学法有一个基本教学程序，它只是为教师合理组织教学过程指出了应遵循的科学程序。但是教学情况是各不相同的，生搬硬套一个模式是不科学的。因此，以上的七步操作模式应该根据不同的教学内容、不同的学生情况以及教学条件的变化灵活应用，增加一步或减少一步，几步互相调换或合并，等等。但万变不离其宗，“先练后讲”的基本精神不能改变。有以下几种变式：

变式 1，调换式。准备练习；出示尝试题；尝试练习；自学课本；学生讨论；教师讲解；第二次尝试练习。

把自学课本与尝试练习互相调换一下，可以使学生不受例题的束缚，有利于学生创造性思维的发展。

变式 2，增添式。根据教学需要，可以在基本式上增添一步或几步。如，在出示尝试题后，增加一次学生讨论，让学生先议论一下，怎样解答尝试题；在尝试练习前增加尝试操作，先指导学生动手操作，在有一定的感性认识基础上，再让学生动手做尝试题。

变式 3，结合式。准备练习；出示尝试题；边自学课本边做尝试题；学生讨论结合教师讲解；第二次尝试练习。

学生熟悉尝试教学法后，基本的操作步骤就不要分得那么清楚，可以有机地结合进行。出示尝试题后，学生可以一边自学课本，一边动手做尝试题；学生讨论和教师讲解也可以结合进行，教师参加学生讨论，在讨论中把需要讲解的内容穿插进去。

（3）尝试教学法的实践效果

①有利于培养学生的探索精神和自学能力，促进智力发展。尝试教学法冲破了注入式教学方法的束缚，大胆地让学生自己去尝试练习。这样从小培养儿童“试一试”的精神，长此以往，逐步形成一种敢于探索

的精神。他们长大以后，对于不懂的事物、不会做的工作都能有“让我试一试”的精神。这种敢于尝试的探索精神是极其可贵的。尝试教学法的重要潜能在于培养社会主义新人的现代化素质。人的现代化素质是多方面的，具有尝试探索、开拓创新的精神，应该是基本的一条。

教育的潜移默化的作用是强大的，一定的教学方法对形成学生的思想方法和习惯会产生很大影响。注入式的教学方法会使人因循守旧、唯唯诺诺。尝试教学法一改过去学生依赖教师的全盘授与和灌输的被动地位，而是学生主动地尝试，在尝试中主动参与知识的形成过程，从而培养学生的自主意识、参与意识、探索意识和创新意识，有利于培养社会主义新人的现代化素质。

②有利于提高课堂教学效率，减轻课外作业负担。注入式教学方法，教师的讲课占去了一堂课的大部分时间，留给学生练习和思考的时间就不多了。尝试教学法一开始就向学生提出问题，让学生自己先尝试一番，在这基础上教师再有的放矢地重点讲解。这样做花时少，效果好，提高了课堂效率。

应用尝试教学法后，课堂上教师讲解的时间减少，学生练习时间增多，学生作业基本上能够当堂完成，不必布置很多课外作业。常州市劳动中路小学实验证明，课本中的题目还不够在课堂里做，课外一般不布置家庭作业，而是布置“每日一题”（思考题），让学生回家思考练习，不必交家庭作业本。学生的负担减轻了。

③有利于中差生的提高。有些教师以为中差生理解能力差，采取把材料嚼得很细喂给他们。越是这样他们就越是不肯动脑筋，越是觉得没有兴趣，越是无法提高学习成绩。

尝试教学法先让学生尝试练习，使中差生及早发现困难在哪里，然后听教师讲解，他们就容易接受。学会看书，学会思考，这正是中差生最缺乏的东西。尝试教学法能引导学生主动地自学课本，促使他们进行思考，恰好能对症下药，解决中差生的根本问题。实验结果表明，尝试教学法适用于中差生，他们学习成绩提高的幅度较大。

湖南湘西土家族自治州花垣小学，原来数学成绩很差，中差生较多，毕业班的数学平均成绩仅有三四十分。经过试用尝试教学法，学习成绩很快得到提高，毕业班在全县初中升学考试中，数学平均成绩达到93.3分，这是该校历史上前所未有的。

④有利于大面积提高教学质量。尝试教学法的教学思想明确，操作模式具体清晰，可以充分利用现行教科书，广大教师易学易用，具有很强的适应性。它不仅适用于城市学校，而且也适用于农村山区学校和少数民族地区学校。不论有经验的老教师，还是年轻的新教师都能学习应用。大量资料证明，不管一个班、一所学校，还是在全县（市）范围内，尝试教学法的推广应用都取得了良好的教学效果，有利于大面积提高教学质量，有助于九年义务教育的实施。

内蒙古自治区阿拉善盟左旗塔尔岭小学，是一所蒙、回、汉多民族的村校，原来数学教学质量很差，自1985年试用尝试教学法后，连续五年教学质量得到大面积提高。这个事实在阿盟产生了很大的影响，阿盟教育处已决定在全盟推广应用尝试教学法。

江苏省金湖县从1984年开始在全县推广尝试教学法，小学数学教学质量得到大面积提高。现在全县各年级数学统考的平均成绩都在80分以上，及格率达95%以上。

1.4.9 刘显国的反馈教学法实验

反馈教学法实验是原四川省大竹县教育科学研究室主任、特级教师刘显国同志根据“三论”原理提出来的。1984年设计，1985年开始在一个班预试。经过准备实验、重复实验、大面积实验，已10余年，全国有20多个省市、1万多个教学班在从事这项教学实验，成效显著。

1992年，通过对几个省的实验班的问卷调查，有98%的师生认为这种教学法好，课堂容量大，是传统教学的2倍；87%的学生喜欢这种教法，利于学生思维能力的培养；有80%的老师认为反馈教学可以激发学生学习兴趣，能大面积提高教学质量。几年来全国召开了4届反馈教学法研究会，出版了《反馈教学法》专著（获四川省科研成果奖），《反馈教学编》专著（获广东省科研成果奖），《反馈教学法论文集》3本，《反馈教学法教案》（1～6年级，共6本）等共100多万字。

（1）反馈教学法实验的目的

实验的目的是运用“三论”原理，采用系统反馈——矫正程序的课堂教学，尽可能使学生通过达标学习，实现课堂教学优化，提高教学效率和教学质量，达到培养能力，发展智力，大面积提高质量的目的，创造出具有中国特色的教学法。

（2）反馈教学法实验的特点

反馈教学法以信息反馈为主线，把自学研讨贯穿始终，它改变了传统的教师讲、学生听的注入式教学法，使课堂信息的单向传递变成信息流通的多向性。即把学生自己学习的成果利用各种通道输送出去，然后收回外界对它的评议，从而检验学习效果和掌握程度，在原有的知识基础上进行调节和改进。这种教学法的特点是在教师的引导下，让学生边学习、边思考、边总结、边创造，再将所掌握的知识输出。输出的目的在于对学习进行检验、调节、选择、控制，从而利用反馈来达到巩固知识、培养能力的目的。

（3）反馈教学法实验的课堂结构

这种实验的课堂结构简称“三段六步”。一是导入新课，作好准备。一般分出示基本概念（复习题）和引旧探新（迁移题）两步。二是学习探索，作好迁移。一般分两步：掌握关键（讨论题），知识再现（巩固题）。三是巩固加深，深化知识。一般分两步：智力测试（综合题），智力发展（思考题）。

①导入新课——第一次集中反馈做好铺垫。新课的导入主要是考虑如何促进知识的正迁移，“为迁移而教”。在导入方式上，有从新旧知识联系上入手；有从学生熟悉的生活实际导入。一般分两步：一是出示基本概念复习题。让学生复习与新知识有关的基本概念和与概念有关的基本练习题，是为了解学生情况促进知识的正迁移，为学习新知识铺平道路。二是学习尝试题，这是为新旧知识之间架起桥梁。这两步进行后，教师便可掌握学生对基础知识的理解程度，获得第一次反馈信息，进行教学的控制和调整。

②学习探索过程——第二次反馈做好迁移。导入新课后及时出示讨论题，学生对旧知识产生联想，对新知识产生兴趣，带着强烈的求知欲去阅读课本、实验、观察、思考、认真探索，最后通过讨论研究掌握新知识，这一段按两步教学：一是进行新知识范围尝试题的练习；二是阅

读课本和讨论。通过讨论研究，进行第二次知识反馈，教师掌握学生对新知识的理解程度和逐步应用情况及时小结，进行第二次调控。第二次反馈成功的关键在教师，教师要善于设问，造成师生双方在知识的重点区域展开讨论，反复研究，以获新知。

③巩固加深过程——第三次反馈知识。通过想一想、摆一摆、猜一猜、填一填、算一算等活动，达到消化新知识的目的。在活动中教师获取信息，并利用小结，及时调控。第三次反馈，目的是了解学生掌握新知识的深度，培养智能。

反馈教学法的三段六步不是孤立的，是一个有机的整体。每一步都制约和影响各步教学活动，而且在其他活动作用下，对整体结构产生影响，使整个课堂教学结构系统、优化。反馈教学法的三次集中反馈，体现了层次性和有序性，每次不是旧知识的简单重复，而是螺旋上升、层层递进。

（4）反馈教学法实验的优点

第一，有利于信息反馈和调控。学生彼此之间，师生之间，师生和教材、教具之间形成多向教学信息联系，保证反馈信息的转移和畅通。

第二，有利于能力培养。学生掌握原有的本门学科信息，在大脑中通过程序编码，形成知识结构，把概念、原理、规律排列得井井有条，既使学科知识得到巩固，又可随时提取应用。这样不仅培养训练了学生的能力，开发了智力，同时学生逐步掌握了学习方法。从学习长期性来看，今后必将获得最优化的学习质量。

第三，有利于因材施教和个性发展。反馈教学法所强调的，不是研究教师如何去教，而是研究学生如何去学。它最基本的特点与要求是教师把课堂上获取知识的主动权交给了学生，让他们充分挖掘自己的意愿和兴趣，去安排自己的学习，去做自己想做的事情，去发展自己的个性。

第四，克服了思维定势。反馈教学法的最大优点是通过频繁及时反馈与适当的矫正，避免误差的积累和前后误差的混合，克服思维定势的负迁移的形成。

第五，能顺利达到预定目标。大多数学生经过频繁及时的反馈——矫正后，能顺利达到预定目标，不仅提高了进一步学习的认识能力，而且提高了自己学习的信心，增强了教师的责任感。

第六，优化了课堂教学，实现了教学目标优化，教学过程优化，教学内容优化，教学方法优化，课堂练习优化，教学效果优化。

2　中小学教改和研究的原则

为了保证中小学教学改革和研究结果的科学性，探索和发现中小学教育的客观规律，发挥教改和研究的独特作用，中小学教师进行教学改革和研究必须严格遵守以下原则。

2.1　方向性原则

2.1.1　坚持正确的政治方向

中小学的教改和研究不能脱离社会主义的办学方向，要坚持党的教育方针，围绕培养有理想、有道德、有文化、有纪律的社会主义事业建设者和接班人进行，把促进学生的德、智、体、美、劳诸方面的全面发展放在首位。中小学进行教改和研究要面向现代化，面向世界，面向未来，面向全体学生，尊重学生身心发展的特点和规律，使学生生动活泼，积极主动地得到发展。

2.1.2　为教育决策服务

中小学教改和研究与教育决策是服务和依靠的关系，一方面，教改和研究要抓住与教育决策有关的重大实际问题进行研究，主动地为教育决策提供科学依据；另一方面，教育决策者要有强烈的科学意识，主动地依靠教改和研究，保证决策的科学性和可行性。只有提高教改和研究的质量，决策者又能主动地参与和依靠教改和研究，才能有高水平的教育决策。实践证明，几乎所有的教改和研究都和教育决策有较密切的关系。评价教改和研究的成果、效益，不仅要认真考虑这些成果的水平及其对教育科学做出的贡献，而且要重视成果转化为现实决策的能力；不仅要考虑成果对制定决策时的参考价值、影响范围和预期可操作性，而且要特别注意通过总结决策实施后的成效，回过头来检验教改和研究所发挥的实际作用。教育决策的失误会给教育实践带来很大的危害，而教育决策的成功，必将越来越依靠教改和研究的成功。为了更好地为决策服务，教改和研究应走在教育决策的前面，为决策者提供多种优良的方案，尽力减少教育决策的失误。

2.1.3 为教育实践服务

教育实践是教改和研究的出发点和归宿，离开了教育实践也就失去了教改和研究存在的价值和生命力。因此，我们一定要树立实践第一的观点。教改和研究为教育实践服务，也是多层次和多方位的，宏观（研究国家和社会的教育事业）、中观（研究学校和其他教育机构的行为及关系）和微观（研究教学过程、教师、学生和教育管理人员的个体及群体行为）教育科研，都和教育实践紧密相联。在不断发展的教育实践中有许多问题需要我们去发现、研究和解决。教改和研究在任何时候都不能离开教育实践，教育科研人员要深入到教育教学工作第一线，教育实践工作者要不断增强科研意识，提高教育科研素质，不断进行教改和研究，当二者普遍地在中小学有机地结合在一起时，我国的教育就会有质的飞跃。

2.2 操作性原则

中小学教学改革和研究应遵循科学研究的一般原则，即客观性、系统性、检验性、操作性、教育性、发展性、公共性和解释性等。这就是我们通常所说的操作性原则。在中小学教学改革和研究中运用这些原则，应从中小学教育实际出发，作适当的变通或补充。

2.2.1 客观性

客观性原则，就是要尊重客观事实，坚持实事求是的态度，按照事物的本来面目反映事物。这个原则要求教改和研究者，无论是在设计教改和研究方案，还是在搜集材料、处理数据、描述和解释事实的活动中，都不能为了证实假说而从个人的主观臆想出发加以任意剪裁、虚构、猜测，有意忽略甚至歪曲实证材料。缺乏客观性原则指导的教改和研究是徒劳无益的，它既不能解释事实，也不能指导实践。因此，在中小学教改和研究活动中，要如实记录观察到的事实和搜集到的资料，严格地根据实际客观地处理材料，并在此基础上得出科学的结论。

2.2.2 系统性

系统性原则，就是要坚持系统论的整体观。这个原则要求科学研究中，一方面要有中心概念和可以为实证性材料检验的命题，另一方面还要有能够将分离的命题联系起来的理论构架，以便使各项研究成果逐渐累积成为一个知识系统，获得对研究对象的整体认识。这个原则对中小学教改和研究同样适用，它要求在研究和教改时，既要进行多层次、多水平的系统分析，又要进行综合的、整体的研究，同时把纵向研究和横向研究统一起来。

2.2.3 发展性

发展性原则，就是要坚持发展的观点，对客观现实进行动态的研究。唯物辩证法告诉我们，世界上的一切事物都处于不断的运动和变化之中，这是事物相互联系、相互作用、相互制约的结果。我们的教育、教学活动和教改与科研也处在不断的变化发展中，广大中小学生的生理和心理也在不断地发生着变化，因此，中小学教改和研究必须要坚持发展性原则。

2.2.4 教育性

这个原则是由我国的教育方针决定的。众所周知，教改和研究的目的是为了全面地贯彻党的教育方针，提高教育、教学质量，使广大中小学生在德、智、体等方面得到全面发展。因此，广大中小学的教改和研究者，必须清晰地意识到在进行教改和研究时，要看是否符合教育方针和教育原则，能否对日常的教育教学工作和全面推行素质教育起积极作用，绝不能为了教改和研究而给学生的身心健康发展带来不良的影响。

2.2.5 理论联系实际

理论联系实际原则要求教育研究既要重视理论概括，又要重视教育教学实际，把二者结合起来。中小学教育研究最便于紧密结合实际开展工作，提出课题、拟定假设、制定计划等全部研究过程，均可以立足于实践并紧紧追踪实践过程进行，而立论的效果也最便于通过实践观察加以验证。但在具体研究中还要防止两种偏向，一种是仅仅进行理论探讨，不问中小学教育教学改革实际，只追求学科的理论体系；另一种是将中小学教育教学仅仅停留在就事论事的经验之谈上，它似乎强调中小学教育研究的实践来源，实际上忽视了经验必须在理论上抽象的必然性，导致材料的堆砌和经验的罗列，其对实践的指导意义也就不大。我们承认教育经验本身是教育研究的重要对象，概括总结教育经验不仅对推动教育实践有现实意义，而且也是认识教育规律的重要源泉，对教育教学发展具有促进作用。但是，我们也不能满足于此，因为任何研究如果不注重理论的高度抽象，都难以成为严格意义的研究。

2.2.6 公共性

即用明确的文字符号清楚地表达研究工作的研究程序、方法和成果，以保证同行专家了解整个研究过程。这条原则在我国尤其在大陆的传播范围中执行应该是不成问题的，因为大陆学者对许多基本概念术语尚有基本共识。但需强调两点，一是对于尚有一些争议的或语义模糊的概念如智力、非智力因素、整体改革、愉快教育等，在研究报告中必须自我定义并将这一定义贯彻到底；二是对于一些与国外学者在释义上不一致的概念，如知识、教学等，在国家交流中应特别注意详加辨析。

2.2.7 解释性

即能达到探索客观规律的目的，揭示内在联系，使其成为认识深化的知识基础。但需要明确两点，一是不同类研究在解释上应有不同的要求，如观察与调查主要是以获得事实为目的，重点是对观察到的事物内在联系作出客观的描述和正确的解释，而一些改革性和建设性的实验，除要说明内在联系外，还应以此为基础，陈述其效用及其产生条件；二是解释的方式上，不应以精确的定量描述来苛求，应允许以模糊的概率描述加上定性分析来表述研究结论。

2.2.8 检验性

即同行专家能在相同的研究条件下，依照相同的程序和方法重演研究过程，并得到同样的结果。其核心是重复操作以便验证。教育研究中不可能像自然科学那样贯彻彻底，因为进入教育研究程序的各种因素、条件或场景不可能异时异地原样重复，也就不可能得到完全相同的结论，所以只能以概率方式加以陈述和印证，表现在文字上，也就不可避免地要用“基本”“部分”“相当”之类的修饰词作限定。

2.3 伦理性原则

由于中小学教改和研究涉及到的是广大的儿童和青少年学生，因而就有可能会妨碍他们的生活，伤害他们的身心，侵犯他们的某些权利以及产生其他一些消极影响。为此中小学教师进行教改和研究时，应当遵守一些伦理上的准则。

2.3.1 尊重受试者权利

无论是作为直接对象参加到研究过程中，还是作为研究对象的一个部分（如教师作为某种新方法的使用者）参与研究；无论是儿童和青少年学生，还是作为成人的教师、家长，受试者都享有法律所赋予的权利和人身自由。受试者的主要权利如下：有私人不参加协作权；有保持不署名权；有保密权；有要求实验者承担责任权。这个原则要求广大中小学教师在进行教改和研究时，不要以自己任务的急需和紧迫为由而不考虑受试者的权利，甚至以自己教师的特殊身份，对学生和家长采取命令方式，强迫他们参与教改和研究，而是要时时、事事想到受试者的权利，以他们的意愿、要求为基础来进行教改和研究。

2.3.2 慎重解释研究成果

一般说来，公众对科研工作者正式产生的科研成果有一种信任感，也乐于成为成果使用者。越是这样，科研工作者就越应本着高度的责任感，慎重地解释研究成果和结论。因为错误的结论或不真实的成果付诸实践，产生的后果是难以估量的。所以，中小学教师和研究人员，应详尽解释成果有效性条件和范围，不能因为私利或其他原因来曲解研究结果，骗取公众信赖；传媒在进行宣传介绍时，也应实事求是，不能为追求新闻效应而夸大其辞。

2.3.3 避免给受试者压力和负担

不同的教育方法和内容会给学生造成不同的心理压力和负担。如某教育研究者希望发现表扬、批评和无评价给学生的学习带来不同的效果，先确定三个小组分别进行控制：①有好的行为就表扬，不好的行为不予批评；②有好的行为不表扬，有不好的行为给予批评；③各种行为都不予评价。在这个控制过程中，就涉及到一定的伦理限度，第二组学生至少在实验过程中存在着压力和负担，这是教改和研究应当避免的。

2.3.4 消除和避免不良后果

教改和研究人员应充分考虑到课题内容和实施措施可能给受试者带来的不良后果，想办法消除或避免。如在思想品德研究中，有意让某组受试说谎，显然是违背伦理原则的，这样就不能选择实验方法，而只能采用调查方法对已成事实的对象作问卷或访谈。又如对实验组学生进行某种学法指导，结果证明这种学法是不科学的，甚至对他们的智力操作结构是有害的。这要求教改和研究人员在实验进行之前，就应该在方案设计中增加补救措施，这与其说是科学的规范，还不如说是伦理的要求。

在实际的教改和研究过程中，每个人都应自觉地遵循上述伦理原则，并逐步将这些要求转化为一种研究信仰和职业品质，从而有效地实现求真与向善的有机统一。为了更好地理解教改和科研伦理的普遍意义，现将美国心理学会于 1973 年通过的十条道德准则转录如下：

第一条，研究者在设计一个研究项目时，个人有责任依据这些对研究人员的道德原则，仔细估计它在道德上的可接受性。如果估计到了有背离道德原则的地步，研究者就增加了寻求道德指导和严格遵守保护受试者的严重责任。

第二条，制定和保持研究中受欢迎的道德实践，始终属于个别研究者的责任。研究者对受试者的道德待遇负有责任，协作者、助理、学生和职工也同样负有责任。

第三条，道德实践要求研究者向受试者讲明实验特征可能影响受试者参与的心愿，并解答受试者对研究所有其他方面提出的问题，如果疏忽全面的说明，研究者就要加重对受试者的福利和尊严的保护责任。

第四条，坦率和诚实是研究者和受试者之间的基本关系特征。当研究必须使用隐蔽手法时，研究者有责任保证受试者明了这种行为的理由并与研究者恢复良好的关系。

第五条，道德的研究实践要求尊重受试者有拒绝参加研究或随时终止参加研究的个人自由。当研究者处于受试者的领导职位时，要求研究者对保护这种自由要更加注意。

第六条，在道德上受欢迎的研究，自研究者和受试者之间建立公正明确的协议开始，双方阐明自己的责任，研究者负有恪守协议中一切许诺和承担义务的责任。

第七条，有道德的研究者保护受试者的生理和心理避免不安和损害。如果这种后果的风险存在，研究者需要将事实告诉受试者，实验之前取得同意，并采取一切措施减少危害，如果研究程序可能对受试者引起严重的持久的不良后果，就应立即停止研究。

第八条，资料搜集之后，道德的实践要求研究者向受试者阐明研究的全部性质，并消除任何可能引起的误会。在科学研究上或对人类有贡献的价值证明推迟或扣留信息是正当的时候，研究者具有向受试者保证没有不良的后果的特殊责任。

第九条，在研究程序中，可能产生不适宜受试者的后果时，研究者有责任去关心或消除一切不良后果。

第十条，在研究进展的过程中，从受试者所取来的资料是秘密。当其他的人（非研究者本人）有接近这种资料的可能性存在时，道德要求研究者将这种可能性与保密计划一样给受试者讲明白，取得受试者的同意。

2.4 研究和教改相结合原则

教育研究和教育改革是教育事业发展过程中两个重要方面，它们之间的关系是相互影响、相互促进和相互制约的。可以说，“教育研究——教育改革——教育研究——教育改革”的循环发展的公式是研究和教改紧密结合的普遍公式。一方面，教育研究为教育改革提供依据。教育改革是一项十分复杂和艰巨的任务，要保证改革的顺利进行、健康发展和巩固改革的成果，必须有科学的依据，运用教育研究的方法，有重点地、系统地总结中外教改的历史经验，重视和加强教育研究，使之上升为理论，用来指导教育改革，才能提高自觉性，减少盲目性、随意性和模仿性。另一方面，以教改提出的问题为研究课题，通过实践、探索，从中总结出具有普遍指导意义的理论和经验，才能指导教改的深入和发展。只有把教改和研究统一起来，寓教改于科研之中，从中总结出客观规律，才能促进教育科学的繁荣，丰富教育科学的宝库。

2.4.1 确定研究课题

根据社会主义建设的需要，结合中小学工作的重大问题，确定研究的课题。这样进行教育研究，既坚持了教育必须为社会主义建设服务的大目标，又立足于本校的实际情况，保证研究健康有效地进行。每个教师应根据自己的理论素养、教学能力、专业特长，从事力所能及的研究。如果通过研究，教师取得了一定的成效，增长了自己的才干，提高了教育教学质量，就能进一步激发起大家研究的积极性，有力地推动教育研究的发展。

2.4.2 科学地总结经验

广大中小学教师工作在教育教学第一线，拥有丰富的经验，是教育研究的源泉。我们应大力提倡每一个教育工作者都要认真地总结自己的经验，并努力上升到教育理论的高度，以便在更广泛的范围内指导教育实践活动。然而，目前我国中小学的多数教师在对自己教育教学理论进行科学总结方面很不够，多数人只停留在对现象的描述上，缺乏理论的升华。我们提倡科学地总结经验，就是要采用科学的方法，对经验进行严格的筛选、核实、实验验证、评价对比、原因分析及理论探讨，从而使经验科学化、理论化，提高它的有效性、针对性、规律性和可接受性。

2.4.3 开展教育科学实验

教育科学实验是教改的推动力，也是教改的依据。对于教改的主张和设想，如果未经教育科学实验和检验，就加以推行或否定，往往会造成不应有的损失。其原因一是教改的主张不正确，全面推行对全局工作会造成损失；二是教改主张正确与错误兼而有之，全面推行，施行者往往看到正确的方面而忽视错误的方面，错误部分产生的后果是连正确的部分也可能一并被否定，使教改夭折；三是教改的主张是正确的，但由于缺乏实验的依据，在质量、数量、作用、范围和实行的条件等方面缺乏严格的科学规定性，全面推行往往说服力不强，不利于排除各种阻力。

教育科学实验的特点是把中小学教育教学作为条件，学生作为观察的对象，通过实验探索在怎样的教育教学条件下能最有效地促进学生按照培养目标要求迅速成长。教改的实质是改变现有的教育教学条件，使新创造的教育教学条件能产生更好的效果，促进学生全面发展。

教育科学实验研究必须与教育教学理论研究相结合。不论提出什么教改的方案，如果不经过理论论证，那么这种方案就会是盲目随意的。在根据教改方案进行实验的过程中，更应进行大量的理论研究工作，不断调整教改方案，使之达到最佳效果。取得了实验的结果，更应进行理论总结，得出规律性的认识，而后再加以推行。因此，教育科学实验研究与理论研究是互为条件、互相促进的。教育科学实验研究既离不开教育教学理论指导，又会推进教育教学理论的发展。

2.5 研究和成果推广相结合原则

要发挥已有的优秀的教育研究成果的作用，就必须及时而有效地做好成果的推广和普及工作。党和国家对这方面非常重视，《教育法》明确规定："国家支持、鼓励和组织教育科学研究，推广教育科学研究成果，促进教育质量提高。"目前，我国的科技成果转化率很低，只有20%左右，不到发达国家的一半。在教育领域情况也大致相同，许多优秀的教改和研究成果得不到推广和应用。因此，我们建议从宏观上国家要统筹规划，突出重点，促进教改和研究成果向实际运用转化，为教育决策科学化、民主化服务，为教育改革和发展的实践服务，为繁荣教育研究服务；从微观上，教育行政部门应组织专家通过论证、筛选，分别向各地各级各类学校重点推广一批经实践检验证明确实具有科学性、先进性和可操作性的教育改革和科研成果。对推广工作成绩突出的地方和学校可颁发成果推广奖。推广工作成绩突出的个人，可将其业绩作为评定专业技术职务和业务考核的重要内容。同时，教师个人也应该自己搜集资料，扩大信息来源，积极地将别人的经验、研究成果引进自己的教育教学实践中，不断提高教育教学质量。

2.6 科学性和创造性相结合原则

教育研究应把科学性与创造性结合起来。科学性是指研究要从事实出发，对客观现实进行客观的探索而得出一定的科学结论。它的结论必须是从事实中通过科学的实证和逻辑的方法，去粗取精，去伪存真，由此及彼，由表及里，形成理论和概念并科学地概括出来，而不是主观想象出来的。而且这些结论也一定能够得到验证。创造性是指研究的成果必须含有创造性因素，对有关的科学来说必须是新的东西。教育研究是指对所研究的问题提出新理论、新观点或采用材料得出的新结论；研究新方法，寻求新规律和进行新实验，站在新的角度对问题作出新的解释和论证。而一般的感想、心得、体会、看法、建议、讨论和评论等，在相当程度上只是一些主观的观点，不能算是科研工作。但通过大量的钻研，根据新发现的事实，提出创造性的结论或新的见解而写出有根据的文章，可以算是一种研究活动。

3 中小学教改和研究的一般程序

教学改革研究根据不同的任务和目的而有不同的形式，研究程序也不一样。但从研究的整个过程来看，它主要包括6个阶段：选择课题、制订计划、搜集资料、进行实验和论证、撰写报告或论文、鉴定研究成果。这实质上是一个从提出课题到解决课题的过程。关于每一个阶段的具体操作方法、艺术，本书的章节均有阐述，这里只是进行概述。

3.1 选择课题

选择课题是教学改革和研究的第一步。课题选择得怎样，是关系到研究有无价值、能否顺利进行的前提。这一阶段主要包括4个步骤：

3.1.1 提出课题

课题一般来自教育教学实践和理论研究之中，这时一般只是初步的、笼统的。

3.1.2 调查研究

对课题所涉及的范围和对象进行初步的调查和了解，以便使课题具体化、明确化。

3.1.3 检索文献

查阅文献借鉴前人的研究方法、研究成果，以便参考和比较，确定研究课题的意义和价值。阅读的文献主要包括：专题著作、教育报刊杂志中的有关文章、内部翻印的经验介绍、教学实验报告等。

3.1.4 知识准备

掌握有关的专业理论知识，以便对材料进行理论分析、逻辑分析和统计分析。一般地说，对研究课题具有的知识愈丰富，理论基础愈深厚，科学眼界就愈广阔，愈能保证科学研究的水平。

3.2 制订计划

3.2.1 计划的组成

制订计划一般要考虑 3 方面的内容：研究对象、研究内容、研究方法。

（1）选择研究对象

主要工作是确定对象的范围。范围大，工作量就大；范围小，则不具有代表性。确定方法可采用抽样法。

（2）确定研究的具体内容

通过分析课题来确定课题的范围和内容；接着确定各部分内容的具体项目，制订各内容、各项目之间的分类标准，安排各内容、各项目的逻辑顺序，明确各内容、各项目的材料，等等。

（3）选择研究的方法手段

制订研究计划时，要注意以下问题：

一是科学性。不论是在研究对象的确定，还是研究步骤的安排、方法的选择，都要符合科学性，克服随意性。

二是可行性。研究计划中，提出的要求和措施都要符合实际情况，计划要订得具体、明确、切实可行，做到便于实施、便于控制、便于检查。

三是有效性。制订的研究计划，不仅要保证研究的顺利进行，而且在人力、物力、财力的使用上要精打细算。

3.2.2 研究计划应包括的内容

（1）课题的提出

包括提出课题研究的背景，课题研究的目的，课题研究的实际意义和理论意义，以及课题提出的理论依据、指导思想等。

（2）情况说明

包括国内外对选定的课题有关的研究现状、水平以及发展的动向趋势及存在问题，或是有关的专家学者对相同相似课题的不同观点等方面的情况。

（3）研究的基本内容

就是要说明该课题所研究的具体问题，预期达到什么目标，突破什么问题。在较大型的研究中，还须列出所含的子课题。

（4）研究的方法

围绕课题，准备采用什么方法进行研究，是用调查法，还是用实验法，或是用观察法等，都应具体说明。

（5）具体实施步骤

就是要列出课题研究的时间安排与进度，将研究的具体内容划分为几个阶段，分步设计。

（6）组织方式及保证措施

就是课题研究由谁领导，由谁主持，由谁具体实施，以及保证研究顺利完成的基本条件与措施是什么，都需要写明。

（7）研究成果的表现形式

研究取得成果后，用什么方式将成果反映出来，是论文、报告，还是专著，也应说明。

（8）经费概算以及需购置的仪器设备

要列出细目，以便得到有关部门或领导的审核批准。

不同的研究内容及研究方法，其计划要求也有不同。如专题研究的计划内容一般包括：①目的意义；②主要内容；③现状分析；④条件分析；⑤分工情况；⑥阶段安排；⑦成果形式；⑧经费预算。教育实验研究计划内容一般包括：①绪言，包括研究问题及研究假说，已有研究状况的陈述，有关文件的检索；②研究的具体方法；③总体和样本；④研究与设计；⑤实验过程；⑥数据分析的统计技术；⑦时间安排；⑧预算，包括人力、物力、设备及各种间接经费。

3.2.3　研究计划范例——中学数学特殊能力培养课题研究与实验计划*

（1）目的

研究数学教学怎样从学生个别实际出发，遵循能力差异法则，有的放矢地进行教育与教学工作，从而有效地进行数学特殊能力的培养和训练。

---

* 选自《数学教学研究与论文写作》，王岳庭等编著，杭州大学出版社，1996年版。

(2) 实验基地

①选定实验基地

浙江省临安县临安中学、於潜中学。

②选定实验教师

实验学校的骨干教师高级教师2名，一级教师3名。其中老教师2名，中年教师1名，青年教师2名。

③选定实验班级

实验学校高一年级各1个班。

(3) 研究内容

①搞清楚什么是能力，什么是智力

能力是指构成个性心理特征的一个重要部分，是指个人能胜任、完成某种活动所具有的心理特征。学生能胜利完成数学学习任务，就表明他具有数学学习能力，若能出色地完成，则说明他的数学学习能力很强，若不能胜任学习，则说明他缺乏数学学习能力或说他数学学习能力较弱。

能力可分为一般能力和特殊能力。

一般能力即通常所说的智力，是指完成各类活动都必须具有的一般智力因素，像观察力、记忆力、想象力，等等；特殊能力是指完成某类专业活动所具备的能力。对于数学专业活动来说，仅有一般的能力是不够的，还必须具备数学专门训练的特殊能力，这种特殊能力是要经过系统的、专门的学习才能获得的。

根据一般能力和特殊能力的原理，把学生的学习能力分为一般学习能力和特殊学习能力，这样做有以下几点好处：

·可以使语文、数学等各科之间的能力区别开来，体现各学科能力的特殊性；

·把能力具体化，落实到各学科的教学实践中，不会离开数学阵地去追求普遍性的、共性的能力；

·把数学学科能力纳入特殊能力范畴加以训练，可以促进学生一般能力（即智力）的形成和发展。因为数学学科的能力形成和发展，会迁移到各类学习活动上，因而成为概括化、系统化的心理条件，从而转化为一般的学习能力。

②深刻理解一般学习能力的八种基本要素，为研究中学数学特殊能力的成分奠定基础

一般学习能力的八种基本要素：

• 感知能力。包括课堂感知能力和课外观察能力，表现为学生对学习内容、方法及学习情境的选择、理解和整体认知，对课堂外的信息的观察和反映。

• 注意力。表现为学生在学习情境下的专注水平，包括注意的范围大小、集中程度、稳定性、转移的快慢、注意分配的大小等。

• 记忆力。表现为感觉记忆、短时记忆、长时记忆的容量和保持时间，识记速度、储存牢固、重现与再认效率高、遗忘少等。

• 思维能力。从思维过程上说，包括分析与综合能力、抽象与概括能力、系统化与具体化能力；从思维方式上说，包括概念的形成与掌握能力、判断与理解能力、发散思维与辐合思维的能力。

• 想象力。应包括幻想能力、自由联想能力、再造想象和创造想象能力。

• 语言表达能力。应包括口头语、书面语的表达能力和内部语的外化能力。

• 操作能力。从智力操作上说，表现为智力过程的深度、广度、逻辑性、灵活性、独立性、首创性等；从手工操作上说，表现为动作的反应快、熟练性、准确性和应变性。

• 学习适应能力。包括学习适应和调节能力、自我反馈及评定能力、学习方法的选择与创造能力、学习心得经验的总结能力等。

此外，学习毅力、学习情绪的自控能力、学习交流能力等也应属于一般学习能力之列。

③研究学生数学学习能力结构，为探索特殊能力的成分提出构想创造条件

学生的特殊能力，仍然是指学习能力，特殊在于区别一般，是指胜任、完成数学学科的学习而言。数学学习能力可从认知能力、操作能力及学习策略等三维进行分析。数学学习能力结构图如图 3-1 所示。

• 从认知上看，包括对数的概念、符号、图形、数量关系与空间关

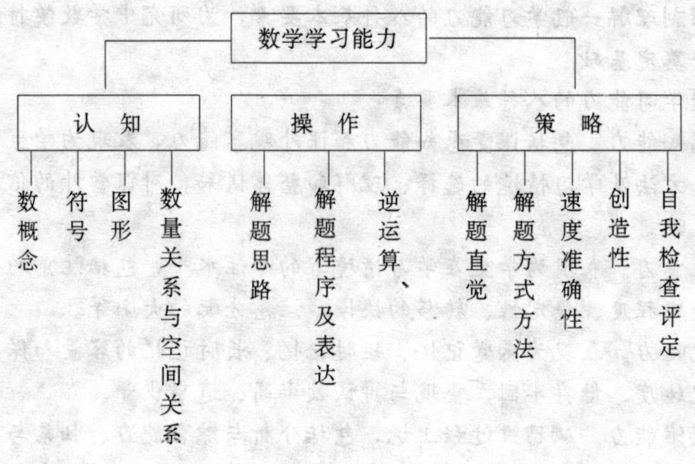

图3-1

系的辨认和理解力。

数概念：包括对基本数量概念（自然数、整数、有理数、实数、复数)、数群概念、序列概念等数学基本概念的认知；

符号：包括对数字、字母、数值大小、相等、各种运算符号、单位符号等数学符号意义及用法的认识；

图形：对平面图（包括坐标图)、立体图形的认知；

数量关系：着重对函数关系的认识；

空间关系：包括空间图形与数量关系，空间部分与整体的关系。

·从操作上看，包括解题思路、解题程序及表达、逆运算的能力。

解题思路：解题过程分析与综合各种数量和联系，比较数量间的属性；根据公式、定律去注释推理解决具体问题，或从具体问题中归纳、还原出公式、定律。

解题程序及表达，即解题过程的推理能力和运用数学语言把推理过程表述出来。

逆运算。

·从数学学习的策略上看：包括解题直觉，解题方式方法，速度及准确性、创造性，自我检查、评定等方面的能力。

解题直觉能力：对面临的问题情境迅速纳入头脑的认知结构中，根据已有的认知结构模式（即解题经验）迅速作出直觉性判断。

解题方式方法：在综合分析多数量关系上选择突破口，不是盲解、尝试错误或逐步过渡；掌握解题通法，举一反三，解题慎思而不冲动。

解题快速、准确、有独创性。

经常自我检查、评定、调整自己的学习，以适应不同的数学学习情境，有一定的数学自学能力。

上述数学的三维能力是互相依存，互相制约，构成统一体，在数学训练中应普遍发展，不可偏废。

④学生学习能力差异调查

·智商差异的调查（另附）。

·父母职业与子女智商的关系调查。

在调查的基础上，对"智力超常"与"智力不足"的学生施行特殊教育与教学。措施原则：

一是关怀特殊学生的身心全面发展。对超常学生要加强品德教育，防止其自大情绪滋生，特别注意超常学生的健康，防止加重学习负担而影响正常的身体发育与保健。对智力不足的学生应得到教师更多的爱护，但也不要过分地怜悯和照顾他，而应鼓励他顽强地学习和锻炼。

二是教师要为超常学生提供更难、更多一些的教学内容，让他多学一些，学得深一些，布置作业时，应适当加深作业难度和增加练习量。

对智力不足的学生，则可适当降低要求，着重培养其适应社会的能力。

（4）实验步骤

①准备阶段；

②基本情况调查表；

③教学原则与教学模式的选择（另附）；

④双向反馈教学法的实验。

附一 智商调查表

智商计算公式：

$$IQ=\frac{MA}{CA}\times 100$$

式中：IQ 为智商；MA 为智力年龄，指所通过的题目，每个题目都代表一定的智力年龄；CA 为实际年龄。

例如：15 岁的学生通过 18 岁的题目，则他的智商为：

$$IQ=\frac{18}{15}\times 100=120$$

需设计一套满分为 150 分的测试题（30 个选择题或 50 个选择题）

表 1 智商分类及百分比

IQ	分类	%
140 以上	极优（超常）	
120～139	优秀	
110～119	中上	
90～109	中等	
80～89	中下	
70～79	临界低能	
70 以下	智能不足	

表 2 学生智商调查表

学校________班级________男生________女生________

姓名	性别	CA	MA	IQ	分类	%

附二　教学模式的选择

图 3-2 表明各种教学模式在课堂教学中的地位，也是供教师选择使用的标准。

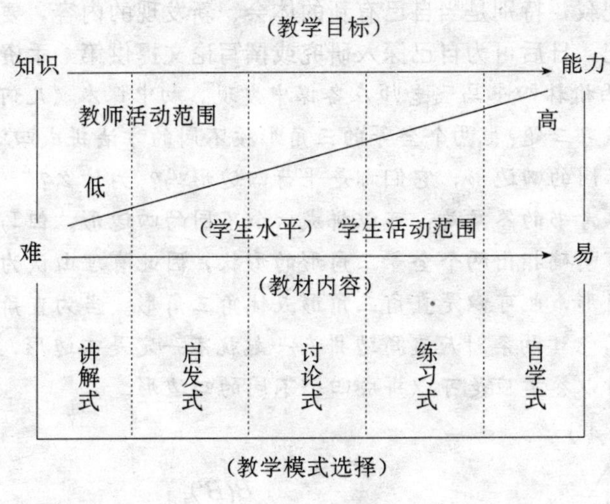

图3-2

3.3　搜集资料

搜集资料就是按照研究计划所要求的任务和课题的需要，通过不同的方法和手段，广泛而又有重点地搜集有关研究课题的资料。搜集资料早在查阅文献时就已经开始，到撰写论文时还在不断补充，这是贯穿研究过程的经常化的活动。但主要材料应在这一阶段搜集。

搜集资料主要是通过记录这种形式进行。记录可分为资料索引和资料内容两大类。条件允许，也可通过录音、录像、复印、计算机等来搜集资料。搜集资料要注意以下问题：一是要围绕课题中心，全面地搜集与课题有关的各种资料；二是对搜集到的资料要进行必要的加工、筛选处理；三是要注意搜集具有典型性的资料和最新的资料。

中小学教师搜集资料的方法很广，关键是要结合教学实验进行，发挥自己优势。这里介绍两个典型案例。

3.3.1 结合教学工作注意日常积累

教师在教学中通过备课需要深入研究教材，既要掌握教材的内容，更要掌握教材的内在联系、知识结构。在日常的备课活动中，应当及时将有关资料收集记载，特别是当自己有新的体会、新发现的内容，要及时抓住，做好笔记，日后可为自己深入研究或撰写论文提供第一手资料。

【例1】陕西榆林四中马飞老师在备课中发现，初中课本《几何》第一册第171页练习二题：把两个全等的三角形按不同的方法拼成四边形，可以拼成几个不同的四边形，它们都是平行四边形吗？为什么？*

新编教学参考书的答案是：可以拼成六个不同的四边形。但马飞老师发现题目没有明确指出两个全等三角形的形状，因此有理由认为它既可以是锐角三角形，也可以是直角三角形或钝角三角形。当为直角三角形时，如图3-3，3-4两条对应直角边拼在一起就不一定是四边形，而是等腰三角形，所以答案应是可以拼成四个不同的四边形。

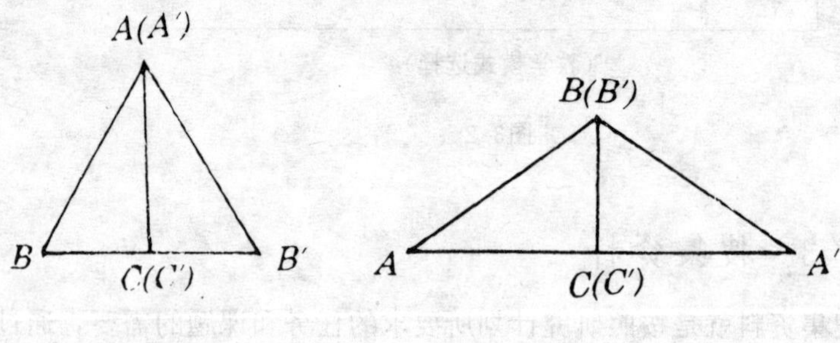

图3-3　　图3-4

当为钝角三角形时，如图3-5，3-6，得到的是凹四边形，而初中课本《几何》第一册第159页第1行中说：以后，本书中所说的四边形都是指凸多边形，由于图3-5，3-6不是凸多边形，所以就不应叫四边形。答案也是可拼成四个不同的四边形。

由此可见，此题对初中生而言，可改为：

把两个全等的非等腰锐角三角形，按不同的方法拼成四边形，可以拼成几个不同的四边形，它们都是平行四边形吗？为什么？

---

* 选自《数学教师》，1991年第7期，40页。

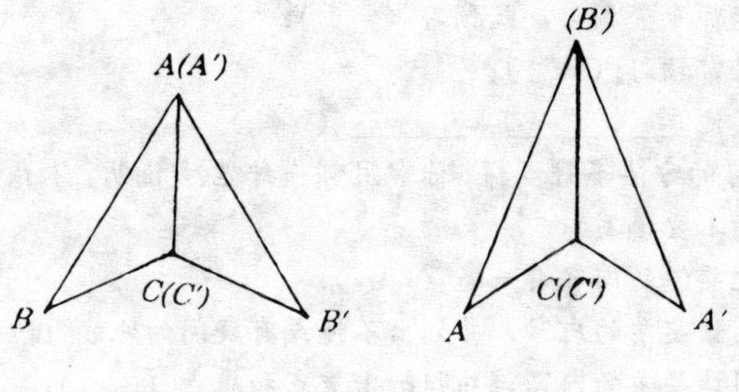

图 3-5　　　　图 3-6

类似上述问题，一个有经验的教师可以发现不少，如能做一个有心人，用专门笔记本予以收集、记载，几年下来，便可积累许多有价值的资料，供研究和撰写论文参考。此外，教师每天面对着几十个学生，在教学过程中从学生身上反馈回来的信息，及时记录收集，也是积累资料的重要途径。

3.3.2　通过调查问卷，收集有关资料

教师针对教育问题，可有目的地设计调查问卷，通过对问卷的分析，能为进一步研究提供丰富的素材和依据。下面是一个学习方法的调查问卷，研究者通过这个问卷收集到了学生学习方法的大量情况。*

【例 2】　　学生学习方法调查

学校______年级______姓名______性别______年龄______

下面是关于在本学期学习方法的八组调查题，请你配合我们认真地、实事求是地填写。

填写的方法是：在每一组选择题中，必须选中一个小题目，并在(　)内打√。请不要漏填，也不要在一组中选两个。如果你选的是“其他”，那就请填上具体情况。

1. 有的同学上课前先预习一下，你是怎样的呢？

(1) 不预习(　　)；

(2) 难得预习(　　)；

* 上海教育科学研究所，《中小学教育科学研究方法浅说》1986 年 3 月。

(3) 老师布置预习，就预习（　　）；

(4) 经常预习（　　）；

(5) 其他＿＿＿＿＿＿＿＿＿＿（　　）。

2. 预习的方法多种多样，你常用哪一种呢？（说明：不预习的同学这一组题目请不要填写）

(1) 把要学的内容看一遍（　　）；

(2) 阅读要学的内容，并划出不懂或有疑问的地方（　　）；

(3) 阅读要学的内容，并归纳出重点和难点（　　）；

(4) 阅读要学的内容并查阅参考资料，解决一些疑难问题（　　）；

(5) 其他（　　）。

3. 下面几种情况中的哪一种，会使你听课时注意力不够集中？

(1) 对上课的内容不感兴趣，不想听（　　）；

(2) 受其他感兴趣的事吸引（　　）；

(3) 上课内容听不懂（　　）；

(4) 上课内容已经懂了（　　）；

(5) 不管哪种情况，注意力都能集中（　　）；

(6) 其他＿＿＿＿＿＿＿＿＿＿（　　）。

4. 同学们有各种不同的听课方法，你的听课方法是怎样的呢？

(1) 一面听，一面把老师讲的内容记在笔记本上（　　）；

(2) 一面听，一面想，不记笔记（　　）；

(3) 一面听，一面想，记下自己认为重要的内容（　　）；

(4) 老师要求什么，就记什么（　　）；

(5) 听课时不记笔记，但喜欢对老师讲解的内容提出问题，在课内或课后与老师、同学讨论（　　）；

(6) 其他＿＿＿＿＿＿＿＿＿＿（　　）。

5. 关于复习，同学们有各种各样的情况，你属于哪一种呢？

(1) 在平时、测验和考试前都不复习（　　）；

(2) 在平时、测验和考试前较少复习（　　）；

(3) 平时、测验和考试前都复习（　　）；

(4) 平时不复习，测验和考试前复习（　　）；

(5) 老师要求复习才复习，不要求复习就不复习（　　）；

(6) 其他＿＿＿＿＿＿＿＿＿＿＿＿（　　）。

6. 复习的方法多种多样，你采用的是哪一种？（说明：从来不复习的同学这一组题目请不要填写）

(1) 把学过的内容看一遍（　　）；

(2) 把学过的内容背出来（　　）；

(3) 根据老师布置的提纲复习（　　）；

(4) 把学过的内容回忆一遍，抓住要点和难点，找出还有疑问的地方，及时弄懂（　　）；

(5) 除了平时弄懂所学的内容外，每一单元结束以后，还要系统整理（　　）；

(6) 其他＿＿＿＿＿＿＿＿＿＿＿＿（　　）。

7. 你是怎样安排复习和作业的？

(1) 不复习，也不做作业（　　）；

(2) 不复习，只做作业（　　）；

(3) 先做好作业，再复习（　　）；

(4) 边做作业，边复习（　　）；

(5) 先复习，后做作业（　　）；

(6) 其他＿＿＿＿＿＿＿＿＿＿＿＿（　　）。

8. 你是怎样完成作业的？（说明：不做作业的同学，这一题请不要填写）

(1) 做作业中碰到困难，就不能完成（　　）；

(2) 做作业有困难，需要参考同学的作业（　　）；

(3) 作业有困难，需要在别人帮助下才能完成（　　）；

(4) 做理科作业，碰到困难，常用看例题、套公式的方法完成；做文科作业，常在教科书上找答案完成（　　）；

(5) 在理解知识的基础上完成作业，作业中遇到困难，通过看教科书，或向别人请教，弄懂道理后再完成（　　）；

(6) 其他＿＿＿＿＿＿＿＿＿＿＿＿（　　）。

3.4 进行实验和论证

进行实验和论证是教育科研的主体部分，是落实科研计划的中心环节。在课题确定和搜集资料的基础上，就要进行实验和论证。进行实验，首先要做好实验的准备工作；其次要按照实验研究法的要求开展实验，并对实验过程作详细记录；最后是检验、整理、分析实验的结果。进行论证，首先要确立论点；其次是动用搜集的材料，证明论点；最后是阐明得出的结论。

3.5 撰写报告或论文

这一阶段主要是分析研究结果，并将研究结果及结果的来源用一定的写作格式阐述出来。

3.6 鉴定研究成果

教学改革和研究成果要为社会所承认，必须有一个研究成果的鉴定过程。鉴定成果要坚持客观、公正的原则，正确地、全面地、科学地评价研究成果的价值，要坚持过程鉴定与成果鉴定相结合的原则，把研究过程与结论统一起来形成鉴定意见。

鉴定教学改革和研究成果，一般包括以下步骤：一是成立由教育专家、教育行政管理人员、教师等人员组成的鉴定小组委员会；二是由鉴定小组对研究成果进行初审，同时通过调查、座谈等方式，对研究成果的内容、结论进行审核；三是根据有关理论和研究成果的特点，拟定评价量表；四是鉴定小组成员依据评价量表各自作出评价意见；五是汇总小组的意见，形成研究成果鉴定报告。

鉴定教学改革和研究成果的关键，是要根据科研课题的不同特点，制订出评价的标准。

3.7 教改和研究程序举例——数学教学研究的一般步骤

数学教学研究作为一种认识活动，它的全过程一般可分为以下几个具体阶段。这种阶段上的各步工作也就组成了研究的一般步骤。

3.7.1 准备阶段

准备阶段是数学教学研究正式开展前的一个阶段，是数学教学研究一个重要的不可缺少的部分。越是复杂的研究课题，准备阶段的重要性显得越明显。一个成熟的研究工作者，必然会十分重视准备阶段的工作，而决不急于仓促进入“研究”。准备阶段包括理论准备、物质准备与研究计划准备。具体地说这一阶段的研究人员要完成的任务如下。

（1）确定研究课题

数学教学研究课题的选择直接关系到研究能否达到新的目标、获得显著的成功。因此课题的选择是决定研究水平高低的重要因素。问题来自实践，当前数学教学中存在着大量值得探索的问题，当然不是任何一个问题都可以成为研究课题，但它可以作为一个研究课题的初型，逐步提炼、发展成为研究课题。因此具有丰富实践经验的教师，可以从自己的教学工作中选择一些比较有价值的问题，然后进入准备阶段。在这一阶段研究人员首先可围绕他所确定的几个问题，有针对性地查阅有关的文献、资料。必要时还要做一个调查研究，弄清楚对这些问题前人研究的情况与已有成果。重点弄清哪些方面前人已有研究，得出一些什么结论，各种观点是否一致，有哪些分歧的观点，分歧的实质是什么，还有哪些方面尚未涉及，哪些方面尚可进一步探索。通过大量的资料分析，就可以审定哪些课题较有研究价值，研究应向什么方向开展，从而就可以确定自己的研究课题。

（2）进行研究设计

确定课题以后，为使研究顺利开展，也为使研究具有内在的效度和信度，必须进行研究设计。进行研究设计首先要分析课题涉及的各种变量（可变因素），并在此基础上准确地表述课题和研究目的，同时提出假设，然后在课题研究的总体范围内提出样本抽取方法及样本容量。设计研究的顺序、方法与手段，规划整个研究的进程和各大阶段预期达到的目标。这是整个准备阶段的主体。

（3）制定研究工作计划

研究设计结束即可着手制订研究工作计划。工作计划是对实现某一研究设计的行动规划、时间规划、组织形式规划和经费规划。制订研究计划的主要内容为详细划分研究工作的阶段，明确制订各阶段的工作任务和要求，估计每阶段需要的时间与经费，订出研究的组织形式，人员的分工职责与合作项目，规定对研究工作开展状况的检查时间与方法，详细订出研究成果的形式和评价与鉴定的方式，确定经费预算，等等。

研究计划制订完成后，研究准备阶段的工作基本结束。以后进行一些物质与技术的必要准备，即可进入研究实施阶段。

3.7.2 研究实施阶段

准备阶段结束，各项工作基本准备就绪，即可根据事先设计好的研究方法，按照研究计划的要求逐步开展教学研究活动，以把研究计划变成实际活动，最终变为现实。这就是进入研究实施阶段。这一个阶段的工作是数学教学研究的中心。这一阶段的工作质量直接决定了研究成果的质量。

实施阶段研究者要进行的具体工作有以下几步：

第一步，开展在研究设计中确定的研究活动，以收集数据获取资料，形成科学事实。例如，若在研究设计中要对数学课外作业的负担进行调查，则在这一阶段就要根据科学的抽样调查理论，确定样本抽取方法与样本容量，进而确定具体的调查对象。然后设计调查方法，进行实地调查，收集数据，整理数据，对数据进行科学分析。例如，设计研究中规定要进行某种教育方法的实验，则在这一阶段就要具体确定实验班与对照班，若有必要还要培训实验教师。然后进行有计划的实验教学，定期的测量、评估、收集数据资料等日常工作。通过预定计划的实验活动，收集、积累了必要的资料，然后进入资料整理与分析，以形成科学事实。在这一步工作中研究工作者特别要注意避免由于研究者本身的观念、倾向而造成资料收集、分析时产生一定的倾向性。这一点若不加注意常会导致认识上的偏差，使研究结果失去真实性。

第二步，分析科学事实或已有理论，形成新的科学理论。通过调查研究或实验研究，收集、分析获得的资料，形成科学事实以后，则进入由科学事实上升到科学理论的阶段。由于有些科学理论也可以从分析已有的理论，通过分析、综合，在批判性思考中引申出来，所以这一步在教育研究中也可以是一个独立的认识过程。

在这一步中研究者要从已有的科学事实出发，建立科学概念，作出科学判断，进而构建理论体系。这项工作的成效除了决定于提供理论加工的原始资料的翔实度、可靠性等质量外，还决定于研究者本身的理论修养、抽象思维能力与思想方法的水平。

第三步，撰写论文或研究报告。这是教学科学研究的最后阶段。论文或研究报告使研究结果以文字形式保存下来，供他人学习、借鉴和探讨。一个较为简单的研究课题、研究报告或论文总在研究的最后阶段完成。如果研究者进行的是一个复杂的或长期的研究项目，那么可以产生中期报告。一个课题也可以写出一系列报告或一系列论文，其成果可能是单篇文章，也可以是一系列文章，以至于一本专著。例如，“数学特殊能力培养”课题组进行数学特殊能力培养的研究工作，两年多来已写出了中期报告与研究论文 10 篇，预计最后成果将以专著形式出版。

3.7.3　总结评价阶段

完成研究工作以后，最后还要进行对研究工作的总结与评价，对研究工作的总结是研究人员自我提高的重要手段。通过总结，对自己的研究工作进行全面的反思，找出成功的原因、存在的问题，总结经验与教训，这对提高以后的研究质量，寻求新的研究课题，提高研究人员运用研究方法的能力与水平都是十分有利的。一个好的工作总结不仅有回顾，而且还有对未来的展望，进一步研究的建议。研究总结除了研究结束时进行总的总结外，还可以在研究的各个阶段进行阶段性总结。以便及时总结经验，修正研究过程中出现的偏差或失误。这对于一个长期的研究项目来说显得特别重要。

评价是对科研成果的一种确认。现代数学教学研究成果，通常要通过评价进行确认。其评价方式一般为专家鉴定或社会认可，这类评价总是在科研成果出来之后进行。而作为研究者个人的自我评价，不仅在最后阶段，而且在研究过程中也是必要的。研究过程中的评价可与总结结合起来，其作用是保证研究质量。

4 中小学教改和研究课题的选择

中小学教学改革与研究的课题选择问题，首先是个实际问题，同时也是个理论问题。中小学校长和老师在进行教学改革与研究时，能够正确地选题，找准进行改革与研究的切入点，是一个重要的实际问题，不然将会事倍功半，很难收到预期的效果。为了选准改革与研究的课题，有必要对其中涉及到的理性认识进行讨论，从而可以在实际中收到事半功倍的效果。这些问题包括对选题重要性的认识，选题内容与范围，选题程序、原则与方法，等等。

4.1 什么是教改与研究的课题

4.1.1 中小学教学改革与研究的问题与课题

中小学教师在教育、教学活动中经常会碰到许多问题，比如“某一类型的应用题有几种解法？”“怎样帮助某某同学提高外语成绩？”“如何发展学生个性？”“小学三年级学生学习成绩分化现象突出，原因是什么？”这些问题既是我们疑惑不解的，又是我们的兴趣所在。

课题是作者在综合、借鉴别人科研成果的基础上，从一定的理论高度来观察、分析、研究、提炼出来带有一定价值的问题，是从事改革与研究并力求获得相应结果的具体项目。

问题就是客观事物之间的矛盾在人们头脑中的反映。在我们认识客观世界的过程中，问题是联系已知与未知的桥梁和纽带。只有不断地产生新问题，解决新问题，人们的认识才能不断地向前发展。教学改革与研究就是一个不断提出问题、解决问题、认识客观规律的过程。然而，教学中的一般问题还不能说就是教学改革与研究的课题。问题常有，无处不在、无时不有，而课题却是从众多问题中精心挑选出来的。

例如，“某一类型的应用题有几种解法？”这虽然是在教学过程中碰到的，但它只是一个数学问题，而不是教学改革与研究的课题。“怎样帮助某某同学提高外语成绩?”及时了解有关情况,分析原因并解决这个问题是班主任、外语教师的工作任务,但它不是一个有价值的教学改革与研究课题,因为这个问题所反映的是一种具体的个别的现象。“如何培养学生的能力,发展学生的个性?”虽然这是一个广大教师都关心的普遍性问题,但是问题涉及的范围很大,人们可以从不同的角度、不同的方面对它进行探讨、研究,它是一个值得探索的领域,但不是一个合适的课题。“小学三年级学生学习成绩分化的原因”这是一个带有普遍性的问题,其中包括某些同儿童身心发展特点、学校教育、教学、家庭背景等因素有关的具有普遍意义的规律,有待我们去探索,同时这个问题的范围和解决这个问题的任务比较明确和集中,这样一个问题,可以成为一个科研课题。当然,这样的一个题目对于普通教师来说,涉及范围还是比较大,可以更集中一些,如“小学低年级学生学习成绩分化与家庭教育气氛的关系”等。

由此可以看出,所谓教学改革与研究的课题,就是针对着教学领域中具有普遍意义的特定问题,有明确而集中的改革与研究范围、目的、任务的题目。

4.1.2 教学改革与研究课题选择的异同

在中小学的实际教学与研究活动中,老师们往往将改革与研究当成同一回事,口语中将改革当成研究、将研究当成改革,说某位老师、某个学校进行了某项改革,大家普遍认为某位老师或学校进行了某项研究。这既有其正确的一面,也有不完善、不科学的地方。

其实,两者之间有不同的地方,改革主要是针对教学实践中的问题而进行的,改革落后的教学观念、内容、方式与方法,以便提高教学效率,其着力点是教学实践;而研究主要是探索教学活动的规律,其着力点是教学实践的理论探索,是为了获得对真理的认识。教学改革主要是应用教育科学的实践活动,而教学研究则主要是探索教学科学的实践活动。

当然,改革与研究又是互为联系的,改革要以已有的研究成果为基础,要在研究的基础上进行改革,不能仅凭经验、零星想法胡乱地改一气,这样会扰乱正常的教学秩序,降低教学效果,对学生造成不可挽回的损失；同时，部分研究比如实验研究中又必然包含着改革的因素，通过对某些控制因素的改革，获取科学的数据，从而可以探索教学规律。

我们认为，既然教学改革与教学研究存在相异，那么中小学中笼统地提教学改革与研究就不合适，教学改革课题的选择与教学研究的课题选择除了遵循共同的规律外，还需遵循不同的基本理念。选择教学改革的课题需考虑到解决问题的紧迫性和效用，主要从教学实践的需要出发；选择教学研究的课题则更需要考虑其超前性、长期性，在考虑每个课题的实践价值时，更需要考虑其理论价值。

正是由于教学改革与教学研究相互联系，其课题选择也有相同的地方，故而我们也可以寻求其共同的内容、原则、程序和方法。

4.2 课题选择的重要性

孟子说："学贵慎始"，从确定改革与治学宗旨这一角度来看，是很有道理的。与教学改革相比而言，课题选择在教学研究中的作用更加显著。选定改革与研究课题，是教学改革与研究的开始，它关系到整个改革与研究工作的顺利进行，也关系到研究工作的结果。选题工作不是轻而易举地提出来的，在一定意义上说，提出课题比解决课题更困难。就教学研究而言，有人说："科学论文题目选择得适当，等于完成论文的一半。"选择课题，实际上按一定的标准和条件对可供挑选的课题进行评价、比较，然后根据选题的原则作出抉择。

一个好课题的提出是改革与研究工作成功的基础，一个课题的水平在一定程度上决定了改革的效益和研究的水平。题目若选择好，可以起到事半功倍的作用，也能够取得较好的成果；若题目选择得不好，常常会使改革工作低效，而研究工作也会受阻，半途而废、浪费人力、物力、财力，丧失改革与研究工作的信心。

4.2.1 正确选题决定教学改革与研究的价值

选题是教学改革与研究中最重要、最关键的一步，具体说来，可以从以下几方面阐述其价值：

（1）选题——教学改革与研究的突破口

教学是极其复杂的社会现象，如果个人或研究组织要研究教学现象，探索其中的客观规律，必须要有一定的着手点和突破口。先在一个方向上，通过一个一个具体课题突破，然后逐步扩展，逐步深入，求得对越来越多教学规律的认识。

比如，某市有一位女教师，教学科研成果很多。她开始走上科研道路时，首先结合自己的工作，从小学教学课堂教学方法入手，选择了“运用‘讲解’和‘质疑研究’教‘数的整除’一章的效果比较”这一课题进行实验研究，取得了成果。半年后，又在“圆的周长和面积”教学中，用“讲解法”和“质疑讨论法”进行了重复实验。以后，她的研究范围逐步扩大到对命题质量的分析、教学目标的制定、实验方法的探讨等，发表了一系列文章，成了当地的教学科研带头人。这源于其正确而持续的科研选题。

（2）选题——决定改革与研究的目标

正确的课题，它为研究人员规定了明确的方向与目标。方向选定了，研究人员便可结束徘徊的心理状态，开始集中精力，专注地朝着既定的目标，步步踏实地进行，不至于南辕北辙走歧路。伟大的科学家培根告诫青年人：“一个能保持着正确道路的瘸子，总会把走错了路的善跑的人赶过去。不但如此，很显然，如果一个人跑错了路的话，那么，愈是用力，愈是跑得快，就愈加迷失得厉害。”总之，选题正确，可以捷足先登，后来居上；选题失当，方向有误，就只能心有余而力不足，久攻不克，或者事倍功半，得不偿失。

（3）选题——决定改革与研究的内容和方法

目的决定内容，内容制约方法。什么样的课题，就需要什么样的方法与途径。好的课题，可以使研究者的整个研究过程处于有序的思维状态，清醒地选择正确与便捷的方法途径，以顺利地达到既定的目标。探索性课题，需要观察、调查，掌握教学现象，探索教学规律；实证性课题，需要确立假说，组织实验；研究教学史的课题，属于对过去教学规律的研究，就要注意文献法；经验总结性课题，要把调查研究与实验研究结合起来；研究教学风格、特色与流派的课题，要充分利用经验总结，比较法及个案研究法等。诸如此类，只有方向明，才能方法对，决心大，成效高。

(4) 选题——决定改革与研究的功效

课题确定了，方向明了，方法对头，主观能动性才能充分发挥，客观条件才能得以充分利用，科学研究才能既速效又高质。相反，如果没有确定课题，或选择不当，主客观条件再好，占有资料再多，也必然茫无头绪，事倍功半，甚至劳而无功，导致失败。比如，有一位教师选择了“培养学生思维能力的研究”，虽然问题是有意义的，但由于课题太大，研究范围不清楚，研究目标太模糊，难以找到适当的方法，最后勉强写了一篇文章，因为缺乏理论和实践价值，也未能得到肯定。

客观世界是相互联系的，作为反映相互联系的客观世界的本质与规律的理论，是有系统的，一个正确的课题所要解决的是客观世界中的某一方面、某一问题。这个问题解决了，就必然联系着并由此推动着其他问题的解决。这样，就能使研究领域层层拓宽，研究的问题步步深入，从而占领新的领域。

4.2.2 选题对于改革与研究者自身的训练价值

(1) 选题过程是提高改革与研究者能力的过程

一般说来，提出课题比解决课题更困难，而且更重要。众所周知，随意提出一个问题并不难，然而要提出一个具有科学价值的问题，确是相当困难的。从这个意义上说，正确的选择课题，既是改革与研究的起点，又是改革与研究的结果。能否正确选好课题，不仅反映出一个人的工作态度，而且反映出他的改革水平、科研水平和能力。事实上，选择课题的过程就是改革与研究的过程，也是培养改革者、研究者能力的过程。没有从事过改革与研究的人，往往觉得无题可选；而有经验的改革者、研究者，碰到的问题越多，因而提出的课题也就越多。

(2) 有利于人们从事系列的、长期的改革和研究方向

人一生的时间是有限的，教师从事教学改革与研究的时间和精力更是有限。要使自己在有限的时间内有所成就，必须确定一个主攻方向，锲而不舍，长期坚持积累知识，形成有用的知识体系。正确的选题不仅容易成功，也有利于形成一个适合于个人的长期改革与研究方向。

总之，选择课题并不是轻而易举的事，而是一个思考、认识、筛选的过程。正确地选课题，是人们深入学习、调查研究的产物，是整个改革与研究的重要组成部分。

4.2.3　克服目前选题方面存在的问题

目前，在教学改革与研究选题方面仍然存在着很多问题，比较突出的有以下几方面。

（1）题目往往偏大

初次尝试进行教学改革与研究，人们最容易犯的毛病是不考虑各方面的条件，选择的题目往往偏大，结果不是不能完成任务，就是只能得到一些肤浅的材料，得不到可靠的、经过深入研究与分析的科学结论。

（2）对应用性选题方面重视不够

这主要表现在教学研究的选题方面。一是在研究性的选题中，理论性课题所占比例较大，而解决实际问题的应用性课题所占比例较小；二是在应用性课题中，忽视了对重大现实问题的综合探讨，而是分散、孤立地探讨了一些相互关联的细小问题。这种局面与社会需要相距较远，选题的社会效益和应用价值很小。

（3）选题的系统性、连续性、积累性差

这主要表现在两个方面：一是选题时不注意查阅研究文献，不了解他人研究和有关领域的最新进展，对已有成果缺乏深入、正确的分析和评价。二是改革与研究方向不明确，选题前后无关联，不能使自己的课题把握住问题发展的脉络而层层深入，而是在一些毫不相关的课题上按自己兴趣随意选择。

（4）描述性研究课题多，因果性课题和预测性课题少

目前在教学研究中，描述学生学习现状、教育教学实际情况方面的课题比较多。对各种变量、因素之间关系的探讨大多停留在相关分析的层次上，而对学生发展规律、影响学生心理活动的内在因素、学生学习成绩的预测等研究少，即缺乏因果性、预测性的研究课题，使教学研究难以发挥其解释与预测功能，妨碍了研究水平的提高。

（5）研究课题的理论水平低

许多研究课题未能同有关教育理论联系起来，研究问题较肤浅，就事论事，缺乏理论深度。因此，目前大量研究未能在有关教育理论方面有所建树；很多研究结果也未能上升到一定理论高度加以分析、概括。

(6) 单一性课题多，综合性课题少

目前，课题大多从某一学科的某一方面入手，缺少多角度、多学科的综合改革与研究。合作大多局限在同一领域的教师之间，不同学科之间、同一学科不同领域之间缺少必要的合作，未能对一些较大课题进行多学科的综合改革与研究。

(7) 对改革与研究方法、方法学方面的课题重视不够

在目前众多的教学研究课题中，有关方法、方法学方面的课题极少。由于教学改革与研究方法的水平在一定程度上决定了改革的效益和研究的水平。因而目前国外对方法学的研究十分重视，不少学者专门从事这方面的研究工作，而我们在这方面还比较薄弱。

4.3 中小学教改与研究的内容与范围

中小学教学改革与研究课题包括三类：理论课题、应用课题和开发课题。

4.3.1 理论性课题

就改革方面而言，理论性课题是指以比较深厚的教育科学特别是教育哲学、教学认识论为基础，对教育、教学思想进行改革的课题；就研究方面而言，理论性课题主要依据的是课题可能做出的理论贡献的大小，看它寻求对理论体系有哪些突破和发展，是在什么程度上突破和发展的。

就中小学数学学科中的教育研究而言，理论性课题主要包括三类：

第一类是对构成数学教育科学理论体系具有全局性影响的核心概念、基本范畴和基本原理作突破性研究的课题。这类课题具有开创性和全局性，是属于难度很高的课题。它要求破除原有体系的不合理部分，研究周期长，成功的把握小，社会价值和应用价值也不会很快地、鲜明地反映出来，但带来的影响必然是深远的，始终是富有诱惑力的。这类涉及本学科的革命性课题，在我国的数学教育研究中还无突出成果。

第二类是对数学教育某一领域中已形成的概念和原则作进一步探讨，或使它更完善，或使它更具体的课题。它所要求达到的目标不是对理论的根本性突破，而是补充性发展。例如正确处理传授数学基础知识，训练基本技能和培养数学能力三者之间的关系，对中学生数学思维的研究等。研究人员在深化应用原有理论时，发现不足或粗糙之处，从而进行完善化研究。长期专门化的实践工作使研究者接触了该领域内的各个方面，易对事物形成全面的认识，并为发展理论准备了丰富的经验和事实的依据，易于从实践和时间两个角度，检验理论的价值，发现其不足。

第三类是对数学教育理论中的个别原理、概念等作出修正或更详细说明的研究课题。例如数学教学中怎样使学生的主体作用得到发挥，数学学习中的动力因素等。它涉及的范围是对个别理论问题的探讨，难度较低。一般说来，研究者只要掌握了有关的资料，具有分析、综合的思维能力，并且对某个问题有自己的感受与见解，就能承担这类课题的研究。它是理论研究中最大量的课题，一般从事教育理论研究的，都从这类课题做起。

由于我国的数学学科教学理论正处于创立时期，有很多空白急需填补，原有的理论需要完善和提高，因此理论性课题不失为有价值的课题。

就语文教育来说，语文教育学、语文教育与生活、语文教学论、语文美育、语文教育心理学、语文教育与辩证法、语文教育科学化与现代化、语文教育史、语文教育与市场经济、语文学科的性质和任务等均是基础性、理论性课题。这些课题的特点是：①具有开创性、全局性；②对研究者的思维能力、理论修养、知识结构等素质方面有较高要求；③研究周期长；④对语文教育理论建设有深远意义，对语文教学实践往往没有直接功效。

4.3.2 应用性课题

应用性课题与解决实际问题紧密相关，具有定向性。教学改革的应用性课题主要针对具体的教学问题，提出改革方案和措施；教学研究的应用性课题价值则主要依据它对实践可能产生影响的性质和大小及它所提出解决问题角度的创新性、有效性和针对性。

这类课题具有直接实践的意义，它运用基础理论研究的成果，探索、开辟应用的新途径。它着重研究如何把基础理论转化为教学技能、教学方法和教学手段，使基础理论知识同实际教学衔接起来，以达到预定的教学目标。同时，也注意如何将实践经验上升成科学理论，形成对教育一般规律的认识，有助于基础理论研究的深化与发展。

数学学科中应用性研究课题主要包括以下三类：

第一类是涉及数学教育实际中的某些全局性问题。这类课题要求能提出前人未提出过的解决问题的方法，并能在全国范围内推广，对教育实践的发展具有直接的推动作用。例如在普及义务教育中，全面提高数学教学质量的研究、数学标准化考试的研究、数学教学评价方法的研究等。此类研究有较大的难度，必须有教育领导机构、教育研究机构和教育单位密切配合才能进行。

第二类是涉及数学教育实际问题的具体课题。它不涉及应用性的基本原理、原则和一般方法本身的研究。主要涉及的是这些原理、原则和方法在数学领域的具体应用。例如，数学教学方法改革研究。因此，研究者只要对该问题涉及的基本原理和一般方法有较清晰的认识，对与该问题有关的具体领域有一定的了解就可以选择。对于一些有经验的实际工作者来说，这是可以施展自己才华的舞台。

第三类是与个别实际问题的解决相关的课题。它的研究成果适用的范围更小，大多局限在与该课题研究条件接近的范围内提出解决问题的方法，也较多局限在一些操作性问题上。例如，课堂教学中问题的引出方法，数学尖子生培养的经验等。这类课题要求研究人员具有把握特色的能力，如果做不到这一点，研究结果只是为了普遍原理提供了一个例证，这就失去了研究的价值。由于这类课题在现实中大量存在，每一位有心的实际工作者都会在自己的实践中找到它，一般的研究者也应从此类课题做起。

语文教育研究中，诸如对语文教育原则的具体应用与落实的研究，教学方法的引进、移植与验证性研究，各类文体的教学方法的运用与创新的研究，各种性质的单元教学方法的运用及创新研究，语文课堂教学模式的研究，听说读写能力培养的研究，语文教学效果的测试与评估的研究等，都属于应用性研究。这类课题的特点是：①具体化、实用化，它是对基础理论的分解、扩散、应用、落实，是探讨具体的方法与途径；②既对实践起推动作用，又对基础理论研究产生积极影响；③研究者既要有较高的理论修养，又要熟悉并参与教育实践。

4.3.3　开发性课题

它是运用基础研究与应用研究的成果，对某项教学内容与教学方法进行重大改革创新的系统的创造性研究，是将研究成果与经验加以推广与普及，以解决教学实际问题的研究；属于技术性研究、方案性研究。例如，将美国著名心理学家布卢姆“教学目标分类学”中制定教学目标的方法运用到单元教学中去的语文单元目标教学的研究；推广“作文三级训练”理论的实验研究；对布鲁纳“发现法”、传统“启发式”等教学方法的普及性研究；对斯金纳程序教学法、前苏联的“合作教学法”、沙塔洛夫“纲要图示法”等移植、革新与创造性运用到语文教学的研究；由“情境教学法”进而具体开展“课本剧”以及其他声像作品的研究，等等，都属于开发性课题。这类课题有三个特点：一是桥梁性，是理论与实践相互沟通的桥梁；二是转化性，将前二种研究的规律应用于实践，促进教育质量的提高；三是反馈性，理论不断运用于实践，其优劣、得失不断向基础理论反馈，从而形成新的研究课题。开发研究因为有现成的经验可供借鉴，所以研究工作相对容易一些。同时，由于它为某些教育方法、手段、技术的应用开辟了新的途径，因而既能促进教育实践的发展，又能在一定程度上深化人们对教育规律的新认识。开发研究课题也是一种适合中小学教师选择的课题。

这三类课题有着辩证关系。三类研究各自有不同的目的、性质、特点、地位、功能与作用，然而三者的关系又是相互关联、相互渗透、相辅相成、不能截然分开的。三类课题之间存在着逐级扩展的关系、某种程度的相容关系以及逐级反馈的关系。如有人按照对语文教育的要素分析，对语文教育改革与研究的课题进行了分类，对教师进行语文教育改革与研究有参考价值，对其他学科的改革与研究亦有参考价值。

例如：语文教育作为对象性活动的基本要素，有五个方面：主体、客体、过程、方法、效果，各个方面均可以有自己的课题。

（1）教育主体的研究课题

谁是语文教育中的主体？教师是教的主体，学生是学的主体。对于学生主体的研究课题，主要有学生在学习中主动性的研究、学习心理研究、学习动机与兴趣培养的研究，男女生学习语文的差异研究、学习方法研究等。对于教师主体的研究课题，主要有教师主导作用的研究、教师心理的研究、教师的责任感研究、教师素质修养的研究（包括对教师的知识结构、教学技能，教学风格等方面的研究）。

（2）教育客体的研究课题

教育的客体是指精神客体，主要是指教育内容，具体是指对教材的研究。比如：关于教材建设的研究，主要包括教材编辑的指导思想，教材的体例结构、模式、类型及选编原则等方面的研究；关于单篇教材的研究课题，分综合研究与专项研究（又称特色研究），综合研究主要是指对单篇作全面性的研究，专项研究主要是指就某一视角来分析研究教材。据有人分析，常见的单篇教材分析研究的视角可以有10种之多。语文知识研究的课题包括语音、文字、词汇、语法、修辞、逻辑、文章方面的研究课题。

（3）教育过程的研究课题

语文教育总体过程研究，包括学生语文成才过程的研究，教学的阶段衔接研究，课内外关系的研究；语文课堂教学过程研究，包括课堂教学的步骤、阶段与环节的研究，课堂教学结构与模式的研究等。

（4）教学方法研究的课题

包括教学方法的移植、应用与创新的研究，各种文体教学法的研究，听说、阅读、写作教学方法及训练程序的研究，教学过程中各因素、环节之间的关系研究，如教与学的关系、读与写的关系、讲与练的关系、听说与读写的关系、知识与能力的关系，各种体裁的单元教学研究，如某单篇或单元的导读设计、某种课型或某一教学环节设计等。

（5）教学效果的研究课题

语文教学的评价研究，包括听课、评课、定性定量分析、评比研究等；考试研究，包括命题的类型、技巧、方法的研究；听说读写能力的规格标准及其评定的研究；语文教育所要培养的学生思维品质的内容及成效的评定研究。

以上是从语文教学过程中五个不可缺少的要素研究方面提供的课题，是广大语文教师教育研究最常见、最适宜、最普遍的研究课题。这些课题既具有实践性，又具有理论性，各人应根据主客观条件进行选择。

4.4　课题选择的程序

确立某一课题时，必须认清该课题改革与研究的历史与现状，由此认识并确定该课题的改革价值和研究价值。确立题目的时候，应当查文献，看前人是如何解决这个问题的，对这个问题的研究已经达到什么程度。尤其是如果对于某一问题脑子里已经有某种假设，更应该查对文献，看看是不是前人已经有过类似的或者相反的结论，结论不同就得比较长短。如果别人的结论站得住，自己的假设就有问题。要是结论相同，应当检查自己掌握的材料，如果有新的论证，可以进一步进行研究。

4.4.1　确定选题的基本途径

如何从教育实际工作中寻找研究课题，如何发现值得研究的课题，是选题的首要问题。究竟通过什么途径到哪里去寻找研究课题呢?

(1) 到社会实践、教育实践中去寻找改革与研究的课题

教育实践中蕴藏着我们取之不尽、用之不竭的课题。只要我们深入到教育实践中去，注意观察教育现象和对象，随时都可发现、找到合适的题目。行之有效的办法是，注意在自己的学科专业中容易被人们忽略的地方去寻找课题。因为，人们对教育的认识并不是一次可以完结的，永远处在一个成长的过程中，它需要不断地深入与发展。前人的认识自然有其不足之处，同代人也会由于站的角度不同及其他因素而出现一些偏差和空白。选题时不要轻易放过别人忽略的地方，要能在这些地方看到矛盾，发现问题，深入下去。

(2) 到文献资料中去寻找课题

要在业已阅读并研究的大量文献资料的基础上，去继承和发展前人的成果。课题的形成是在丰富的知识储存与积极思维中产生的，这要求我们大量地查阅文献资料，极大地储存丰富的科学知识，并对储存的知识加以积极思考。一方面，查出前人已经做过哪些工作，取得哪些成果和经验，还遗留下哪些尚未完成需要继续研究的工作。从前人的思想和研究成果中获得启迪，从中发现问题，寻找我们的课题；另一方面，在深刻理解和掌握前人的知识与研究成果的前提下，去选取那些前沿性的课题。也就是说，到文献资料中去寻找课题，就是我们大量地查阅文献资料，善于向前人学习，在占有大量信息的基础上，系统地研究已有的成果，大胆地、有远见地去寻找前人刚刚开始接近而没有提出的问题，或提出而未能解决或还在争论中的问题，或有人研究过，并已作出结论，可是自己还有不同看法的问题来作为自己的课题。

(3) 到自己所学专业或所担任课程的范围内寻找课题

专业基础知识是从事教育科学改革与研究的前题和条件，只有紧密结合自己的专业选定题目，才能扬长避短。比如高等师范院校数学专业毕业的学生有较为坚实的本学科专业知识，了解本学科的特点，并有一定的教育理论基础，掌握当前数学教育研究动态，能做到将现代数学与中学数学有机结合，并容易从中发现问题，通过研究加深对本专业课程的理解和掌握，进一步调整自己的知识结构，有目的、有计划地充实自己的专业知识。中小学教师对自己所教课程内容熟悉，并了解教学中存在的问题，通过研究还可以提高自己的学术水平。

初选课题提出以后并不能马上着手研究，还需要进一步分析课题的价值，并将课题具体化。大致包括分析研究背景、明确研究目标、确立研究方法、制订研究计划等步骤。

4.4.2 分析改革与研究的背景

(1) 分析课题背景的目的

初选课题的提出是教师们的初步思考结果，但这个问题的研究究竟有什么理论价值和应用价值，同别人已经或正在研究的课题有什么联系和区别，则有待于在更广泛的背景下作出分析。如果课题刚一提出，就贸然投入很大的精力着手研究，很可能只是重复别人早已进行过的、结论已被公认的研究，甚至研究水平还达不到当时的程度；或者课题研究所针对的实际问题过于特殊，有很大的偶然性，因而研究结果没有什么应用价值。

比如，有不少教师习惯于让学生大量、重复抄写词语，甚至于错一字罚抄一百遍，认为这样做能帮助学生掌握字、词，减少错误。于是有人想以“重复练习与学习效果的关系”为课题进行研究。通过查阅资料可知，早在19世纪末（1897）美国人赖斯就进行过类似的研究，他把美国小学每天花在拼写课上的平均时间以及他访问过的每所学校的拼写水平等资料搜集起来，发现拼写成绩同所花的时间并无必然的联系。1981年，上海市徐汇区一所小学对抄写生字遍数同生字记忆水平的关系进行了实验研究，发现抄写四遍与抄写八遍的效果并无显著差别。因此，从科学研究的角度看，上述问题已经得到了解决，结论已为人们所反复验证。如果没有什么新的观点或更好的研究方法，这个问题可不必再去研究。至于在教育实践中仍有不少教师不了解上述结论，还在用不正确的方法进行训练，这是科研成果的宣传与推广问题。

（2）怎样分析课题背景

进行背景分析，可以通过以下一些途径：查阅有关文献资料，向有关领域的专家咨询，向科研管理部门、行政管理机构了解情况，对实际的教育工作状况进行调查。由于中小学教师对学校教育的实际情况了解较多，而经常、广泛阅读教育理论著作的条件不足，因此在选题和立题阶段，广泛查阅文献资料就显得尤为重要。文献资料大致上可分两类，一类是散见于各种书报杂志上的有关资料；一类是经过初步筛选、整理的资料。

进行背景分析，要回答以下问题：

◯本课题是针对教育实践和教育理论中的哪些迫切需要解决的问题提出的？

◯前人是否进行过同类或相关课题的研究？取得了哪些成果？

◯本课题和别人已经或正在进行研究的同类课题在研究的依据、目标、范围、对象、方法等方面有什么不同？

◯别人的哪些理论、观点、方法和手段可以为本课题所继承和借鉴？

4.4.3 明确课题目标

（1）什么是教学改革与研究的课题目标

所谓课题的目标，就是这一课题的改革与研究所要解决的具体问题，即获得对某一教育现象及现象之间相互联系的科学认识。

教学改革、教学研究与日常教育工作的根本目的，都是为了提高教育、教学质量，为了按照社会发展的需要和青少年身心发展需要培养好年轻一代。但是两者的目标，即直接、具体的目的，是完全不同的。教学研究是为了获得对教育规律的正确认识，教学改革与日常教育工作是为了完成培养年轻一代的教育、教学任务。教学研究是在获得了对教育规律的正确认识以后，通过指导日常的教育、教学工作，间接地为提高教育质量服务的。

（2）怎样明确课题的目标

①将改革与研究目标与一般工作目标区别开来。近几年，不少学校和教师在研究大面积提高教学质量问题。有些同志认为，只要学生的学习成绩提高，教育科研课题研究也就成功了，因而在研究中随意改变课题计划，为试验班创造大量优惠条件。发生这种情况的重要原因是有些领导和教师在确立课题时，研究目标模糊不清，或者用工作目标代替目标。

课题成功的标志是达到了预定的研究目标，即获得了对某些教育现象的规律性认识。在上述大面积提高教学质量的研究中，需要采用科学的方法，寻找影响教学质量提高的原因，探索提高质量的途径、方法，揭示某种教改措施同提高质量之间的内在联系。如果通过几年的研究，这些问题还是搞不清，那么他们的研究结果就缺乏普遍意义，就没有理论价值和应用价值，尽管考试成绩提高了几分，但这项科研还是不能算成功的。

由此可见，在课题确立阶段就将研究目标与工作目标区别开来，对于明确研究目标、取得成果，具有重要意义。

②将课题所要解决的具体问题明确地肯定下来。一个很笼统的题目是无法着手研究的。例如，有人提出了“关于学生创造思维能力的研究”这样一个题目，由于它的目标不具体、不集中，研究就有困难。我们在对这个问题所涉及的方方面面进行分析以后，发现可以形成许多不同的具体课题：

◯本校学生创造性思维能力的水平如何？

◯学生创造性思维能力与智力发展水平之间的关系如何？

◯高创造性学生形成的原因是什么？

◯学生的创造性思维能力是怎样随其年龄的增长而发展变化的？

◯某教师培养高创造性学生的有效经验是否具有普遍意义？

对于一个准备对“学生创造思维能力”进行研究的普通教育工作者

来说，只有明确他要研究的具体课题是什么，立题阶段的以后几项工作才能进行下去。

4.4.4 确定改革与研究方法

（1）方法的内涵及其重要性

方法是完成任务达到目的的程序、途径、技术、手段或操作规则。从方法论的角度来分析，教学研究方法包括这样四个层次：①哲学方法，如马克思主义认识论；②逻辑方法，如形式逻辑；③教育科学研究的基本方法，如调查法、实验法；④教育科研的辅助性具体方法、手段或技术。例如，抽样是确定研究对象的具体方法、手段或技术；马克思主义认识论是指导人们去认识一切事物的根本方法，主要解决人们从事科学研究的指导思想和基本途径；逻辑方法是一种理性思维的方法，教育科研的具体方法必须遵守逻辑的规则，才能完成科学认识任务。但是哲学和逻辑的方法都不能代替具体的科学方法。教学改革的方法有时与教学研究的方法一样，有时又有自己的特殊要求，如循序渐进的方法、整体改革的方法，等等。

方法服从于目的，也受到具体活动对象的性质、特点的制约。同时，它也在很大程度上影响着活动的价值。正确的方法会提高改革与研究的效率，提高研究成果的可靠性；方法不恰当或考虑不周全，就会影响结果的可靠程度，甚至根本说明不了问题，一切都得从头开始。

（2）怎样确定研究方法

在立题过程中需要对具体的研究方法进行设计、规划，主要考虑以下几个方面：

①本课题采用哪一个或几个基本方法；

②用怎样的具体方法和技术手段来收集材料（包括定性材料和定量材料），整理和分析材料；

③如何安排具体的课题进展程序。

例如，我们要进行小学数学“讲练法”和“质疑讨论法”两种教法效果的比较实验，在立题阶段就要确定：

○这项研究采取哪一种类型的实验方法？

○怎样对实验因子“讲练法”和“质疑讨论法”在本实验中的具体

涵义及操作要求作出规定？

◯怎样控制无关因子？

◯怎样检查教学效果？

◯是否要收集学生本人对两种教法的反映？怎样收集？

◯是否要进行远期效果检验（经过较长时间再进行一次测验，检验学生对用不同方法教学的内容掌握的牢固程度）？

◯采用哪些手段来整理和分析数据？

◯上述内容的相互关系及程序安排如何考虑？

4.4.5 制订改革与研究计划

（1）制订计划的目的

制订计划是课题具体化的中心环节，制订计划的目的，是明确规定改革与研究的范围和目标，具体规划整个改革与研究的程序，使教师能有计划、有系统地实施改革与研究，顺利完成既定任务，同时便于有关部门检查工作的进展情况，实行课题全过程管理。

计划一旦确定，在实施过程中一般不应随意改变。但是，由于教育现象异常复杂，课题计划不可能一下子就十分完善，这就需要在实施过程中及时对原定计划作出某种修改或补充。

（2）计划的一般内容

计划一般包括：①课题名称；②课题提出的缘由及其意义；③课题目标及主要内容；④本课题中关键性概念的定义；⑤改革与研究对象及其选择方法；⑥改革与研究方法及实施要点；⑦改革与研究进程的安排；⑧预期的成果。

（3）计划的论证

在计划制订完成，其他准备工作基本就绪以后，如有条件，可以聘请几位熟悉有关教育理论和方法、有一定科研和改革经验的同志，对该课题计划的各项内容，特别是课题的必要性和可行性、目标的恰当性、方法和程序的合理性等进行论证，以便在实施研究之前得到一次有针对性的学习、咨询机会，集思广益，使计划更完善，研究更顺利。

4.4.6 撰写课题论证报告

课题基本选定后，教师们一般需要对课题的价值、科学性和可行性进行认真的论证。做好课题的论证工作，对撰写好课题申请报告，具有十分重要的意义。

书面形式的课题论证有助于进一步详细阐述课题的目的、意义、国内外现状、具体方法、预期成果等，从而使整个课题具体化、系统化、完善化。它将作为整个改革与研究工作的行动纲领，对保证课题顺利进行起重要指导作用。

进行课题论证，撰写课题论证报告，是争取项目立项并取得资助的需要。根据教师的课题论证报告，学校、基金会可以在一定程度上了解教师的学术水平和改革、科研能力，了解课题的价值，并以此作为重要的客观依据，决定是否对项目进行资助。

课题论证报告的形式是多样的，如“科研基金申请书”“资助优秀青年教师基金申请表”等。对于教师来讲，课题论证报告又是“课题的工作计划”，主要包含以下几个方面的内容：题目名称、目的、对象、内容、方法、材料来源，步骤、经费预算等。

4.5　课题选择的原则

既然选择课题对教学改革与研究具有重要意义，课题类型又如此之多，内容又非常丰富，那么，怎样选择并确定适合的研究课题呢？选择课题时人们应遵循一些什么指导思想呢？人们总结并分析了以下一些原则。

4.5.1　理论价值与应用价值相互兼顾的原则

这条原则要求课题既能促进教学实践，为提高学生能力，培养“四有”新人服务，又要满足建构中国特色的教学新体系与理论新体系的需要，要处理好理论价值与应用价值的关系。这条原则并不是说每一个课题都要兼顾理论价值和应用价值两个方面，而是说教师们选择的所有课题中，不要仅仅偏向于某一个方面，而要兼顾两个方面。当然，就某一个课题而言，可能偏重于理论探索，而对于另一个课题，则偏重于应用研究。

贯彻该原则，首先需要考虑课题的应用价值。所谓应用价值，就是所选课题，应当是当前教学改革与教育实践中最迫切、最亟待解决、最关键性的问题。课题的成果，将有助于这些问题的解决。例如，1981年7月，张志公先生与张定远先生联名发表的《谈谈单元教学》，就极有应用价值。尽管中学语文教材按单元编排已有相当长的历史，但是在全国范围内推行单元教学，却是70年代末的事。对一直从事并熟悉单篇教学的广大语文教师来说，单元教学还是陌生的，既缺乏实践经验，又没有理论指导。《谈谈单元教学》这篇文章对单元教学的科学概念、单元的组成、单元之间的关系以及单元教学的作用，从理论上作了精辟的阐释，这无异于一场及时雨、滋润了久旱的语文园地。1986年前后，语文教改出现低潮，如何认识这一现象，顾黄初先生及时发表了《传统需要科学反思》的文章，促使全国广大语文教师对前段语文教育做了反思。近些年来，广大语文教育工作者与研究工作者，围绕新教学方法体系的实施，围绕新编教材的施教，围绕国情教学的开展，围绕语文教育适应社会主义市场经济的需要等，及时地选择课题，加以研究，对于提高老师的素质，推动语文教学研究的深入，促进语文教学质量的提高，都具有极大的实用价值。也只有这样的选题才能获得社会的承认，取得成功，发挥对教学实践的推动作用。

同时，该原则还体现在理论价值方面。也就是说，课题不仅要有利教学实际问题的解决，推动教学实践的进步，而且要满足教育科学理论体系的自身建构与发展的需要。选择课题决不能忽视理论研究，忽视课题的理论价值。实用价值与理论价值、实用性与学术性辩证的统一，实践期待着、催促着理论，理论又指导着、推动着实践。一般而言，处于实践第一线的教师，很容易就事论事，把注意力局限在许多具体的问题上，如果能够稍微拿出点时间来，站远些，站高些，对所钻研的事物的整体做一概括——包括它的背景与前景，一定能获得对那个事物的更通达的理解，能够按照实际的、长期的而不是表面的、短期的需要安排自己的钻研力量。张志公先生的《传统语文教育教材论》一文，从理性的高度对传统语文教育的教材及语文训练作了科学总结，指明利弊得失，对建构语文教育新体系具有基础性作用，对当前与今后的语文教育有深刻的借鉴作用与指导意义，该文就具有很高的理论价值。

最后，贯彻该原则，需要正确认识与处理应用价值与理论价值的关系。理论研究与应用研究，同理论价值与应用价值并不是一回事，是不同的概念。但又不能将它们对立、等同。理论研究不一定没有应用价值，应用研究也不一定没有理论价值，不管应用研究还是理论研究，都有层次性与相互渗透性。虽然应用研究与理论研究是不同目的、不同层次的两种研究，但二者是紧密相关的，二者之间存在着连续的不断的反馈作用。要把这两种关系科学地协调起来，做到有分有合。两种研究本身没有高低贵贱之分，专业科研工作者与一线教师根据主客观条件作出适当的选择是至关重要的。既要改变大学教师往往局限于理论研究与国外理论的学习与引进，不深入中小学实际的情况，也要改变中小学教师往往热衷于应用性研究，如课文分析、教案及命题设计等，而忽视理论研究的情况。当前尤其是要努力改变理论研究落后的情况，使理论研究与当前的教学实际相适应，促进具有中国特色的教学新体系的建构。

4.5.2 效益性与科学性相互统一的原则

中小学教师从事教学改革与研究，一般而言是结合其教学工作实践的，因而总是期望能在学生的学习成绩方面体现出教学改革与研究的效益。我们坚决主张不能拿学生做试验品，要抱着对下一代负责任的态度从事教学改革与研究，就是说教学改革与研究只许成功，不许失败。基于这种认识，教师们在进行教学改革与研究时，从良好的愿望出发，往往给改革与研究的对象——学生开小灶、提供特殊的教学条件，从而导致学生成绩提高，然而却结果失真，效益性与科学性发生冲突。为了避免这种不期望的结果发生，选题时就要尊重科学，有一个良好的开端。

具体说来，贯彻此原则要从以下几个方面着手。

（1）选择课题要抓住问题的实质，坚持正确性

选择课题时要作由表及里，去伪存真的分析。我们应该认识到，并不是凡问题都有科学价值，问题有真伪之分。既要避开假的问题，伪科学的问题，又要避免在不是问题的问题上白花力气，走入迷宫或死胡同。例如，不能看到某些调皮男学生语文学习成绩差，就认为男孩子不能学好语文或学不好语文，这样提出问题显然不科学，问题的实质是如何处理好语文教学中调动学生的智力因素与非智力因素，重视性别差异，从而使全体学生得到全面发展。又如，认为基础越差的学生，越不能看课外书籍、越不能参加任何语文课外活动，而应把这些学生局限在课堂上，局限在书本上，这些认识显然都是不科学的。

（2）选择课题要符合客观规律，具有合理性

这里所说的客观规律，主要指事物的发展规律与人的认识规律。选择课题时要从大处着眼、小处着手，避免好高骛远，要在不断研究的过程中，逐步认识客观事物，同时不断提高自己的研究能力。要遵循先个别后一般，先局部后全体，先具体后抽象，先分析后综合，先专题后专著的思维策略，使认识事物的广度与本身的科研思维、能力提高及知识的扩充获得同步发展。如果一开始就选一个大题目，就会感到力不从心，导致半途而废。

（3）选择课题要克服猎奇与偏见，保证客观性

选择课题的科学原则，体现在科学态度上，就是要坚持客观性。不能凭主观好恶与情感与偏见，吹毛求疵。不要凑热闹，“大家都在讲这个，我也来谈谈”；提倡怀疑精神，故而总是想写文章批驳某种意见，其实，应该看看这种意见是否还有很多人相信，要是本来没有或者已经没有几个人信服，就不必浪费笔墨去驳它。可见，在选择课题上赶时髦与钻牛角尖都是不科学的。

（4）选择课题要发挥个人特长，讲求实效

这就是说人们选择课题既要符合客观需要，考虑社会效益，又要有利于发挥个人的特长优势，要因人因条件而异。对于初搞研究的教师来说，课题不应当过难过偏，最好选择一个很有可能出成果的题目，而这个题目当然不要超出他的学术能力，成功是对进一步发展的有力推动与帮助，而不断受挫则可能取得相反的结果。对于成熟的有才能的教师来说，应当敢于去啃那些最难的硬骨头课题。教学研究领域是十分广阔的，我们不可能要求每一个教师的研究涉及所有的领域，而应该发挥个人的专长，在自己有兴趣的有优势的领域，深入研究，以成为专门家。

总之，科学原则要求我们既要尊重事实，又不拘泥于事实；既要接受已有的理论指导，又要敢于突破传统观念的束缚。“科学无禁区”，但“课题有约束”，这才是辩证的有分析的科学的态度。

4.5.3 创新性原则

创新性是研究工作的灵魂。创新性原则是指所选课题具有新颖性、先进性，学术水平应有所提高，能推动某一学科向前发展，在理论研究中表现为新发现、新观点、新见解。在实践研究中表现为新技术和新方法。选择课题必须刻意求新，不落俗套。所谓求新，就是探索前沿；突破禁区，指选择的课题必须是别人没有提出过的；或是勇于开拓，填补空白，虽然他人提出过，但还没有解决或完全解决的问题，或者补充前说，有所前进，研究者对这个课题提出了一种与传统观点完全不同的观点；或者纠正通说，正本清源，形成与众不同的极为精辟的见解。

（1）要树立创新意识

一个科研工作者，要从社会发展的唯物主义观点出发，树立“时移世改”的观念，明确科研要有所建树，就必须创新，不能人云亦云，步人后尘。当然，创新也决不是凭空的捏造，必须以学习前人的成果为前提，但又不能把他人的东西改头换面，七拼八凑，据为己有。正确的做法应该是继承发展，批判前进。总之，创新是社会发展的客观需要，创新是认识发展的必然规律，教学研究的课题选择就是要善于独辟蹊径。

（2）要开展创新思维

这就是说要自觉地培养与运用多向性、逆向性、求异性、发散性思维，对一种现象、一种观点、一种方法能应用上述创造性的思维方式，多维度、多层次、多侧面、多方位地进行思考、探索，以求别出心裁，有所发现。要善于独立思考，展开丰富想象与联想，激发创造灵感。

（3）掌握创新方法

标新立异。教学研究，应该前无古人，独辟蹊径，有所发现与创造，提出新的观点、新的学说、新的路子，要创立新的理论体系，创立新的教学模式。如黎世法的最优中学教学方式，即“六课型单元教学模式”，钱梦龙的“三主四式语文导读法”，上海育才中学的“读读、议议、讲讲、练练”。开展一些新的实验课题，如张孝纯的“大语文教育”实验，黑龙江的“注音识字，提前读写”实验，颜振遥的“语文自学辅导教学法实验”，均具有标新立异的特性。

推陈出新。要用新的观点、新的方法来研究旧的问题，获得创新的成果。这也有多种情况：其一，批判继承传统中有价值的东西。其二，对通说的纠正。所谓通说，就是通常流行的说法，其中有的有道理，有的则不一定有科学道理，为了避免以讹传讹，必须加以纠正。其三，对前说补充。例如张志公先生的《文道统一也要现代化》、于漪的《也谈启发式》等文章即是。其四，对成说的争鸣，“在现成答案背后必然存在着值得研究的问题”，像对钱梦龙“三主四式”、魏书生“科学管理”等理论的商榷性文章，显得十分中肯，必将推动以上老师们的进一步思考。

匡正时弊。教学研究应该始终紧紧抓住现实的教学，以敏锐的目光来审视当前的教学情况，发现问题并及时推出有分析的研究文章，以起到振聋发聩、切中时弊的作用。这种课题极富时代感，自然具有创新性与指导性。例如，吕叔湘先生的《当前语文教学中两个迫切问题》，指出了 1978 年以前语文教学中存在着的少慢差费的严重情况。又如特级教师邹石溪，针对粉碎“四人帮”不久，语文教学中从小学到中学到大学出现的墨守成规、缺乏生气与时代感的现象，发表了《语文教学要体现时代性》，对纠正当时的不良倾向起了一定作用。又如姜拱伸的《语文教学要“轻装前进”》，尖锐地指出了语文负担过重的问题，引起了广泛的注意。

避免重复。重复研究，实在是一种浪费，所以不要轻易捡起他人已经研究过或正在研究的课题。一个具有创新精神，责任感强的科研工作者，既不重复别人，也不重复自己，始终要致力于开辟鲜人耳目的新课题，这实在是值得提倡的。

4.5.4 可操作性原则

要预期完成某一课题，必须考虑主客观条件是否具备。我们是“条件论者”，“我们只能在我们时代的条件下进行认识，而且这些条件达到什么程度，我们便认识到什么程度”。教学研究的课题选择，也要“知己知彼”，做到量力而行，便于操作。

（1）要考虑充分发挥自身的内在优势

选题要考虑到自己的研究能力和经验，对于所选择的问题应是力所能及、体会最深的。由于参与研究者的本身素质和条件不同，因此，在选题时要考虑到发挥自己的特长，扬长避短。在研究方面的特长包括知识结构、思维品质和思维路线的特征以及科研经验等。首先，研究者应清楚自己知识结构的核心与边缘，可扩展的方向和可深化的层次，并根据这一情况来评价自己承担课题的艰巨性，是否通过自己的努力，可以完成所定任务。一般说来，知识面较宽的人适合综合性或交叉性课题；基础知识较扎实的人适合搞基础理论研究。其次，研究者应清楚自己的思维特征，有人擅长推测，有人擅长积累；有人思考问题习惯于用归纳的方法，有人则喜欢演绎；不同的个体思维特征对于完成不同类型的课题具有不同的适应能力；好推测的人搞探索性课题较为合适，而积累型，习惯于从事实出发思考的人，则能在应用性研究上取得成就。最后，是研究者的科研经验，包括运用各种研究方法的熟练程度。在基础性的传统课题中，有经验的研究者较多；而在一些新兴领域中，新手身上没有“包袱”，头脑里没有“框框”，思维敏捷，善于吸收新观点、新知识等长处却显得突出，他们取得成功的可能性就相对增大。

（2）选择自己感兴趣的课题

研究工作要想进行顺利，取得较好的效果，很重要的条件，就是研究者喜欢这个课题。兴趣对于参与研究的人员来说，具有特殊的价值。它可产生一种促使研究者克服困难，把问题追究到底的力量。如果对某一课题感兴趣的话，就会随着研究的深入越来越有兴趣，一定会专心致志，甚至废寝忘食地去努力搜集资料，深入地进行研究，直到研究的课题完成为止。对于刚开始参与研究的人员，可以从身边能找到的，有兴趣的小课题出发；或者在有实力时，在研究人员领导下参与规模较大的研究活动，承担其中一些具体任务，从中培养兴趣，科研人员的研究活动常常就是这样开始的。

（3）要考虑研究的客观条件

选择和确定课题还需要考虑到一些客观条件。其中最主要的是时间和经费，这是两个硬指标，在研究过程中是不易改变的。此外，研究者可获得的实验条件和资料情况，测试工具和手段，合作者和竞争者的情况等，也是必须顾及的因素。但是这些因素的可变性较大，了解这些情况不仅是为了确定课题，而且是为了明确要想选择某一课题必须具备哪些客观条件，以便在必要的时候，设法去创造这些条件。正因为这些条件的可变性较大，所以，它在确定课题中的作用相对较少，尽管它是一个不可忽视的方面。

一个比较好的研究题目，是经过多方面考虑而精心选定的，不是随意就可以决定的。教学研究题目选定后，应当表明研究者的头脑里，已经有了某些研究内容的设想和见解，并且有信心完成这项课题的任务。

搞教学研究，其知识结构应该是立体化的结构，不仅要有本学科的深厚的基础，而且要有包括教育学、心理学、教学法等丰富的教育科学理论知识，以及丰富的教学经验、相邻学科的知识、课题所涉及的学科领域的知识。如果没有这样的知识结构，那你只能拿着课题徘徊在学术研究的门外，登不了堂，更入不了室。

从特长爱好来说，可以量力而做，对于精通和爱好一门专业知识的人来说，课题一般不要过多涉及外专业内容，更不要选跨学科课题；对长于理论思维的，则可选理论性的研究课题；若知识面较广，可选跨学科课题；若组织能力强，管理能力强，擅长教学，可以选有关教学艺术研究的课题。

确定课题，应该紧紧围绕自己的本职工作，不要抛开自己所任的教育工作另起炉灶，另搞一套。应该从教材教法研究做起，逐步加深、扩大，这样既有利于本身素质的提高，又可以切实提高自己的教学水平和增强教学效果。

“巧妇难为无米之炊”，没有资料，研究就寸步难行，课题的完成程度只能够达到所占有资料的基础能够支撑的程度。因此，要考虑资料的来源途径。

必须辩证地对待可行性。选择课题要考虑主客观条件，既要量力而行，又要尽力而为，充分发挥主观能动性，扬长避短，努力创造条件。要正确认识战略与战术的关系，战略上要敢于攻关，啃硬骨头，战术上要打有准备之仗，要集中力量各个击破。要处理好课题大与小，难与易的关系，从大处着眼，小处着手，做到积少成多，积小成大，先易后难，切忌好高骛远、贪大求快，要发展地看待主客观条件。主观上，知识结构与能力结构的欠缺是可以通过学习与实践来加以调整提高与完善的，研究本身就是学习与完善知识、提高素质的过程。客观上，经费、资料、时间也往往可以通过主观争取与努力得到改善，优势与特长、兴趣与爱好都是发展变化的。所以，只要我们实事求是，不作脱离实际的空想，又能解放思想，充分发挥主观能动性，把二者辩证地统一起来，就能增加课题成功的现实可能性。

4.5.5 系列性原则

选择课题要着眼于整体，要从系统的角度来考虑，把某个课题看做自己深入研究的一个有机组成部分。就是说，所选的课题如果具有系列性，就可以引出一系列继续进行研究的课题。这样的课题才有利于研究者确立研究的主攻方向，以形成自己研究的系列与特色，从而成为某一方面的专门家。系列性原则，要求从课题的前后联系上来着眼，反对“打一枪换一个地方”，形不成系统，形不成优势。

选题的系列模式一般有以下几种。

（1）横向系列模式

比如，语文知识、课文教法及教育思想的研究，能较为容易地甚至自然地形成横向联系，这些方面的课题逐个完成，就能形成一个群体。例如，关于课本中鲁迅作品的研究，待各篇研究完成后，就自然形成了课本中鲁迅作品研究的论文集。又如，近年来于漪老师对自己的语文教育观做了系列研究，发表了一组文章：《素质·能力·智力——我的语文教育观》《立体化·多功能——语文课堂教学效率论》《兴趣·情感、求知欲——阅读教学艺术观》《视野·思路·表现力——写作教学纵横谈》《在美的世界里——语文教育中的审美教育》。这种在某一范围内的坚持挖掘、耕耘，就能形成气候，造成优势，出现拳头产品。

（2）纵向系列模式

这是指课题研究内容能体现出时间上的序列，如对语文教育史及语文教育家的研究，对教育家或教育史按时间先后或顺向或逆向，逐个、逐段地研究，就能形成一个时间系列。纵向系列模式，也包括抓住某一课题，由小到大不断扩展，或由大到小不断缩小。如从一般教学法到某学科教学法或到某文体教学法，就属此类，反之亦然。

（3）网络模式

在当前科学研究既高度分化又高度综合的趋势下，各个学科之间交叉点上形成的边缘学科、交叉学科，就属于网络。每个交叉点就形成一种新的学科，如语文教育学、语文心理学、语文美育、语文方法学、阅读教育学、阅读心理学、阅读美育、阅读方法学、写作教育学、写作心理学、写作美育、写作方法学等，就是交叉学科之间的网络所引出的研究课题。

（4）树状系列模式

一门学科的成熟发展过程，实际上就是某一课题树状扩展的过程。一个概括性课题，可以不断出现分支，再在分支上产生新的分支点。一个大系统可以产生子系统，再产生孙系统。

例如，“单元教学”这是一个主干课题，这一主干上就可以形成若干分支：单元教学史、单元教学课型、单元教学理论、单元文体教学。每一个分支，又形成若干枝叉，如单元教学理论，分成单元教学系统论，单元教学心理学，单元教学教法论；单元文体教学这个分支，又形成戏剧单元教学，议论文单元教学，诗歌单元教学，小学单元教学等枝叉；单元教学史分支，又分成近代单元教学史、当代单元教学史、外国单元教学史等枝叉；单元教学课型分支，又分成教读课型，课内自读课型，课外自读课型若干枝叉。如此，就形成了一个枝叶繁茂的课题树。

（5）阶梯系列模式

课题的形成与发展往往像采矿一样，由粗至精，像登楼梯似地从一个层次登上另一个层次，形成多层次、多等级的阶梯模式，这是完全符合事物发展的运动规律与认识规律的。如，课文内容的教育研究——阅读教育中德育的渗透研究——文学作品文学欣赏研究——语文美育研究等，就是由粗到精、由低到高的一种阶梯式扩展模式。

4.6 课题选择的方法

4.6.1 确定选题的策略

（1）题目宜小不宜大

古语云：“天下之难事必作于易，天下之大事必作于细。”选题的题目宜小，对于初学论文写作的人来说尤应这样，这是因为：小题的素材容易集中；小题层次结构简单，写作容易；小题立意清晰，易于创新，不致落入俗套。以数学中的选题为例，逐渐得出小课题。

例如：总课题：数学教学中的思维问题

第一次缩小：数学教学中的思维品质的培养

第二次缩小：数学教学中思维敏捷性的培养

第三次缩小：从一道例题看思维敏捷性的培养

经过这样三次缩小，题目就较易上手。当然不是说题目小就不必涉及理论，我们应该以小见大，用小题目衬托出广阔而深刻的理论背景。

（2）见地宜新不宜旧

写论文必须刻意求新，没有新意，人云亦云，这样的作品不能称为论文。“学林探路贵涉远，无人迹处有奇观。”现在改革与研究中，重复现象比较严重，这是很要不得的。

（3）内容宜熟不宜生

选题要避免陌生、缺乏基础、体会不深的内容。作家冰心说：“不要写自己经验以外的东西。”写自己熟悉的题材，得心应手，容易取得理想的效果。因为对课题熟悉，所以对前人取得哪些成果，还遗留哪些问题，薄弱环节是什么，在哪些方面有研究的必要和有广阔的前景，发展趋势是什么，潮流是什么等这些研究做到心中有数，不但可以防止盲目性，还有利于发挥自己的专长和优势。

（4）论题宜重不宜轻

应选择那些有基础性、有全局意义的课题加以解决，从而可以对理论发展产生巨大的推动力。

4.6.2　心理品质提升法

选择课题是一项实践活动，也是一项心理活动，心理素质决定着选题活动。要做好选题，我们提倡在以下几方面提升个人心理品质。

（1）怀疑

古今中外有见地的科学家与哲学家都认为，科学研究是从“问题”开始的；而问题是从怀疑产生的。欧洲有句谚语：“怀疑是智慧之母。”李四光也说过：“不怀疑不能见真理。”马克思更是提倡“怀疑一切”。我国古代学者也历来主张“质疑问难”，“学则须疑”。怀疑对于选题之所以如此重要，首先因为，疑需要深思熟虑。其次，疑是追求新知进行创造性思维的开始。第三，质疑又是冲破传统观念束缚的动力。不敢怀疑，认为凡是传统都是对的，凡是上了书的都是对的，社会就不可能前进，也不可能有好的选题。

（2）兴趣，爱好

兴趣对于选择课题来说，也有其特殊的重要性。人的兴趣不是凭空产生的，它与人的实践密切相关。兴趣来源于实践中人们对客观世界的熟悉、理解；增长了智慧，掌握了某一方面的知识与能力，满足了主体某种要求、欲望，有所得时，兴趣、爱好、感情才能出现；而有了兴趣、爱好、感情，就有推动人们去进一步学习与研究的动力。所以说，兴趣是最好的老师。有了兴趣，就愿意花时间，花精力，深入其中，乐此不疲。这便自然能勤学勤思，深学深思，并提出令人深思的问题，产生进一步研究的动机。总之，只有对某方面产生了兴趣，才能在某方面提出课题；从陌生的嫌恶的事物中要提出有价值的问题是不大可能的，即使提出了，也会缺乏兴趣，不愿意下功夫、花精力去学习与研究。一个在科研上有成就的科学家，无不具有广泛的持久的兴趣。当然，兴趣也是可以培养的，它服从于一个人的根本志向。

（3）追求

一个人对理想、志向的执着追求也是选择课题的重要的心理素质。对崇高目标的追求，对科研成功的追求，对事业的追求，是一种永不枯竭的动力；一个人有无追求，其精神面貌、工作劲头、研究态度是截然不同的。一个语文教师如果满足于当知识的搬运工，当一个教书匠这样浅层次的要求，那就没有理想，没有追求，也就不可能埋头到教育教学之中去，更谈不上搞科学研究了。其实，取法乎上，仅得乎中；取法乎中，仅得乎下。如果只满足于浅层次的要求，最后，恐怕连“教书匠”也当不好。相反，如果一个人积极上进，勇于追求，他就能埋头教育，进行不倦的探索，就能在人们看来简单的事物中，发现其中的鱼龙变化，奥妙无穷。久而久之，其精神境界、人格品位必然获得升华，在科学研究上也定会有所建树。

总之，怀疑、兴趣、追求是选择正确课题的心理基础，是由一般的中小学教师走向教育家的前提，选择课题的首要而实用的方法，当推心理品质提升法。

4.6.3　实践摸索法与理论质疑法

马克思主义告诉我们，实践是认识论的首要的和基本的观点。怀疑、兴趣、追求，决不是孤立地存在与发挥作用，而是寓于实践之中的。作为科学研究的课题，只能从实践中来，是实践中矛盾与问题的体现。教学改革与研究课题来自以下三方面的实践：其一，研究实践。越是深入研究，就越能发现问题，形成系列课题的发展趋势，从而把研究不断引向深入。其二，教育教学实践。教育教学的过程本身就是解决矛盾、解答问题的过程。在这样的实践中，或者遇到矛盾困难，或者获得成功，这些教训与经验，就是教育实践提出的新课题。其三，学习实践。人们在学习理论，学习古代文献的过程中，只要保持清醒的头脑，就能发现种种问题、差异、矛盾，产生有价值的课题。以上三方面的实践，正是产生并获得正确课题的种种契机与途径。

（1）实践与理论之间的矛盾

“生命之树常绿，而理论常常是灰色的”，歌德这富于哲理的诗句道出了实践与理论的深刻关系。实践是不断发展变化的，而理论则往往是滞后的，理论常常不能解释发展着的实践，实践呼唤新的理论。就语文教育来说，其一，外部关系有新的矛盾出现，例如，社会主义市场经济的出现与成熟，提出了新要求，语文教育就有一个如何与之适应的理论问题，这便是一个亟待解决的研究课题。其二，就内部关系来看，也不时出现矛盾。单元教学的普遍实施，与传统的单篇教学的理论便产生了矛盾，单元教学的理论研究这一有价值的课题为广大语文教育研究工作者所瞩目，正在深入进行。其三，传统理论与当前实践之间的矛盾。如多读多写是一直被肯定的传统经验，并一直沿用下来，似乎成为语文教育的规律。这在古代社会，语文是惟一的一门课，或者在其他课程并不多的情况下，强调多读多写，“读书破万卷”，似乎是可以的。但如今，学习的课程那么多，难度、深度又不断提高，如果再强调多读多写，就势必影响其他课程的学习，或影响学生的身心健康。因此，“多读多写”，怎么理解，“多”到什么程度，便成了一个重要的研究课题。

（2）理论内部出现的矛盾

由于社会的不断发展，人们的认识不断深化，真理总是相对的，理论的权威性与内部的平衡性也总是相对的。在理论内部常常会出现诸多矛盾，这就为人们进一步的研究工作，提供了有价值的课题。其一，理论经实践检验，发现有不正确的地方。其二，理论本身有偏弊处。针对前人的错误认识，“举偏补弊”也会成为有价值的课题。其三，理论内部还有空白点，这是新理论的生长点。由于科学在发展，人们的认识在深化，理论内部的不平衡性常常会显现出来；另外，凡是具有生命力的理论，又必然存在着进一步发展自己的生长点，抓住了这些差异处与生长点，就抓住了新的课题，抓住了新理论产生的关键。例如，关于语文教育的性质、原则，见仁见智，众说纷纭。近十几年来，关于语文教育原则的研究，在四十几部语文教学法专著中，共出现了二十余条不同的提法，语文教育原则的基本内容、实质、体系特点等，就是一个可以深入探讨的好课题。又如对单元教学的研究还刚起步，其中空白点还很多，对于单元教学的模式、环节、课型、测评以及与单篇教学的关系，种种语文教学方法的具体运用等，只要深入研究，都将是新理论的生长点。

（3）理论之间的区别与联系

就语文而言，有两种情况。一种是语文教育内部各种理论体系之间的异同。改革开放以来，由于国外各种教育思想流派的引进、移植，在语文教育领域也形成了各种理论模式。例如，对语文教材本质的认识方面，对叶圣陶的“语文教材无非是例子”的著名命题就曾引起争论。两种意见，体现了两种不同的教育思想，这就是早在 19 世纪欧洲就存在的形式教育论与实质教育论。对于“语文教材无非是例子”这个观点到底应如何认识，尤其是如何联系汉语语情与我国国情进行深入研究，就是一个很有价值的课题。目前，社会科学与自然科学，社会科学内部各学科之间，既进一步分化，产生许多新的分支，又进一步综合，产生许多综合性边缘性与交叉性学科。这也给教学改革与研究提供了许多新的课题。

4.6.4 导师指点法

这不仅是研究生选择课题的渠道，也是在职教师，尤其是青年教师选择课题的渠道。科学研究，包括课题选择，有无名师指点，对于能否成功，关系极大。一般来说，名师即明师，他们对于其所研究领域的历史、现状了如指掌。选择课题有导师指点，起码有以下三点好处：①起点较高；②目标明确，可以少走弯路；③难易适中，易出成果。因为，一般说来，导师了解自己的学生的基础、能力、特长，指点得宜。例如，世界著名科学家卢瑟福，选择课题有很高的眼力，在头脑中有许许多多课题，他善于根据他的研究生和助手的特点，分配课题，尽量发挥每个人的特长。他说，我决不放一个人在无用的方面上。他的研究生和助手中得诺贝尔奖金的先后就有 11 人。我们应学习古人“主善为师”的精神，向专家学者学习，拜他们为师。张志公先生由于他对我国传统的和当代的语文教育及外国的语文教育都有深入研究，所以能居高临下，看到我国语文教育中还有许多需要研究的空白。他在《语文训练问题需要研究》《语文教学需要大大提高效率》等著名文章中，提出了几十个有关语文教学科学化的研究课题，供我们选用。一个研究人员，不能刚愎自用，对于中肯的意见，弃置不顾。应该实事求是，从自己的实际情况出发，选择适当的攻坚目标。

4.6.5 选题的具体方法

一般说来，可以通过下面四种方法来发现课题。

（1）质疑

所谓质疑就是对已有的结论、常规习惯、行为方式等的合理性，作出非绝对的肯定或否定的判断，对其合理性持怀疑的态度。以数学为例，我国有一种被作为经验来介绍的说法是“熟能生巧”。我们知道熟能生巧是针对技艺型的东西提的，而数学是属于思考型的，因此，应该怎样理解数学教学中的“熟能生巧”？大量地停留在外部操作上的解题训练，也能产生思考上的巧吗，等等，一系列的质疑，就会提出一系列的问题。当然质疑并不是随心所欲的胡乱猜疑，质疑是有根据的怀疑，它或以事实、经验为依据，或以逻辑推理为依据。例如，上述对“熟能生巧”的质疑是在以下事实与经验的基础上产生的。即一些未被学生理解而仅通过大量重复练习而掌握起来的数学技能，过了一段时间后就会很快地遗忘。而只有被理解了的数学概念、技能或原理，再通过适当合理安排的练习加以巩固，才能保持永久的记忆。

（2）变换

所谓变换就是从不同的角度、不同的层次上来认识教学中的原已研究过的对象，从而形成关于研究对象的新的认识。这种思考问题的转换，不是否定原有的结论，而是摆脱原有的思维定势，独辟蹊径，发现新的问题。思考角度的转换可以有多种不同的类型，一类是同一层次上的转换。如，对数学教学的研究，最初是从教师教的角度去认识，大量的研究问题是教什么和怎么教的问题。以后逐渐发现了教学活动的另一面——学生的学，从而提出了研究学生如何学的关于数学学习论的研究课题；后来又认识到教与学是不可分割的两个方面，不能割裂开来，于是认为应该从教与学的各种不同性质的互相作用中来认识数学教学规律，从而引出了一批新的研究问题。另一类是在两个不同层次上进行的转换，有的是从抽象的研究转化到较具体的研究。例如，对教学的评价从定性的评价到定量的评价研究。也有的是从比较具体的研究转换到比较抽象的研究。例如，从某一种数学教学方法的研究到数学教学方法优化理论的研究。第三类转换是把研究重点放在事物与事物、同一事物不同发展阶段之间的结合上。例如，研究小学、初中数学教学的衔接问题，即属于这种类型。第四类转换是通过比较来发现问题，这种比较可以是纵向的历史的比较，例如，我国各历史时期数学教学大纲的比较研究。比较也可以是横向的，例如，城市与农村的中学数学教学的比较研究；我国与其他国家、地区的中学数学教学目标与内容的比较研究。这种转换策略使我们当对事物的一方面了解得较为清楚时，就转向不甚了解的方面，当事物各方面都了解得较清楚时，就转向它们的关系与连接处，或寻找更高层次上的综合。当研究较长时间停留在一般化，较粗糙的表面化的水平时，就转向更具体、更细致的分析研究。这种转换有利于把人们对事物的原有认识推向新的水平。

（3）类比

所谓类比就是通过与其他学科研究对象类比和借用其他学科的思维方式来发现所研究学科的新问题。其特点是能从别的学科研究中得到启发，找到发现的工具。例如，当前应用系统论的观点来研究数学教学现象的提出就是这一思维策略的体现。

（4）直接面对现象

质疑、变换与类比这三种选题方法都是从已有的认识出发去发现新问题，与此不同的选题方法则是直接面向现象，从对现象本身的思考中提出新问题。教师在平凡的教学实践中，面对大量的教学现象，只要善于多问几个为什么，就会发现许多值得研究的新问题。例如，数学教师每天上课都要布置课外作业、批改作业。善于思考的人就会提出，数学教学过程中为什么要布置课外作业？课外作业在数学教学中的作用是什么？如何发挥课外作业的教学功能？甚至还会提出学生是如何对待课外作业的？为什么在学生中会发生抄袭作业的现象等问题，从中可以引申出一些值得研究的课题。

4.7 中小学教改与研究课题举例

中小学教学改革与科研课题涉及中小学教学的方方面面，教育科研工作者和中小学教师进行了大量的工作，取得了丰硕的成果，这些成果集中地收录在中国人民大学报刊复印资料《教育学》《中小学各科教学》上。《教育研究》《人民教育》《课程 教材 教法》等杂志是专门登载中小学教育研究成果的中央级刊物，各省、市教育科学研究所、教研室、各师范大学的学术刊物或学报均大量登载教育科研成果。这些成果能对中小学教师进行教学改革与研究的选题有所启示和帮助，如果条件许可的话，建议学校订购自己感兴趣的相关杂志，同时建议教师们多阅读这些杂志，以便及时吸收教育科研的最新成果，供教学改革之用，同时也能发现教育科学中的问题，供深入研究。下面收录一些有关的成果，以此作为一些例证，同时，供教师选题参考。

4.7.1 关于教育基本理论

跨世纪的教育课题：教育重心的转移；

论教育的适应与超越；

教育现代化：传统与现代的整合；

美学形态的转换与现代形态美育；

现代教育：促进人与社会可持续发展的整合；

教育思想、价值与目的；
通识教育与人格陶冶；
简论基础教育的价值和学校的责任；
谈谈拓展训练及其对我国基础教育的启示；
略论皮亚杰理论对科学教育的启示；
在中学实施科技教育的思考与实践；
我国中小学应当加强地球科学普及教育；
论民族教育研究中的双语问题；
全国民办中小学观察与思考；
关于我国教育投入若干问题的思考；
我国部分地区流动人口适龄儿童、少年入学情况调查；
关于“科研兴校”的思考；
乡村中学“两教统筹”办学模式的探索；
建设科研型教师队伍的探索；
办好新建小区小学的探索；
特色学校建设刍议。

4.7.2 关于课程、教材与教学研究

课程论学科发展的方向；
我国课程论研究的历史回顾；
课程评价模式及其对课程改革的启示；
关于学科教育学建设和课程研究的若干思考；
关于普通高中综合课程的思考与建议；
新型活动课程的特点；
中学《社会》综合课程的教学实践和认识；
试论课程设计的客观要求；
对当前中小学体育课程建设中热点问题的探讨；
活动课程研制的价值取得；
初中设置综合理科探析；
我国课程管理的主要问题及改革建议；
普通高中综合课程的评价；

教材评价指标体系的建立；
普通高中新教材编写研究与实验；
牢牢把握高中地理教材的素质教育方向性；
全日制普通高中体育教科书的结构体系；
新高中化学教材（试验本）的特点；
从构建学生数学认知结构看高中数学教材的编写；
重视阅读教学，提高课堂教学效率；
高中数学新教材体系问题研究；
改革课程的纵向结构；
对中小学课程教材改革的思考；
中小学教材改革和发展的两个建议；
关于开设中学综合社会课程的思考与构想；
建立比较课程论刍议；
综合理科课程与科学方法教育；
初中综合理科教学的实践与研究；
关于中小学正确开设活动类课程的几个问题；
关于活动课程性质和定位的几点认识；
构建中的高中综合课程；
初中综合课程《社会》教材体系结构浅析；
活动课程目标简论；
活动课程实施刍议；
论中小学教学改革的深化；
从教与学互动看优化教学的设计与实践；
我国目标教学研究的回顾与展望；
应重视学生的元认知训练；
系统科学与教学最优化；
简论系统教学设计的十大特色。

4.7.3 关于教育实验与教学理论

协同教学实验中教学策略的探索；
关于高中数学新教材试验的一些思考；

少年亲子关系诊断与调适的实验研究；

小学低中年级学生创造能力培养的实验报告；

教师指导下学生自主学习教学模式研究的实验报告；

初高中生创造能力和学习能力同步增长实验报告；

我国教育实验发展前景展望；

论因材施教的策略；

学科教育学及其研究方法的思考；

课堂教学与素质教育；

面向 21 世纪的学生观；

实施教学综合改革，探索素质教育途径；

学生最优发展教学模式的研究与实践；

学科教育目标与导学体系探索；

知识与能力并重，全面提高学生的科学素质；

知识的类型与学习过程。

4.7.4 中小学语文教材与教学

以加强语言教学带动语文教改跨入 21 世纪；

21 世纪中学语文教学改革的构想；

语文教学与学生素质培养；

构建“学习语文”语文教学新体系；

语文教学的成绩、问题及改进办法；

谈选编中学语文课文的几个问题；

宜昌市课内外衔接语文能力训练的状况和思考；

适应时代要求，深化小学语文教学改革；

关于编写职业高中语文新教材的思考；

吕叔湘的语文教学效率观；

中学语法教学的回顾与思考；

语文教学改革的关键是考试的改革；

论中学语文阅读教学的症结与对策；

小学语文“双轨”教学体系的思考与实践；

当前语文教学改革大背景的认识与分析；

语文教育目的任务的新认识和新拓展；

语文教学内容与形式如何体现现代意识；

语文教学中基础知识和基本训练的“核心”和“外壳”的科学探讨；

现代科学技术发展的趋势与语文课内容的更新；

现代课堂教学结构的探索；

语文教学方法的现代化；

语文教学质量的科学评估；

21 世纪中学语文知识与能力预测；

语文教学如何培养学生现代思维方法；

当代中学生群体和个体多层次多角度的认识与分析；

现代社会的语文教师应具备哪些素质；

语文教学改革“体系意识”的研究；

语文教学的基础理论和实用理论的普及与提高；

中国现代实验教材的比较研究；

语文教学改革十年（1977～1986 年）经验教训的回顾和发展趋势的预测；

对近几年语文教改流行口号的反思；

对我国语文教学遗产的认识和分析；

中外语文教学观的比较分析；

中外语文教改的弯路与新路；

语文素质教育基本规律探讨；

魏书生民主科学教改体系的理论价值；

语文素质教育的教学目标和课程结构；

图式理论与语文阅读教学；

从情景教学到情景教育的探索与思考。

4.7.5 中小学数学教材与教学

发展性数学课堂教学的基本结构；

“学程导进”研究；

推广数学“自辅”实验，提高师生教与学的能力；

数学课堂阅读指导策略；

关于中学数学教学中几个问题的思考；
发挥数学命题的导向作用，促使“应试教育”向“素质教育”转变；
构建初中数学目标教学及其评价模式；
优化中学数学教学过程的认识和体会；
数学素质刍议；
谈数学学科素质教育的实施；
面向21世纪的小学数学课程改革与发展；
对数学课程现代化的再认识；
数学问题解决的表征及元认知开发；
数学素质教育教学新体系的实验研究报告；
面向21世纪的中小学数学课程改革——使大众数学成为现实；
数学教育中的文化观念；
估计——数学教育面临的新课堂。

4.7.6 中小学外语教材与教学

浅论中学英语教学中的素质教育；
试论我国基础外语教学现代化；
从比较入手，科学规划外语新教材教学的思考与实践；
影响听力理解的几个因素及解决途径；
改革教法和指点学法是培养兴趣和学好英语的关键；
提高初中英语教师专业素质的必要性和对策；
中小学英语教师业务进修的必要性和途径；
俄语“一条龙”教改实验探索；
交际教学途径及其在外语教学中的实现。

4.7.7 思想品德和政治课教材与教学

小学思想品德课“课程标准”的几个特点；
思想品德课如何实施道德情感教育；
论思想政治课教学的幽默艺术；
试论优秀传统道德教育；
中学思想政治课目标教学模式的构建与思考；

关于中小学思想品德课和思想政治课改革的几个问题；
谈新编小学思想品德课教材的特色；
谈新编高中思想政治《经济常识》教材；
思想政治课七步解疑式教学法初探；
思想品德课教学如何发挥学生的主体性；
对市场经济伦理的道德审视；
上海高中学生思想状况调查报告；
学校整体大德育工作格局初探；
中小学德育工作研究。

4.7.8 中学物理教材与教学

运用实验变式，培养思维能力；
思维环境的创设与归纳推理能力的培养；
聚合思维和发散思维的辩证关系与物理解题；
中学物理与素质教育；
对初中物理教材的评价和修订设想；
运用“兴趣教学法”提高中师物理教学质量。

4.7.9 中学化学教材与教学

普通高中化学教育的价值；
计算机辅助化学教学的几点思考和认识；
化学思维能力结构及其培养；
高中化学新教材与主体教育模式；
试谈化学教学中提高课堂效益的途径；
化学教学方法改革的微观探析。

4.7.10 中小学其他各科教材与教学

关于小学自然学科课型的探讨；
谈自然课归纳思维能力的培养；
抓好地理会考命题，促进素质教育实施；
论高中世界史教学的全局意识；
高中地理实施素质教育的目标、内容和途径；

正确处理历史教学过程中的几种关系；
对我国普通中学计算机教学的若干思考。

4.7.11 职业教育、师范教育课程与教学

建立现代职业教育制度的探索；
简述深圳市重点职业高中的改革和发展；
我国职业教育的成就、问题及发展趋势；
教师人格塑造的价值追求；
面向21世纪中学教师继续教育的内容；
中小学教师职务结构初探；
中师生口头表达能力的培养与训练；
教师职业能力浅析；
走出封闭的物理教学模式；
论中等师范学校的课程改革；
中师教改与计算机辅助教学；
如何培养师范生的语文教师素质；
教师期望研究及其对教育的启示。

4.7.12 素质教育

素质教育与考试制度改革；
素质教育与考试改革刍议；
课堂教学实验素质教育的“四个基本点”；
素质教育散论；
中学实施素质教育难点问题思考；
谈对学生终身学习能力的培养；
山东省烟台市实施素质教育的经验及启示；
汨罗经验给政府及其教育行政部门的启示；
试析汨罗市素质教育的运行机制。

4.7.13 研究与借鉴

中国历史教材近代化概述；
德国学校课程中的环境教育内容；

美国关于中学数学教育的观点；
瑞士中小学课程改革的新进展及评价；
西方写作教学主要模式及其元分析研究；
成绩评定等级制度及其在义务教育阶段的应用；
评香港版《中国语文》教材；
自学辅导法在近代中国的实验；
美国近50年来中学教育改革评述；
日本基础教育改革新观点：综合课程；
评清末义务教育的课程设置；
中小学开设文献检索与利用课的思考；
美国中学信息技术课程；
英国学校地理课的复兴及其启示；
中西数学课程现代化管窥；
西方“问题解决”理论研究和数学课程改革走向；
俄罗斯新的基础教学计划；
20世纪隐蔽课程研究的历史回顾与评析；
台湾中小学教师培养培训概况；
试析教材教法中的性别问题。

5　中小学教改和研究的方法

中小学教学改革和研究的方法是研究教育教学现象及其规律所采用的方法。掌握科学的研究方法，寻找正确的科研道路，是取得研究成果的前提。教学改革和研究的方法很多，这里主要介绍中小学教师在教育教学实践中进行科研的一般方法。

5.1　观察法

5.1.1　什么是观察法

观察法是研究者按照一定的目的和计划，在自然条件下，对研究对象进行系统、连续的观察，并作出准确、具体、详细的记录。从而全面地掌握所要研究的情况。观察的特征是在直接感知的基础上来认识教育教学现象。

通过观察来积累关于所研究的教育现象的具体资料是教育研究中所普遍应用的方法。观察可以在整个教育过程中进行，也可观察它的某些部分，此外根据研究对象的复杂程度，还可以通过多次观察去完成。目前在教育研究中被广泛使用的是跟踪观察法。如 1964 年美国心理学家布鲁姆在《人类特性的稳定与变化》一书中所提出的一些重要假说，就是他通过对 8000 人从幼年期到成年期的跟踪观察中所获得的资料而作出的结论。有的教育研究人员认为，要想了解学生怎样从学校获得他们的知识与信念，以及他们怎样进一步发展，就应当跟踪观察几十年。

观察在教育学研究中具有重要的意义。中外教育史上有许多教育家善于观察自己的教育对象，并把观察结果记录下来，就成了教育科学研究的宝贵的第一手资料。前苏联的苏霍姆林斯基是一名中学校长，他一生写了很多著作，大部分资料是靠长期的观察得来的。他为了研究道德教育的问题，仔细观察和研究“差生”和“调皮学生”的心理状态、行为表现，曾先后为 3700 名左右的学生做了观察记录，能够指名道姓地说出 25 年中 178 名“最难教育”的学生的曲折成长过程。我国著名的幼儿教育专家和儿童心理学家陈鹤琴，用日记的方式，从他的第一个孩子陈一鸣出生之时起，就逐日对其身心变化和各种刺激反应进行周密的观察，并作出详细的文字记载与摄影，连续追踪观察 808 天，积累了大量的研究材料，于 1925 年出版了《儿童心理之研究》一书。苏霍姆林斯基和陈鹤琴的经验说明，观察对于认识教育现象，收集研究的第一手材料起着重要的作用，是教育科学研究的最基本的一种方法。

5.1.2　运用观察法的要求和步骤

（1）运用观察法的要求

1）让观察的对象处于自然状态下，不能给予人为的干扰，这样获取的资料才会真实。

2）观察应按照预先拟订的大纲来进行，并客观地、完整地记录它的全过程。为了记录观察的资料，除笔记外，还可广泛采用各种现代化技术手段，如照相机、摄影机、录像机及录音机等。

3）观察应有目的、有计划地进行。

4）对观察到的大量材料要进行理论概括，如研究先进教育教学经验的基本途径是对教育教学过程进行直接的观察，之后要对观察结果进行分析、概括。

（2）运用观察法的步骤

1）事先做好充分的准备，制订观察计划。先对观察的现象作一般的了解，然后根据研究的任务和研究对象的特点，确定观察的目的、内容和重点。如果情况复杂或内容多，可采用小组分工观察。最后制订整个观察计划，确定进行观察全过程所需的次数、时间、记录用纸、表格，以及所采用的仪器等，并考虑如何保持被观察对象的常态等。

2）按计划进行实际观察。在进行过程中，既要严格按照计划进行，必要时也可随机应变。不为无关现象扰乱，观察时可借助仪器及作记录，不要事后回忆。

3）及时整理教材，对大量分散材料用统计技术进行汇总加工，删去一切错误材料，然后对典型材料进行分析。如有遗漏，及时纠正，对反映特殊情况的材料另作处理。

(3) 观察法的优缺点

观察法的优点是：①保持了被观察对象的自然性和客观性；②由于被观察者的活动表现和平时一样，自然客观，因此，得到的材料比较真实可信；③被观察对象不受观察者的干涉和影响，他们的学习活动可以照常进行；④排除了主观因素的影响；⑤比较方便，不受条件环境和设备的限制可以随时随地加以运用。

观察法的缺点是：①由于不能与观察者直接接触，所以观察到的现象大多数是表面现象，不能解释这些表面现象的本质是什么；②由于对观察结果不易做统计处理，缺乏数据证明；③由于观察者处于被动的观察地位，观察者不能改变观察情境，无法把握观察进程。

教育教学的效果往往受到各种因素的制约，由于观察是在自然状态下进行的，它不可能及时排除各种附属的、偶然的影响，因此通过观察虽可积累一些资料，但不能完全凭借它来对教育效果提供确凿的、科学的根据。因此在运用观察法的同时还要结合其他方法来进行。

5.2 调查研究法

5.2.1 调查研究的特点、类型

调查研究法是指研究者通过有计划的调查去考察各种教育现象，取得有关研究对象切实、可靠的资料，以达到掌握教育实情、解决教育问题的研究方法。这种方法的特点是，以研究教育教学现状为对象，具有明显的现实性和实践性，它是搜集第一手材料的一种有效的方法，具有简便性和实效性。

调查研究在教学改革和研究中具有重要意义。我国教育调查始于20世纪20年代。1924年中华教育改进社的小学教育调查和1926年俞子夷做的儿童对所学的各科好恶的调查，对当时小学教育均有贡献。随着现代科学技术、教育的发展，教育调查在教育科学研究中的用途日益广阔。例如，上海市海滨中学薛锋老师进行的《化学学习困难学生在认知方面的成因分析》研究，就采用的是这种方法。他从学生学习的认知结果包括言语信息、智慧技能和认知策略这一观点出发，对所教班级学习困难学生进行了智商、原有知识经验对学习的影响以及学习过程的调查。在

原有知识经验对学习影响的调查中他采用的是高一化学测验成绩与中考化学成绩、中考总分对比的方法，在学习过程调查中，他分别设制问卷了解了学习困难学生言语接受能力、智慧技能和学习策略方面的情况。经过调查、统计、分析的结果，他对化学学习困难学生的形成原因作了如下结论：①智商高低与化学学习成绩有关，但不是主要矛盾，将学习困难学生归结为“笨”是有害的；②学生的原有知识经验、能力对以后学习化学关系很大。学习困难的学生主要是不善于把原有的知识在新的情境中加以应用，原有的知识结构不完整；③化学学习的困难学生不是什么都差，在言语信息、智慧技能与认知策略三个方面，大多后两者不如人，但前者可能超过成绩好的学生。因此在教学中易于采取小步子的方法；④学习困难学生的学习策略值得研究，他们一般不懂得在过程中调节自己的学习，控制自己的认知过程。如果教师只一味地增大训练量，进行过度学习，只强调结果不强调思维过程，不教给学生自我评估、及时反馈的方法，是不能使学习困难的学生发生转变的。显然这一研究成果对于提高教学效率是有价值的。

运用教育调查可以为研究者提供有关研究课题的情报资料，为教育行政管理部门研究、制订教育规划和作出决策提供情况，为研究人员掌握教育现状的“脉搏”提供改进教育的事实根据。可以说，教育调查是研究者必须掌握的基本功。

根据调查研究的对象和目的，教育调查研究可分为3类：

（1）现状调查

也称常模调查，主要用以调查、研究某一类教育现象或对象目前的基本情况或特征。这类调查目前在整个教育调查中占有较大的比例。如小学生错别字的调查；中小学生学习负担的调查；中小学生数学能力发展情况调查；中小学各科教学中的德育实施调查等。

（2）区别调查

用调查法研究两种教育现象之间的联系。又可分为两种类型因果关系——比较调查和相关调查。

比较调查是通过对两类不同对象或现象的调查，了解这两类对象的不同特点，从而寻找形成不同特点的可能原因，目的是解决研究对象或现象具有某一特征的原因是什么的问题。如小学男女学生抽象思维能力的比较调查等。

相关调查通过对一组对象的两种特征的调查与测定，来确定这两种特征之间是正相关、负相关，还是零相关，以及相关的程度有多大。目的是解决某一对象的两种特征之间有没有联系、怎样相联系以及联系密切到什么程度。

（3）发展调查

这类调查主要用于研究儿童的某种特征（生理或心理特征）是如何随着年龄的增长而发生变化的。发展调查又可分为纵向研究与横断研究。纵向研究也称做跟踪研究，即对同一批儿童在不同时期进行多次调查。如对小学的综合调查，这类调查向研究者提供的不只是某个特定时间的发展情况，而是比较准确的过程。横断研究则是对许多儿童的某种特征进行内容相同的调查以达到比较的目的。如通过对家庭结构、父母职业、文化水准等各种因素不同的儿童进行调查，以研究他们之间某个特征（兴趣、爱好、能力、知识质量）的差异。

5.2.2 调查研究的步骤

调查研究通常包括以下步骤。

（1）确定课题，选好对象，制定调查计划

确定调查课题是调查研究中最关键和最困难的工作。研究者选择、确定课题，主要考虑课题的重要性和研究者自身的条件。这一阶段的主要工作是制定好调查计划，一般而言，用于制定调查计划的时间要占整个调查研究的1/3。调查计划一般包括下列内容：①调查课题和目的；②调查对象和范围；③调查的手段和方法；④调查的步骤和时间安排；⑤调查经费预算；⑥调查人员（包括课题负责人、调查员、协作者或协作单位）的组织。

当然由于情况的不断变化和研究者对调查课题认识的深化，需要对调查计划作必要的修正，使之完善。

（2）紧扣调查内容设计问题，进行实际调查研究，搜集有关材料

搜集材料是调查研究的关键一环。研究者应选择适当的调查手段，尽量使收集的材料真实可靠、完整和系统化。调查者在收集材料时不能带有主观性和倾向性，切忌用自己的观点去寻找材料。同时要注意将事实和意见区分开来。事实是客观的，而意见则往往有主观色彩。对事实，也要进行核对，去伪存真。

(3) 整理、分析各类材料，提出初步意见

在这一阶段，研究者要及时将收集到的资料加以整理。叙述性材料，要进行文字加工；数量化的材料，则应用统计法以及图表等加以整理。如果时间许可，在收集材料的同时就将材料归类，可以加快材料整理的速度，并能及时发现材料收集中的不足而采取补救办法。在此基础上，提出初步的意见。

(4) 总结，撰写调查报告

调查报告一般包括3部分。第一部分是导言。主要概括叙述调查课题的背景、本次调查的目的和任务、调查的对象和范围、调查采用的手段等内容。第二部分是正文。这是调查报告的主体部分，调查者根据调查的事实，从理论上进行阐述、分析、解释，并表明自己的观点或见解。第三部分是结论。即根据第二部分的分析得到的判断。此外，要把有关参考资料附在报告的尾端。

5.2.3 调查研究的具体方法

进行调查研究，常用的搜集材料的方法有以下几种。

(1) 测验法

通过考查的方式测定调查对象的某种特征的实际情况。测验的对象及对象特征要根据研究的目的和任务来定，测验的方式也随调查对象和特征的具体性质不同而异。测验分两种，一种是自编测验试题；另一种是用现成的标准化测验试题。

运用测验法时要注意：①考虑所选定的测验对象和测验特征是否同研究目的、任务相适应；②考虑测验试题是否能反映出测验特征的情况；③完成测验题目的时间，常常会跟测验特征有关，因此必须记录每张卷子交卷时间；④整理卷子时不要满足于划分数，要仔细分析材料的统计特点。

通过测验可获得比其他调查手段精确可靠的材料，但能运用测量方法的调查范围较小。测验作为调查法的综合手段之一是很有价值的。

（2）问卷法

调查者将根据调查项目设计好的表格式试卷分发或邮寄给调查对象，由调查对象用书面方式回答问题来获取材料的一种手段。

问卷法的优点是：①简便、易行、实用，调查范围广。不仅时间短、收效大，而且也有一定的代表性。②这种方法得到的材料都是第一手材料，比较客观。③易于操作。对问题的回答比较简单，便于整理归类，做统计处理。④由于调查对象的身份可以保密（不署名），有利于调查到调查对象一般不愿意或不便于面谈的问题。

问卷法的缺点是：①缺乏灵活性。如果调查对象对某一问题回答模糊不清时，调查者既不能改变问题的形式，也不能作进一步的提问或说明。②问卷中的问题如果不明，就会影响正确的反应方式，使问题的结论不明确。③如果问卷中提的问题过多，调查对象用时过长，会影响其情绪，使结论的代表性降低。④如果被调查者不合作，胡写乱填，所下结论缺乏代表性。⑤问卷回收率往往不高，也影响结论的代表性。

问卷编制主要有3种形式：一是定案型问卷。即由调查对象从问卷中列出的答案里选择。如为了调查学生课外阅读的兴趣，调查者列出课外读物名称，要求学生分别在“最喜欢”“一般喜欢”“不太喜欢”“最不喜欢”的答案后面选择。二是不定案型问卷。即事先不列出答案，由调查对象自行填写。三是半定案型问卷。它兼有定案型和不定案型的特点。它可以给调查对象回答问题留有余地，又可弥补问卷答案设计不周全的缺陷。

编制问卷要注意以下问题：一是选择被试必须具有代表性。二是问卷包括的问题应尽可能全面，答案要简明、全面。三是问题及“开场白”要用词准确，不带主观性，避免给被试造成暗示。四是问题数量不要过多、过难，要维持被试对问卷的兴趣。

（3）评价法

对教育设施、设备的调查可采用评价法。调查时，首先将调查项目和调查标志列成表格，在调查中按预定的评价办法和标准，逐项在表上记录规定的符号或数字。

运用评价法时要注意：一是只适用于具有明确特征、客观标准的事物。二是拟定的项目和标志一方面要根据调查对象固有的特征，一方面要符合研究的目的和任务。项目和标志要明确，可附上定义。三是要有统一明确的评价标准，可订出统一标准说明书。四是每项调查须有3个以上调查员分别进行，相互核对结果。

(4) 书面材料分析

通过搜集能正确反映研究现象的书面材料进行分析的方法。书面材料大体可分为两类：一是反映某一地区或某所学校的教育工作的材料；二是反映教师教学工作的材料；三是反映学生学习情况的材料；四是反映学生课外和校外情况的材料等。

运用这种方法要注意：①收集要有目的，收集的应是与研究课题密切相关的材料；②搜集的书面材料应是多方面的，以便从各个不同角度去研究；③分析整理材料前要拟出一个统一标准，以便有根据；④书面材料也需经过鉴别。

(5) 访问法

这是调查者通过与调查对象面对面、有目的地谈话来收集材料。访问的最大优点在于它的灵活性。调查者可以通过谈话解除调查对象回答问题时的顾虑。当调查对象不理解问题时，可以重复或进行恰如其分的解释。访问时，调查者还可观察调查对象的表情与行为，以判断回答的可靠程度。这种方法的主要缺点是费时费力。

运用访问法进行调查，要注意以下问题：一是事前准备好访问计划、访问提纲；二是要尽量取得调查对象的合作；三是要作好详细记录。

5.2.4 运用调查研究法的要求

运用调查研究法进行研究，研究者要注意以下几个问题：

1）明确调查目的，列好调查提纲，制定工作程序和具体方法。

2）选择的调查对象必须符合调查目的，调查对象一定要具有代表性。

3）调查研究的态度要严肃、认真、负责，研究者一定要坚持深入现场和实际。通过各种可能利用的手段尽量搜集能全面、客观、正确地反映说明调查对象的材料。

4）参加调查的人员必须采用统一的调查标准，统一的记录表格，统一的记录方式。

5）必须保持在自然条件下进行调查。

6）对每一件事实材料都应当严格鉴定其真实性程度，实事求是地分析、比较所搜集的材料，从中总结、抽象出合乎事实的科学结论。

5.2.5 教育调查法运用案例

【例1】 小学生语言积累情况的调查对策*

常州市天宁区教研室《积累与写作》课题组

小学生怕写作文，作文词汇贫乏，语句不通，内容不具体，一直是困扰小学语文教师的一大难题。过去一些教师曾为此动过许多脑筋，想过许多办法，花过许多力气，但效果却不甚理想。其症结究竟在哪里呢？为弄清这一问题，我们和市教研室一同进行了一次小学生语文积累情况的书面调查。

一、调查情况

（一）调查内容

1. 基础知识：①写表示心情愉快、春天美、看的词语和成语各10个。②根据提供的“马戏”“吸引”“观众”“精彩”“的”5个词，组成不同的句式。可以另加1～3个词，如“是、了、难道、啊、多么”等。（三年级还作了一些提示：在题后前六条直线末端上方分别点上句号、问号、感叹号和注上“指字句”“被字句”“因果句”字样。）③默写指定的（卷面注明上学期学的两首古诗的诗名和一年前学的一首古诗的诗名）和不指定的古诗各三首。

2. 作文：三年级写《自己洗》看图作文；四五年级完成《我爱______》的半命题作文。

（二）调查对象的抽样

从我区各类小学中，按学号随机抽五所学校的三、四、五年级学生各10名，集中书面答卷。学生在事先毫无准备的情况下在规定时间内完成调查卷。

（三）调查结果和初步分析

我们对150份调查卷进行了逐题审阅，并分人分项列表记录（基础

* 江苏教育.1998（8，9）。

知识部分，对以往教科书中出现过的词语和古诗亦作相应的统计)，然后进行归纳分析。从卷面统计的数字看，学生语文积累情况极差，主要问题是：

1. 词语积累很少。先从五年级学生写“成语”的情况看，五年级学生在教科书中已学过177个成语，但平均只写出2.88个。就连教科书中以寓言故事形式出现的“狐假虎威”“惊弓之鸟”“掩耳盗铃”“自相矛盾”“守株待兔”“揠（拔）苗助长”“南辕北辙”“亡羊补牢”8个成语，全写出的不足10个人。四年级学过的“南辕北辙”，三年级学过的“自相矛盾”只有一个人写出来。再以写表示“看”的词为例，“瞅”是第四册出现的一个有实际意义的动词。三至五年级分别只有1个、5个、9个学生写出。三年级下学期学的“凝视”，四年级学生一个也没写到。根据以上数字，可以看出学生对学过的词语缺乏归类记忆，更没有整理积累。

2. 组句能力差，句式掌握少。卷面要求学生根据提供的5个词和提示组句。这个要求并不高，学生应该写出许多不同的句式。但五年级学生平均只写出0.9句，确实使人震惊。

3. 曾记忆过的“语言”遗忘率高。以“古诗”为例，五年级学生在一至五年级（到调查时为止）共学古诗30首，平均只默出1.94首。第九册上《鹿柴》是学生刚学过的古诗，仅有21个学生默出来。一学期前学的《咏柳》《寻隐者不遇》分别只有3个和2个人默得出。四年级学的《望庐山瀑布》《山行》竟1个学生也默不出。朗朗上口，易背易记的古诗都记不住，回生现象如此严重，其他体裁文章中的语言记忆情况就可想而知了。

为什么学生语文积累情况会如此差呢？

原因一，语文教师不注意每篇课文中的语言文字积累。目前，教师缺乏积累课文语言的意识，不是引导学生读课文中的语言，说课文中的语言，记课文的语言，用课文中的语言，把课文中的语言内化成学生自己的语言。而是在内容理解上大做文章，消耗大量宝贵的时间，以致出现学生学完一篇课文，思想内容理解了，语文知识也学了一些，语文学法或许也掌握了一点，但课文没有读熟，课文中的词语、句子留下的印象不深，甚至出现没有印象的情况。

原因二，教师没有为学生创设运用语言文字的环境。小学生学习语言的过程是理解——记忆（积累）——运用的过程。理解了的语言文字容易记忆，记忆了的语言文字才能运用，在正确运用语言文字的过程中加深理解，加强记忆。目前语文教学中，学语言往往只停留在“理解”这一水平级上，所以学生掌握的只是消极词语。只有为学生创设运用词语的环境，让学生运用词语，学生掌握的词语才能达到“运用”水平，成为积极词语。学生语言的发展（尤其是书面语言的发展）是教学的结果，教师应凭借课文内容，创设运用语言文字的环境，让学生在语言文字的运用中积累语言文字。

原因三，教师不注意语言文字的归类和再现。从信息论的观点看，语言文字是信息，教学是引导学生“摄入信息——整理信息——储存信息——提取信息——输出信息”的过程。如果没有“整理信息——储存信息”这一环节，哪来“提取信息、输出信息”？现在教师教一课，丢一课，教一词语，丢一词语的现象很普遍，不注意词语的归类和再现，这是学生语言积累少的重要原因。

二、基于以上认识和存在的问题，采取如下对策

（一）强化阅读课的语言积累训练

1. 重视课文朗读。朗读是一种眼、耳、口、脑同时并用思维和语言的综合活动，它有其他学习手段不可比拟的作用。我们要求每篇讲读课文，学生都要读熟。阅读课要采用多种形式的读增加接触语言的机会，使学生感到新鲜，读有收获，从而愿意主动地去读，在读中感受语言，记忆语言，积累语言。

2. 重视课文语言的积累。每一篇讲读课文，都要让学生积累一部分词语和句子，并尽可能归类、整理使其进入语言积累链。如根据词的逻辑关系成对成串记忆；凭借课文内容回忆再现学生学过的词语等。背诵是积累课文语言的好方法。对于一些语言表达上有特色的课文或者课文中的一些精彩段落，应要求学生背诵，三、四、五年级的背诵量要提高到占课文总数的50%以上。

3. 重视语言的转换和内化。现在语文课本中有相当一部分是名家名篇，其中有好多好词句。阅读教学中，要设计运用课文词语，运用课文

句子，运用课文句群，运用表达方法和调动以往积累的练习，这种表达练习可以模仿课文的语言说一段话或写一段话，也可创设新的情境，运用课文中的语言说话和写话，还可以模仿课文中的写作方法说话写话。每篇课文教学过程中的这种练习不得少于30分钟。

（二）拓宽语言积累的课外渠道

积累情况调查统计表明，课外阅读是积累语言材料的重要途径。学生积累的词语40%以上来自课外阅读。课外阅读能使学生知识量成倍增长，有利于智力资源的开发；课外阅读还能丰富学生情感积累，学生可以在自己爱读的书中接受感染和教育，提高认知能力，充实自己的情感，对学生在写作时的选材和立意大有帮助，所以教师应尽最大可能拓宽课外阅读的渠道。

1. 开设自由阅读课。小学中、高年级的每册教材仅25至30篇课文左右。每周平均教学的课文不足1.5篇。这样的阅读量对于处在语言发展最佳期的小学生来说是不利的。重视博览，是我国传统语文教学的经验，我们应转变教学观念，增加阅读量，增加学生的语言积累。我们要在国家规定的语文教学时间里挤出一定时间用于学生自由阅读。三至五年级每周至少安排一节自由阅读课。自由阅读课的主要任务是阅读教师推荐或学生自选的课外书籍，引导学生自觉运用阅读课上学到的阅读方法，让学生在阅读中运用积累语言的方法，边读边做归类摘要。可以摘录好词佳句、名言警语，可以摘录肖像、语言、心理、景物等描写的精彩片断。

2. 建立语言积累本。语言积累的渠道，除阅读课外书外，还有阅读报刊、收听广播、收看电视等，我们准备通过语言积累本摘抄句段，记录精美的语言材料，定期交流、展评，培养学生积累语言的习惯。

（三）开展活动，充实学生生活

定期开展与积累有关的快速阅读、朗读、背诵、读写知识等竞赛；组织学生喜闻乐见的故事会、佳作欣赏会；进行积累本、观察日记、小报展评等活动，在充实学生生活的同时，不断激发学生积累兴趣，提高语文积累的效益。

从积累到倾吐是螺旋式上升的循环过程，我们只有在增加学生语言积累的同时做到生活实践与语言实践结合，思维与语言结合，观察与作文结合，读与写结合，才能有效地提高学生的写作水平。语文教师应遵循这些规律，不断努力，不断改进，学生怕写作文的现象才会消失。

【例2】“部分发达地区十年来数学教育发展状况的调查与研究”设计

《21世纪中国数学教育展望（21CME）》课题组

一、调查目的

1. 进一步论证《21世纪中国数学教育展望》课题的研究设想，以便对课题目标作更为深刻的系统分析；

2. 了解国情，把握数学教育发展的基础，寻求数学教育的发展方向及超前因素；

3. 摸索路子，积累经验，锻炼队伍。

二、调查地点

调查地区为山东潍坊（后改为济南市历城区）、江苏常州、浙江绍兴、四川重庆。

三、调查的群体对象

群体1：当地政府决策部门，包括计委、统计局、劳动人事局等单位。

群体2：当地主导行业的主管部门。如轻工局、农业局、商业局、纺织局等单位。

群体3：主导行业中的某些企、事业单位或某些经济发展较快的乡镇工、农业部门。

群体4：现在就读小学五年级、初中二年级、高中二年级的部分学生的家长。具体办法是：①在城市调查的，从小学、初中、高中分别按照好、中、差三个层次各选择一个班；②在县里调查的，选取城区小学、初中、高中各一个班，乡村小学、初中、高中各两个班；③在同一年级的班级最好不要在同一所学校中选取；④每班选择20～25名具有较高文化水平的（相对而言）学生家长作为调查对象，总数180～225名（共9个班，每班20～25名学生家长）。

群体5：当地教育行政管理人员（2～3人）；数学教研员（小学、初中、高中各1人）。

群体6：教改有特色的学校负责教学的校长及数学教师。

四、调查方式、工具与内容

1. 调查方式和调查工具的计划表如下：

群体	调查方式	调查工具
1	专访	提纲 1
2	专访	提纲 2
3	专访及谈话	提纲 3
4	问卷	工具 1、工具 2、工具 3
5	座谈会	提纲 4
6	座谈会、专访	提纲 4

2. 关于经济、社会发展情况的调查

①调查对象：群体 1，群体 2，群体 3。

②调查方式：专访或个别谈话。利用提纲 1、提纲 2、提纲 3 分别对群体 1，2，3 进行。

③调查内容：（Ⅰ）近年来经济、社会发展情况。如国民收入变化情况；产业结构变化情况；行业人才结构变化情况；教育投资情况。（Ⅱ）今后十年发展规划。如经济社会发展水平预测人均 GNP；产业结构发展预测；国民收入预测；行业人才需求预测；当地人口素质结构预测；教育投资计划。

3. 社会公众对数学教育的看法

①调查对象：群体 4。

②调查方式：使用工具 1、工具 2 对群体 4 进行调查。可由学生将工具 1 和工具 2 送至学生家长（群体 4）手中。

③调查内容：

（Ⅰ）数学作为学校教育的一门学科在公众心目中的地位；

（Ⅱ）对最近由学校毕业参加工作的人的数学素质方面的看法；

（Ⅲ）对数学教育价值的认识；

（Ⅳ）对数学教学内容的意见；

（Ⅴ）对数学教师的意见和要求；

（Ⅵ）对数学教育的其他方面的看法。

4. 各行业对数学需求情况调查

①调查对象：群体3、群体4及其他。

②调查方式：（Ⅰ）填表调查：使用工具3对群体4进行调查，由学生将工具3送至学生家长（群体4）；（Ⅱ）个别走访与专访：根据本调查内容，调查组成员利用闲暇分头非正式走访1～2种行业的普通群众（工人、农民、个体户、售货员、邮寄员等）；（Ⅲ）小组组织重点调查群体3。

③调查内容：在今后一段时间内，人们在日常生活及各种不同行业的工作中，对中小学数学内容的需求情况。

（5）数学教育内部的情况。

①调查对象：群体5、群体6。

②调查方式：采取座谈会的方式和专访的方式。分别对群体5、群体6召开两个座谈会，采用提纲4对当地教改有特色的数学教师进行跟踪专访，了解其好的做法。

③调查内容：10年来教育发展变化情况；数学教育改革的现状；以及对未来数学教育改革的设想或展望。(包括数学教育是如何适应当地政治、经济和文化发展需要的)

附：调查工具及调查提纲（摘要）

工具1

说明：工具1是对学生家长的一份调查问卷。这份问卷只用于科研，对家长本人没有任何影响。本问卷资料将绝对保密，请您按卷中各项要求实事求是地填写。

问卷概况：

工作行业________ 职业________ 年龄________

文化程度________ 孩子所在年级________

（请按各题要求在相应题号上打“√”）

1. 您认为中小学的数学课

（1）很重要；（2）比较重要；（3）一般；（4）不重要。

2. 您认为数学课重要的主要原因（最多选2项）

（1）在工作劳动中必不可少；（2）在生活中必不可少；（3）对个人修养必不可少；

(4) 升学考试必不可少；(5) 对所有人都是可有可无的。

3. 学习数学对您的工作劳动的影响程度是

(1) 很大影响；(2) 有影响但不大；(3) 可能有影响；(4) 没有影响。

4. 您认为目前的中小学数学对青少年的成长

(1) 有很大促进作用，无坏作用；(2) 有较大促进作用，也有一些不好作用；(3) 促进作用较小，不好作用较大；(4) 没有好作用也没有坏作用；(5) 只有坏作用。

5.1. 您是否希望自己的孩子学好数学

(1) 很希望；(2) 希望但不强烈；(3) 无所谓；(4) 不希望。

5.2. 您选择上题答案的主要原因是（最多选 3 项）

(1) 升学考试考数学；(2) 日常生活需要数学；(3) 选择好的工作需要数学；(4) 日常生活不需要数学；(5) 将要参加的工作不需要数学

6. 对于教过您孩子的数学老师，您认为他们

(1) 对工作负责的是（a. 所有人；b. 大部分人；c. 小部分人；d. 不清楚）；

(2) 具有较高数学知识水平的是（a. 所有人；b. 大部分人；c. 小部分人；d. 不清楚）；

(3) 能很好运用教学方法的是（a. 所有人；b. 大部分人；c. 小部分人；d. 不清楚）。

7. 您认为目前的数学教师主要缺乏的是

(1) 工作责任心；(2) 较高的数学知识水平；(3) 好的教学方法；(4) 教学经验；(5) 较宽的知识面；(6) 其他（请自己填写）

8. 您认为数学课外活动

(1) 有必要；(2) 没有必要；(3) 不清楚。

9. 您希望数学课外活动做些什么工作

(1) 给差学生补课；(2) 培养数学尖子；(3) 提高学生学习数学的兴趣；(4) 扩大学生的数学知识面；(5) 提高学生将数学应用于实际生活的能力；(6) 其他（请自己填写）

10. 您认为现在学生学习负担重的原因主要是来自数学学习吗？

(1) 是；(2) 不是；(3) 不清楚。

11. 如果您认为现在学生数学学习负担重，那么其主要原因是

(1) 数学难学；(2) 考试次数太多；(3) 数学作业太多；(4) 其他（请自己填写）；(5) 不清楚。

12. 您所在岗位上主要做哪些具体工作？做这些工作需要哪方面的数学知识？

13. 您认为目前中小学数学教育有哪些优缺点？您有什么建议和要求？

工具 2

请在您认为合适的答案所对应的空格内划"√"

项目	您对现行数学教材的了解情况				现行数学教材难度（内容、习题）				现行数学教材的分量（内容、习题）				您认为数学教材应当						现行数学教材的编写				
选择答案	熟悉	基本了解	略有了解	不了解	太难	难度适当	比较简单	不知道	偏多	适当	偏少	不知道	讲究趣味性	以纯数学为主	紧扣升学考试的要求	以实用为主	增加一些实用的知识	每段数学理论后面都应	趣味性还可以	趣味性太差	叙述太简单	叙述太繁琐	叙述适当
小学教材																							
初中教材																							
高中教材																							

各行业对数学知识需求情况调查表（工具3）

（A）表示需要程度，分五种情况填空：①非常需要的填“4”；②比较需要的填“3”；③难以判断的填“2”；④不怎么需要的填“1”；⑤不需要的填“0”。

（B）表示是否希望在中小学阶段讲授，分两种情况填写：①认为应在中小学讲授的填“√”；②认为不必在中小学讲授的填“×”。

	知识项目	（A）	（B）		知识项目	（A）	（B）
1	繁分数的意义及运算			19	计算机的使用		
2	无理数的意义及运算			20	简单的计算机程序设计		
3	分数与循环小数互化			21	无理函数		
4	整数、小数四则混合运算			22	向量		
5	分数四则混合运算			23	矩阵		
6	多项式的乘除			24	微积分初步		
7	二元二次方程组			25	线性规划		
8	二元一次方程组与一元二次不等式			26	统筹法		
9	绝对值不等式			27	储蓄、保险等简单计算		
10	二次根式的性质与运算			28	估算、概算		
11	高次根式的性质与运算			29	尺规作图		
12	求最大值、最小值问题			30	视图		
13	扇形、多边形的计算			31	制图		
14	几何推理证明			32	测量		
15	珠算的加减			33	数的整除		
16	珠算的乘除			34	概率		
17	数学用表			35	统计初步		
18	计算器的使用			36	变换几何（旋转、平移、反射等）		

调查提纲 1

1. 本市（县）人口总数，城镇与乡村的分布情况；城镇与乡村各占地多少；可耕地数量及人均数量。

2. 本市（县）拥有哪些行业？哪些是现在的主要行业？哪些将成为主导行业？

3. 十年来国民收入变化情况，人均纯收入情况。

4. 一、二、三产业结构如何？运用现代科学技术的水平怎么样？

6. 人口素质结构如何？如何调整？

7. 人口素质结构与产业结构的需求是否符合？各个层次的人的数量与质量是否符合要求？

8. 每年新就业的人数，这些人的基本走向及素质，他们的适应能力如何；社会对他们的反映如何？

9. 今后十年的发展规划。

10. 教育投资的情况。

调查提纲 2

1. 该行业近几年的发展情况

劳动生产率、设备更新、行业内部结构、应用技术水平、人员培训情况、上缴利润；

新招收人员的素质：在哪些方面符合要求，哪些方面不符合要求，能否很快适应工作要求。

2. 对今后十年的预测

十年后该行业发展到什么水平，主要措施是什么？

该行业人员素质结构怎样？如何调整？对十年后该行业人员素质结构的预测。

招收新工人要求（文化程度、思想状况、实际水平）对中小学教育的要求。

调查提纲 3

1. 近几年进厂人员的学历水平与实际水平是否相符？能否适应工作需要？

2. 厂里的人员培训是如何进行的？培训内容是什么？需要达到什么水平？

3. 对学校教育的要求是什么？（知识、技能、能力方面，思想教育方面，等等。）

调查提纲 4

1. 数学教育发展变化情况

10 年来，教师们在数学思想上的演变，当前教师们对数学教学的基本看法是什么？

10 年来，数学教学方法的演变情况，当前本地有组织的或自发进行的教学改革项目主要有哪些？效果如何？

您对现行的中小学数学教学内容如何评价?本地在数学课程、教学内容方面做了哪些调整或者是比较大的改革试验？效果如何？

您认为，近年来中小学教学与本地的社会、经济、文化发展的需求是否相适应？存在的主要问题是什么？

2. 今后一段时期内，对数学教学改革有什么打算？

3. 当前数学教师的数量和质量如何？本地是如何抓师资培训的？

4. 这些年来，与数学教学相关的教学设备，特别是现代化教学手段方面有什么改善?本地是什么时候开始在中小学拥有计算机的?目前中小学拥有计算机的情况如何？利用率怎样？主要用于哪些方面？您是如何看待计算机教育的？

5.3 教育实验法

5.3.1 什么是教育实验法

教育实验是指研究者在精心考虑和专门设计的条件或环境中，对某些教育方式方法进行试验或检验，取得有关事实数据，找出教育现象与教育条件之间的因果关系的研究方法。教育实验通常是为了探索某一教育课题，根据一定的教育理论或设想，进行有组织、有计划的教育实践，经过一段时间后，就实践效果进行比较分析，得出科学的结论。

教育实验是教育科研中最重要的研究方法。现在，国内外的教育科学研究都很重视教育实验。国外进行的一些教育实验规模很大，时间很长。例如，瑞士 1962 年颁布的中等教育法令，就是他们进行 20 年教育实验的结果。前苏联把小学学习年限由 4 年改为 3 年，也是他们从 1964 年起用了 10 年时间，制定和推行新的教学计划、教学大纲和教科书，动员 500 余人进行的教育实验所作出的结论。在我国对教育实验也已引起广泛的重视，目前全国各地教育工作者正在进行多方面的实验研究，其中有的已取得可喜的成果。如小学愉快教育实验、中学成功教育实验、小学语文情境教学实验、小学语文“注音识字，提前读写”实验、上海青浦的数学教改实验等。

教育实验法的特点是：研究者可以有意识、人为地控制实验变量，以促进某些事件的发生，便于查明教育过程的因果关系、相关关系，有利于发现教育规律；研究者可以综合动用各种科学研究方法，如观察、统计等，以全面、深入、准确地掌握研究对象和各个方面的资料；在研究过程中，研究者可以得到在自然条件下不易遇到的某些情况和结论，得到同一形态下多次出现的教育事实，从而使研究者能在相同条件下重复原来的实验；研究者还可以系统地改变实验条件，以查明事件的变化情况。

5.3.2 教育实验法的分类

教育实验从性质和目的上划分，可分为创新性、探索性实验和验证性实验两种。从手段上划分，可分为实验室实验法和自然实验法两种；从组织形式上划分，可分为单组实验、等组实验和循环实验 3 种。

（1）创新性、探索性实验

这是以探索新理论、新方法等为目的进行的实验。如邱学华的尝试教学法实验、李吉林的情境教学法实验等。

（2）验证性实验

这是以验证已经提出的理论、方法等为目的进行的实验。如中小学目标教学实验、掌握学习实验等。

（3）实验室实验法

这是在特设的心理与教育实验室进行的。实验室内采取各种实验仪器和现代化技术，在人为的情况下，严格控制外界条件而进行实验研究。由于实验室内条件完善，便于控制，得到的结果较为准确。

（4）自然实验法

这是在实际的教育教学过程中，按照实验研究的目的，适当地控制某些条件，有计划地变更某些条件，以便观察或测试研究对象发生的变化。自然实验法是在教育、教学实际情况下进行的，能够比较真实地反映教与学中的各种问题，找出规律，加以解决。

教学实验一般采用自然实验法。由于影响教学效果的因素很多，教学实验的条件控制较难，给分析研究带来一定困难。进行教学实验要考虑以下因素：①班级的基础、学生年龄、知识基础、业余爱好、智力水平、生活经验等；②教师的教学水平与能力、事业心、责任感；③学生的家庭条件（家长的知识修养、职业爱好、学习条件、对子女的教育）；④教材的体系；⑤教学方法；⑥教学时间和练习时间的长短；⑦学校设备、环境等。

（5）单组实验法

是指向一组研究对象施加某一个或数个实验因子，然后测量其所产生的一种或数种变化，借以确定因子的效果如何。例如，在各类学校或一批班级中，试验《小学数学实验教材》，用方程解应用题，用尝试教学法进行教学等。通过实验，可以检验新教材和新教法是否可行，效果如何。

这种单组实验法比较简单易行，条件也比较容易控制。但是上面介绍的单组实验法，其实验效果只能证明试验的新教材和新教法是否可行，却无法进行比较，如要想证明新教材是否优于普通教材，就需要采用等组实验法。

（6）等组实验法

是指以不同的实验因子分别施行于两个或几个教学条件基本相等的组，然后比较其所产生的变化，得到比较科学的结论。例如《比和比例》有两种教学方案，第一方案采用传统教材，列比例式解比例应用题；第二方案采用试验教材，用列方程解比例应用题。运用等组实验法进行实验，一批班级用第一方案教，叫做对照班；另一批班级用第二方案教，叫做实验班。

采用等组实验法最关键的问题是，除了实验因子（如教材）不同外，其他教学条件（如师资水平、班级基础、教学时间等）要求基本相等。在等组的条件下，采用比较的实验方法，能较科学地确定一种新教材或新教法的优劣。但要选择教学条件完全相等的几个组是不容易的，而且要保证实验过程中除实验因子外，其他因素的影响也相等是很困难的。这点必须特别注意。

（7）循环实验法

它是把不同的实验因子，按一定的排列顺序，轮换地施行于不同的班组，然后根据每个实验因子所发生变化的总和来决定实验的效果。例如，前面所说的《比和比例》两种教学方案的实验，也可用循环实验法。实验甲班先施行第一方案，然后施行第二方案；实验乙班先施行第二方案，然后再施行第一方案。最后进行分析比较，检验哪一种教学方案更适于学生学习。

循环实验法与单组实验法、等组实验法比较有以下优点：①在循环实验法中，两种教学方案（两个实验因子）都被每个教师实施过，都在每一班学生中实验过，所以，即使教师教学水平有高低，学生班级基础有好差，由于循环实验的结果，把这些差异的情况所产生的影响平均分配给各个实验因子，对于实验因子都无所偏向。因而不必严格要求各组教学条件均等，也省却了选择等组的麻烦。②在循环实验法中，由于各个实验因子的实验次数增多,因而可以提高实验结果的正确性和可靠性，但增加了实验的复杂性。

5.3.3 教育实验的程序

教育实验主要包括以下环节。

（1）提出实验课题

对中小学教师来讲，要尽量选择那些教育教学十分需要、工作量不太大、对实际工作能起直接推动作用的课题来进行实验。

（2）提出假说

假说是对将要研究、解决的问题提出的预想答案，是对客观事实的猜想。

（3）设计实验方案

实验方案是实验工作的总设计、总计划。它主要包括以下内容：①实验的目的、任务。即要说明实验要解决的问题及解决到什么程度。②实验的指导思想。③实验的原则。④实验对象的范围及分组情况。要说明选择什么性质的对象，选择的范围有多大，用什么方法选择，如何进行分组等。⑤采取的实验方法和主要措施。⑥实验成果的测查统计与评价方法。⑦实验的总结工作。⑧实验工作的组织领导。

（4）创造实验条件，准备实验用具

实验进行前，根据实验的目的，拟定测验题目，准备教具、仪器、记录表格、统一标准，拟定记录方法、符号等，设法控制实验因素，使重要因素不变或少变。

（5）实验的实施

在实验过程中，要控制无关变量。要作精确、详细的记录，在各阶段中要作准确的测验。为了排除偶然性，可进行重复实验。

（6）对实验结果进行测定和统计

研究者要编好测试题，测试时的指示语要统一，不要给学生任何暗示。统计时要实事求是，尊重实验的客观结果。

（7）验证假说

即通过实验研究揭示事物的因果关系。

（8）对实验结果进行分析

对实验的探索结果、实验中提出的问题、今后还要继续深入研究的问题等作出分析，并提出建议。

（9）撰写实验报告

这是对教育实验工作的总结。一个好的实验报告，既要有理论价值，又要有实用价值。实验报告主要包括以下内容：教育实验的课题、目的、意义；教育实验方法；教育实验的结果；讨论；结论。最后还可以列出参考资料。

5.3.4　运用教育实验法的要求

进行教育实验，要注意以下问题：

1）教育实验要在先进的教育思想、教育理论指导下进行，这是进行教育实验的关键。

2）认真搞好实验设计。实验的目的、任务要明确；实验的程序、方法要选择好；要准备好必要的器材等实验用具。

3）进行必要的预备实验。为了保证教育实验的效度和信度，在正式实验前可选择少量被试进行预备实验，为正式实验提供必要的资料。

4）做好实验的抽样、分组、调控、统计等工作，重视检查实验结果。

5.3.5　教育实验法运用案例

【例1】　　中学数学自学辅导教学实验

这项实验是由中国科学院心理研究所研究员卢仲衡组织的。早在1965年，实验小组就吸取美国程序教学的某些优点，运用有效的心理学原则，结合我国实际情况对程序教学进行了改造。1980年至1981年实验发展到7个省市23个实验班。到目前，全国已有28个省市、近6000多个班、30万人参加实验。

它的理论假说是：①知识与技能是基本能力构成的要素，一定的能力又是进一步掌握知识和技能的必要条件。重要的是要通过教学去促进学生能力的发展，培养学生善于独立地获取知识，善于把知识形成系统化、概括化的能力。②传统的教学组织形式具有不利于因材施教，不利于调动学生积极性的弊端，自学辅导教学能够在班级统一要求、统一措施、人格平等地实现“班定步调和自定步调”相结合的教学情境中使学生更好地完成学习任务。

这一实验的实验因子分为四大部分：①教材，包括课本、练习本和测验本，使用操作时要根据九条心理学原则；②教学过程，制订了七条教学原则，规定了“启、读、练、知”的课堂模式，自学辅导教学的三个阶段和对师生的规范化要求；③教师，坚持让学生自学，学生自学时尽量不打断其思维等；④根据学生的智力和非智力因素把学生概括为四种类型，即“敏捷而踏实”“敏捷不踏实”“不敏捷但踏实”“不敏捷不踏实”。

1. 实验教材的特点

这套教材的基础是程序教学，内容基本上与传统教材一致，但它是以自学为主、辅导为辅的精神来编写的，体现了学生学习的主体性和自觉掌握知识的进程。这套教材在程序教学的基础上作了如下改造：一是步子适当，由小到大，从展开到压缩；二是把学生自觉置于教师直接指导之下，并把教师讲解列入教学环节的组成部分；三是把个别教学和集体教学结合起来，把学生自我检查与教师检查结合起来。

该实验教材有3个本子。一是课本，寓心理学原则和教法于教材中；二是练习本，把习题印在本子上，留出空白让学生做题；三是答案本，它的作用是学生做完练习题后，根据这个本子核对答案，及时了解自己的学习结果。在实验教材编写上，卢仲衡提出了9条编写的心理学原则：

1）适当步子原则。步子适当，高而可攀，小步子逐步过渡到大步子。

2）当时知道结果原则。及时反馈，学习后及时练习，当时知道结果。

3）铺垫原则。分组安排练习，前一组为后一组做铺垫，前者启发后者，后者复习前者，从旧知识推出新知识。

4）从展开到压缩原则。学习新的内容尽量展开，随发展、熟练后逐步压缩。

5）直接揭露本质特质原则。表述概念、编写习题时把常见性错误与正确特征同时呈现，培养学生判断力。

6）尽量采用变式复习原则。变式复习，避免机械重复，使掌握、运用知识的质量逐步提高。

7）按步思维原则。尽量把解题时的思路分成可操作的步骤，从活到死，再从死到活。

8）运算根据简化原则。

9）可逆性联想原则。

2. 实验的教学特点

实验采用“启、读、练、知”综合方法，引导学生学习新教材。启就是学生在学习中产生问题或困难时，教师及时启发；读就是由学生自己动脑阅读课本；练就是让学生单独做练习；知就是学生当时就能知道自己做练习的结果，对答案，自己可以及时改正。它的特点是由教师启发引入问题，布置自学内容和要求，并指导自学方法，让学生自学解决问题获得知识。

实验的教学程序分为：引、读、议、讲、练五个步骤。

第一步，“引”——创设情境引入新课。教师因势利导地引入新课，这样既开拓学生的思维，又激发学生主动探索的求知欲望。

第二步，“读”——阅读例题，启发思考。阅读是提高学生分析问题能力的重要方法，也是发展学生思维的途径和加强理解记忆的手段。阅读例题前教师要出示思考题，提出阅读方向、重点及思考线索等。

第三步，“议”——讲评议论。学生通过议论，集思广益，互相启发，取长补短。在学生考试练习后，结合思考题组织学生进行讲评，引导学生进行质疑、议论，解决阅读和尝试练习中迷惑不解的问题，加深理解只知其然、不知其所以然的问题。“议”可以交头接耳、互相议论，也可以分组或全班有层次地进行讲评，质疑问题。

第五步，“讲”——讲解重点，画龙点睛。教师抓住知识内在联系，有针对性、有重点地讲解，掌握规律性的知识。

第六步，“练”——组织练习。练习要有一定数量，也要有一定的层次。以基本题为主，有利于巩固刚学的新知识；又要有类比、变化条件和综合练习题，防止思维定势的消极影响，培养学生思维的创造性和灵活性。

自学辅导教学法要求在每节课上给学生自学的时间约30分钟，教师的讲解只放在刚开始上课时的引入和下课前，对学生进行精练的启发式答疑、纠错和小结，课的中间不打断学生的思路，让他们专心致志地进行自学。

实验的教学原则是：班集体与个别化相结合，在教师指导、辅导下，以学生自学为主，利用现代化手段来加强直观性，采取变式复习加深理解与巩固，强动机、浓兴趣，自己检查与他人检查相结合。

实验的教学评估指标主要有4个：学生的学业成绩，自学能力成长，自学能力迁移，各科全面发展。

3. 实验的效果

实验较好地体现了以学生为主体，以教师为主导，以教材为主线的关系，发挥了教师的指导作用，调动了学生学习的积极性。实验班学生的成绩普遍高于对比班。实验促进了学生的注意、记忆、思维等认知水平和自学能力的提高。实验减轻了学生的学习负担，多数学生在课堂上能完成大部分作业。实验的结果证明，自学能显著地提高教学质量和学习效果，这一实验开拓了我国教学改革的新方向，也为我国心理学研究开创了一条新途径。

【例2】 农村初中课程结构改革实验方案

东北师范大学课题组

（一）问题的提出

实行九年制义务教育，农村是个大头，因为约占80%的学生在农村。在农村基础教育系统中，初中是个最为薄弱的环节，它与小学、高中相比，无论是师资队伍和办学条件等方面，都是最差的。同时，农村初中又是九年制义务教育的终端，它将把70%～80%不能升入上一级学校的学生输送到社会，成为建设社会主义现代化农村的劳动者。因此，认真研究初中教育的改革，是直接关系农村劳动力素质高低，关系农村经济和社会发展的重大问题。党的十一届三中全会以来，特别是《中共中央关于教育体制改革的决定》公布以来，分级办学，分级管理，责任交给地方，极大地调动了各级政府和群众办学的积极性，农村初中教育事业有了相当的发展，而且某些地区和学校对农村初中进行了改革，开展普通教育与职业技术教育相结合实验，探讨初二或初三分流、“3+1”等办学模式，提高了教育质量，促进了农村经济的发展。但是，由于人们对义务教育的指导思想和义务教育的性质任务缺乏正确的认识，较为普遍地把义务教育办成了单纯的升学教育，把义务教育局限于为升学打基础，导致“为升学而办学”的倾向。当前农村初中办学思想不端正，这是一个突出问题。其主要表现是：在培养目标上，只重视智育而忽视贯彻德、智、体、美、劳全面发展的教育方针；在办学方向上，只重视少数升学有望的“尖子生”，而忽视大多数学生的素质提高；在培养途径和方法上，存在着脱离生产、脱离社会生活、脱离学生实际的倾向。正由于农村初中存在办学思想不端正，使教育与当地的经济和社会发展很不适应，迫切要求农村初中教育进行改革。

教学工作是学校教育工作的中心环节，初中教育改革必须深入到教学领域。在农村初中的教学改革中，开展课程结构改革实验是关键性的课题。课程结构改革实质上是课程现代化和科学化的问题。它是教育现代化的主要标志。目前，初中课程设置存在许多弊端，其主要表现是：片面强调学生升学的需要，把传统的学科课程摆在绝对优势的地位；课程结构模式单一，不能适应不同层次学生的要求；只重视必修课而忽视选修课、各种活动和社会实践，不利于学生个性的充分发展和素质的提高，因而改革农村初中课程结构极为重要。同时，农村初中课程结构的改革，必然涉及到农村初中培养目标的研究、教材内容的更新、教学过程的优化、教师队伍的提高以及考试制度与方法的改革等一系列重大问题。因此，它在农村初中教育改革中属于核心的地位。

通过农村初中课程结构改革实验，从片面追求升学率的教育转到提高学生素质的轨道上来，从历史上形成的就教育论教育的传统观念转到为当地经济和社会发展服务的轨道上来，使教育与经济、社会发展相互促进，协调发展。这是进行改革实验的宗旨。

（二）实验的指导思想和原则

课程结构改革实验的指导思想是：

1. 在社会主义初级阶段理论的指导下，坚持“三个面向”，贯彻教育为社会主义建设服务，教育与生产劳动相结合，理论联系实际的方针。在相当长的一个时期内，农村初中毕业生约占70%～80%左右不能升入上一级学校，从这一实际出发，农村初中的主要任务是：为本地培养社会主义建设服务的人才和兼顾为上一级学校输送合格的新生。

2. 贯彻德、智、体、美、劳全面发展的教育方针，在认真提高文化基础课教学质量的基础上，切实加强劳动技术教育，适当引进、渗透职业技术教育，使学生受到比较全面的基础教育，为提高学生素质，培养“四有”的社会主义公民，培养适应本地社会主义建设需要的各级各类人才奠定基础。

3. 坚持正确的办学方向；切实加强德育工作；要以教学思想改革为先导，更新教学观念；要面向大多数，也要坚持因材施教；要认真学习教育科学理论，把改革热情和科学精神结合起来。

课程结构改革实验的主要原则是：

1. 整体性原则。提高学生素质、实现培养目标是一个有机的整体。这就要求在课程结构改革实验设计时，努力做到：德、智、体、美、劳有机结合，合理安排最佳的课程结构；改变现行初中课程设计的传统模式，合理安排各类课程及其时间比例；形成全员教育网，即学校内的任何人、事、物都应有积极的教育效果，发挥整体的教育力量。

2. 社会性原则。农村初中教育是一项社会系统工程，它一方面受到社会经济和生活的制约，另一方面又要为经济和社会发展服务。这就要求在课程结构改革实验时认真考虑：既要立足当前，充分反映农村经济、社会生活的现状、特点和要求，又要高瞻远瞩，体现我国改革与开放的不断深入，20世纪末和21世纪初经济和社会发展的需要；为了使课程结构改革实验方案制订得符合农村实际，要求社会参与，广泛征求社会、家长和学生的意见；在课程结构改革实验过程中，要求社会、家庭参与活动，变“封闭式”教育为“开放式”教育。

3. 主体性原则。当前初中教育的“三中心”教育模式尚未根本突破，这不利于培养学生主体意识和创造精神。这就要求在课程结构改革实验时应当注意：加强课外活动和社会实践在课程结构中的比例，从时间上、空间上以及内容上作必要的保证；各科教学内容要密切联系社会实际，做到基础性、思想性和实用性的统一，使学生学有兴趣，充分调动学生学习的主动性；要转变学生观，教师不要统包一切，充分相信学生，发挥他们在学习中的主动性和创造性。

4. 灵活性原则。课程设置是个动态实体，它要受到地区经济和社会发展现状、学校的师资队伍和办学条件、学生的原有文化基础等多种因素的制约。所以课程设置具有灵活性。这就要求在课程结构改革实验时注意：从农村初中教育的实际情况出发，对国家统一的课程设置作必要的调整与修订，使课程设置具有地方的个性；在课程结构改革实验过程中，一旦发现有不妥之处，可以作出适当的调整和修订。这是课程结构改革的可调整性。

（三）实验对象和培养目标

作为实验对象的实验学校，在实验过程中，它所反映的现象是否具有普遍意义，直接涉及这项改革实验的价值。因此，在选择实验学校时，既要考虑实验学校的代表性，又要考虑是否具有联合攻关的精神。据此，经东北师范大学和东丰县、抚松县有关领导多次协商，确定东丰县大阳镇中学和抚松县三中为本课题的实验学校。1990年秋季入学的新生，全部作为实验班的学生。根据《中华人民共和国义务教育法》第三条“义务教育必须贯彻国家的教育方针，努力提高教育质量，使儿童、少年在品德、智力、体质等方面全面发展，为提高全民族的素质，培养有理想、有道德、有文化、有纪律的社会主义建设人才奠定基础”的规定，参照国家教育委员会关于《义务教育全日制小学、初级中学教学计划（试行草案）》有关初中培养目标的具体规定，结合我们对50年代以来初中培养目标的回顾和确定培养目标理论根据的研究，提出农村初中的培养目标如下：

1. 要使学生热爱社会主义祖国，热爱中国共产党，热爱社会主义事业，热爱家乡，初步树立建设社会主义现代化农村的理想抱负和创业献身的责任感，培养学生具有高尚的思想道德和讲文明礼貌的良好习惯，使学生具有开放意识，勇于进取，讲求效率观念，具有一定的辨别是非和抵制不良影响的能力。

2. 要使学生掌握必需的文化科学基础知识和基本能力，初步掌握正确的学习方法，发展独立思考和动手操作的能力，培养实事求是的科学态度和不断探求新知的精神。

3. 要使学生具有健康的体魄，初步掌握健身知识和基本运动技能，养成良好的体育锻炼和卫生习惯，达到少年体育锻炼标准。

4. 要使学生具有一定的审美观点和一定的发现美、鉴赏美和创造美的能力，初步掌握音乐、美术的基础知识和唱歌、绘画的基本技能，养成高尚的情操和奋发向上的精神。

5. 要使学生具有劳动观点、劳动习惯和生活自理能力，掌握从事农村生产劳动的基础知识和基本技能，初步掌握一定的职业技术的基础知识和技能。

6. 要使学生的个性品质得到较好发展，每个学生都有自己的兴趣和爱好，具有较强的求知欲望，克服困难的意志和毅力，良好的道德感与理智感。

（四）实验的学制及课程设置

根据我国现行的小学和初中学制多数是“六、三”制和“五、四”制并存的实际情况（还有少数是九年一贯制和“五、三”过渡制），我们的农村初中课程结构改革实验，根据实验的需要和实验学校原来的实行学制情况，选定“六、三”制和“五、四”制两种不同学制的农村初中进行教改实验，以求探索不同学制的合理课程结构，进而探求农村初中课程结构模式，促进教学体制的全面改革。

学校课程是按照党的教育方针、培养目标、学生的身心特点及科学发展的新水平，规定学生必须掌握的知识、技能、思想观点、行为、习惯的总和。它是学校一切教育教学活动的依据。农村初中课程结构改革实验，就是要合理地安排各类课程的结构及其比例、先后教学顺序，建立起适合农村初中教育需要的，有利于全面提高学生素质，有利于发展学生个性和特长，面向21世纪的农村初中课程结构体系。

无论是“六、三”制或“五、四”制的农村课程结构改革，都要突出以下几点：

1. 合理安排各类课程的结构，做到切实加强德育工作，德、智、体、美、劳五育并举，恰当处理必修课（包括文化基础课与劳动技术课）与选修课、文化基础课与活动课（包括统一的课外活动、自选活动和社会实践）、有形课程（有计划有组织地开设课程）与无形课程（学校的规章制度、校风校纪、师生交互作用等对学生潜移默化的影响）特别是环境课程等的关系。

2. 要调整薄弱学科的时间比例，增加劳动技术课的课时，使各类课程结构趋于合理。

3. 在保证文化基础课的教学质量前提下，适当引进、渗透职业技术教育，把普通教育与职业技术教育紧密地结合起来。“六、三”制和“五、四”制的初中，分别从三年级或四年级起把外语课改为选修课，不选外语课的学生可选职业技术教育课。“六、三”制的初中，根据需要与可能，可实行“3+1”（加一段时间的职业技术教育）。

东丰县大阳镇中学，实行的是“六、三”制，初中为三年，其课程设置提出如下方案：保留全日制“六、三”制现行初中教学计划所开设的必修科目，时间上作些调整；三年级外语课改为选修课，可选学外语，也可选学职业技术课；增加劳动技术课、课外活动和社会实践时间。整个初中阶段开设的课程可分为如下四类：一是必修课。思想政治、语文、数学、外语（三年级选修）、历史、地理、物理、化学、生物、体育、音乐、美术和劳动技术课都是必修课。这些课程的教学要求和具体内容安排由东北师范大学各科教学法有关教师与实验校有关教师共同商定后另行详细说明。二是选修课。三是增设活动课程与环境课程。四是把社会实践纳入课程。

抚松县三中实行的是“五、四”制。初中为四年，其课程设置提出如下方案：保留全日制“五、四”制现行教学计划所开设的必修科目，时间上作些调整；增加选修科目，适应不同学生去向的需要。整个课程安排，如同初中三年制一样，也可归为四类。

对以上课程的安排，作如下几点说明：

1. 随着课程结构合理的安排，势必涉及到各科教学大纲的修订与教材的调整。在修订教学大纲与调整教材时，都要留出一定的机动时间编写补充教材或乡土教材，以保证教学内容的统一性与灵活性相结合，增加教学内容的地方性和实用性。

2. 各科教学都要加强热爱家乡和立志建设家乡的教育。能源、环保、国防、生态以及国情等教育，可渗透在相关学科的课外活动中进行。

3. 劳动技术课，可以和勤工俭学、职业技术教育结合起来。根据当地的实际情况，确定职业技术教育的内容。劳动技术课的教材，可采取统编、选用、自编相结合的原则。

4. 自选活动和社会实践已列入课程设置之中，学校领导和教师应当努力创造条件，有计划、有组织地开展科技、学科、文娱体育活动和社会实践活动，使学生通过活动发展爱好和特长，增长聪明才智，培养从事农村社会工作和文化活动的能力。课外科技活动应当结合当地的“燎原计划”“星火计划”“丰收计划”来进行。

5. 在时事政策中，要宣传党的农村政策，进行农村形势教育和当地经济发展规划教育，提高学生建设社会主义现代化新农村的自觉性。

（五）实验的具体措施

根据本项实验的宗旨和培养目标，采取以下具体措施：

1. 把德育工作放在实验各项工作的重要地位。认真贯彻《中学德育大纲》的基本精神，探讨提高德育工作的整体效益。要把革命理想教育、爱国主义教育、集体主义教育、艰苦奋斗教育和爱农、务农教育有机地结合起来，要切实开展思想政治课的改革实验，提高教育效果。各学科都要结合本学科的特点，充分发挥教书育人的作用。要采取有效措施，优化社会育人环境，把学校教育、家庭教育和社会教育有机地结合起来。为了有目的、有计划地进行德育工作，要制订出加强实验校学生思想政治教育工作的规划。

2. 切实加强文化基础课的教学，努力提高教学质量。现行初中各科教学大纲不同程度地存在着多、难、深、知识结构不尽合理等问题，因而要对现行教学大纲进行修订。根据教材三结合的教材体系，实验方案中设置的课程，必须开齐开足，不能把某些学科视为“小科”或“副科”。要优化教学过程，认真开展教学方法改革实验。要加强对学生学习方法的指导，充分调动学生的学习积极性。

3. 加强劳动技术课与职业技术教育课的教学。劳动技术课的教材，可以采取统编、选用、自编的原则认真加以处理。职业技术课的教材可以采取选用或自编的方式加以解决。采取专职和兼职的办法，解决这方面的师资问题。在文化课的教学中，要渗透职业技术教育，加强理论联系实际这一主要环节。

4. 加强培训实验校的教师队伍。要开展好这项改革实验工作，其关键在于加强培训实验校的教师队伍。培训实验校的教师工作，主要是三个方面：一是提高教师的政治素质，二是提高教师的教育理论水平，三是提高教师的业务素质。提高教师的政治素质主要由县教育局和实验校领导负责，提高教师的教育理论水平和业务素质主要由东北师范大学负责。可利用寒署假安排集中培训，也可利用东北师范大学教育实习时间相机安排培训。

5. 改革教育质量的评估标准和考核办法。课程结构改革实验和考核评价的改革是互相依存、互相制约的。为此必须认真研究考核评价的标准和考核评价的具体办法。要在实验研究的过程中，根据本项实验的宗旨和培养目标，结合初中学生的年龄特点，逐步建立全面衡量学生质量的评价标准。在考核评价方法上，要注意教育者评价和学生自我评价相结合、形成性评价与终结性评价相结合、定性评价与定量评价相结合。

（六）实验的方法与步骤

本项实验采取自然实验法，实验的对象是1990年秋季入学的全部新生，不加选择，不需要随机抽样。实验是在正常教育、教学情况下进行的。在整个实验过程中，实验学校依据实验的总体设计，实验一系列综合性的改革措施。除受控的因子外，不另加任何控制，尽量发挥实验因子的作用，也要注意使其他因子的影响尽量减少到最低限度。实验结果与本校近年来初中毕业生作纵向比较，以便显示对比的科学性与合理性。

本项实验的主要步骤如下：

1. 准备阶段（1989年7月～1990年8月）

在实验准备阶段，着重做好以下主要工作：

①双方协商确定实验学校，确定东丰县大阳镇中学和抚松县三中为

实验学校。

②组织实验队伍和学习提高认识。东北师范大学各科教学法有关教师、实验校的所有教师都是本项实验的成员。通过学习有关文化、课程理论和教育实验研究方法等，增强实验人员参与实验工作的自觉性与主动性。

③制订《农村初中课程结构改革实验方案》。由课题组提出实验方案讨论稿。经有关实验人员和实验校教师讨论提出意见，然后进行修改，再请有关专家论证，最后把实验方案确定下来。

④研究农村初中培养目标。由本实验子课题组研究提出农村初中培养目标（初稿），以便充实实验方案。在以后实验实施过程中，结合实验深入地开展实验研究。

⑤制订加强实验学校学生思想政治教育工作规划。由专人负责这项规划的草拟工作，经实验校有关人员讨论提出意见，然后进行修改成正式规划。

⑥修订劳动技术课教学大纲，提出教材处理意见。由本实验子课题组负责起草工作，经实验校有关教师提出意见修改后确定下来。

⑦提出第一学年所开课程的教材处理细目。这一工作由东北师范大学各科教学法有关教师事先提出处理意见，经实验校教师讨论提出意见，然后再确定下来。

⑧培训实验校第一学年所开课程的教师工作。利用暑假进行培训，由东北师范大学负责，培训计划另订。

⑨做好改革实验的物质准备。东丰县和抚松县教育局在需要和可能的条件下，量力做好改革实验的物质准备，以利实验工作顺利进行。

⑩向社会和家长做好宣传教育工作。东丰县和抚松县教育局以及实验学校，运用各种方式方法，向社会和家长做好宣传教育工作，创造有利于改革实验的社会环境。

2. 实施阶段（1990 年 3 月～1993 年 8 月或 1994 年 8 月）

在实验的实施阶段，实验校按照实验的方案组织教育活动。在实施过程中，要认真积累有关资料。每个学年，都要进行实验小结，以利总结经验教训，改进实验工作。

3. 总结验收阶段（1993 年 7 月或 1994 年 7 月）

实验一轮后，要认真进行全面总结，撰写实验报告。在此基础上，邀请有关教育行政领导、有关专家进行评估验收。

（七）实验的组织领导

为了加强改革实验的组织领导，成立以下实验组织机构：

1. 建立实验领导小组。由东北师范大学有关领导和东丰县、抚松县有关领导共同组成领导小组，负责改革实验的大政方针。

2. 建立实验课题组。由东北师范大学有关教师和东丰县、抚松县教育局、教师进修学校和有关研究人员共同组成，负责业务指导。

3. 建立实验工作实施小组。由实验校领导、教师代表和家长代表组成，主要任务是实施各项实验工作。

5.4 抽样法

抽样是科学研究的一般方法，它在教育科学研究中应用较广。无论是调查，还是实验都要应用此方法。运用抽样法，有助于提高教学研究工作的科学性和研究结论的正确性。

5.4.1 什么是抽样

科学研究的意义，在于通过特殊的对象，研究共同性的问题，探讨普遍性的规律。选择研究对象是教育科学研究的一个重要环节，在选择对象中，需要采取一定的方法，从所要研究的事物的全体对象中抽取若干具有代表性的对象作为确定的研究对象。这种从全体对象中抽取部分对象的方法就称为“抽样”，由研究课题所规定的要研究的全体对象称为“总体”，总体中被抽取研究的部分对象称为“样本”，从总体中抽取样本的过程称为“取样”。

抽样的目的在于科学地挑选总体中的部分作为研究对象，以便通过这种局部的研究取得能说明总体的足够可靠的资料，准确地推断总体的情况，获得代表总体的规律性。抽样的理论根据是同类事物具有共同的属性，即一般存在于特殊之中。为数众多的总体中，它的若干样本的综合特征，同总体的综合特征也是相同或者近似的。

5.4.2 抽样的方法

抽样的方法一般有下列几种：

（1）有意抽样

根据研究者的要求，研究者有意识地挑选特殊的个人或单位作为研究对象。例如，研究先进班集体形成的规律，就要从先进班级中选取最佳典型；研究后进学生转变为三好学生的过程，就要从转变明显的学生中选出最能说明问题的典型。有意抽样，可以用于特殊目的的研究，但往往不能以之代表一般的情况，否则就会导致以偏概全。

（2）随机抽样

是指按照随机化原则，使总体中每个个体有同等的被抽取的机会的抽样方法。具体做法有两种：

1）抽签法。将总体中每个个体编成号码，把号码次序打乱，按实验需要的人数随机抽取，取满为止。例如，从 240 名学生中取 80 名作为被试者，就把 240 名学生编成号，打乱次序后，任取 80 名，不附加任何条件。

2）随机数表法。随机数表是根据数理统计的原理将许多数字排列成表，表上的全部数字的排列是没有规律的。用随机数表法进行抽样的步骤是：第一步，将总体中的每一个体进行编号。例如，我们要在 98 个总体中抽取 20 个进行研究时，第一步将 98 个个体全部编号，从 1 号到 98 号。第二步，确定随机数目表上取数的起点。用抽签的办法分别确定从哪一行中的哪一块里的第几行、第几个数字开始。例如，某次抽签的结果分别是 1，2，3，5，就是说起点为第一行第二块里的第三行第五个字“8”为起点。第三步，按随机数字表的数号取样。总体的数目是几位数，从起点开始就几个数字为一个号。凡属虚号即没有对象的就跳过，实号就抽选对象。已经中选的号再次出现，不选而跳过，直至达到取样总数为止。有时还抽选几个为后补。上例总体有 98 个个体，是两位数，则两个数字为一个号，以起点数字查出的数号依次为：87，76，22，15，77，93，73，61，59，98，55，07，60，56，28，57，47，94，02，85。有以上编号的 20 个个体组成了样本。

随机抽样的特点是简单易行，而且符合以后统计检验的要求。缺点表现在：当样组规模很小时，随机抽样获得的样本代表性很差。因此，当已知研究对象的某种特征将直接影响研究结果时，不宜采用随机抽样。因为在分散的总体中，经随机抽样之后，样本仍然很分散。

（3）机械抽样

这种方法是先将总体中每个个体按照与实验目的无关的标志排列起来，将总体分为与样本数相同的等量组，再从每组中按规定的办法抽取一个个体。例如，从 2400 名学生中抽取 80 名作为被试者，可先按姓氏笔划把学生排列，分为 80 组，每组 30 人。再从每组中抽出第三名学生，共计抽取 80 人作为实验的样本。

机械抽样也是一种简单易行的方法，它可以避免一部分对象抽取很多，另一部分没有或很少抽到。机械抽样是变相的随机抽样；它的结果比随机抽样要准确，但它同样有随机抽样的缺点。

（4）类型抽样

类型抽样又称分层抽样，是先将总体各个个体按某一主要特征分组，然后在各组中用随机抽样或机械抽样方法，抽选出与该组比重成比例的样本。使用类型抽样要注意：①当已知研究对象的某一特征将直接影响结果时，为了消除这一影响，可采用类型抽样；②分组的标准必须就是这一特征；③必须把总体的所有个体无例外地加以正确分类。换言之，这要求预先对总体按典型特征进行全面调查。

类型抽样的步骤是：先分类，再按比例随机抽样。在某层抽样本的计算公式为：

$$n_1 = n \times \frac{N_1}{N}$$

式中：N 为总体；N_1 为第 1 层的个体总数；n 为抽取样本总数；n_1 为第一层所抽样本。

类型抽样的实质是统计分组方法和抽样方法的结合。一般说来，类型抽样的误差比随机抽样和机械抽样要小些。

（5）整群抽样

整群抽样是从总体中挑选出若干群作为研究的对象，而不是抽取个别的单位去组成样本总体作为研究对象。例如调查毕业生的社会适应性，由于毕业生分布的地方较广，无法一一调查，为了研究工作进行方便，可抽选毕业生比较集中的地区作为调查对象。

（6）重复抽样和不重复抽样

从总体中抽出的样本，仍旧放回去参加下一次的抽选，这种方法是重复抽样。

从总体抽出的样本不再参加下次抽选，因而从总体上看，每抽一次个体就少了一个，抽取的机会也在不断变动，这是不重复抽样。

5.4.3 抽样应注意的问题

抽样的关键在于保证抽样对总体有代表性，当然，要达到抽样同总体完全一致是不可能的，事实上总会存在或多或少的误差。但是应当使误差程度尽可能缩小，不致影响对于研究总体的判断。抽样时要注意以下问题：

1）抽样的随机性。在总体中每个个体被抽取的机会都是均等的，抽中或抽不中，完全出于偶然，不能有所选择。如某地某年龄的儿童若干人，如果按电话簿号码选，则中选儿童可能只是来自高阶层家庭的儿童，这样就不能代表此地此年龄的全体儿童。但若按户口簿名册来随机取样，结果就会更准确。

2）抽样的独立性。即个体的选择与其他个体的选择没有关系，彼此之间的选择是独立的。

3）抽取的样本要有一定的规模，规模越大，越能代表总体。

4）根据不同的要求，采用不同的抽样方法：①当样组规模比较大，而对影响研究结果的对象特征还不清楚时，可采用随机抽样或机械抽样；②当已知对象的某一特征或某些特征将明显影响研究结果时，应采用类型抽样；③当研究中不宜打散原有教学单位或个别取样有困难时，可用整群抽样。

5.5 经验总结法

5.5.1 什么是经验总结法

经验总结法，是指研究者对教育实践活动中所积累起来的教育经验进行理论提高和升华，使之变为具有更普遍的指导意义的教育理论的研究方法。这是目前世界各国仍然运用最多的一种教学研究方法。这种方法不是指那些记录不够全面、控制不够严格、结果不够准确的一般性经验总结，而是指先进教育经验的科学总结研究法。这里的经验一般是指来自教学实践的直接经验，有足够的准确的真实的记录，经过认真筛选、核实和验证，以及最终进行理论化了的教学经验。总结的过程是对先进的教学工作经验进行科学的分析、验证、提纯和理论概括的科学研究过程。经验总结是中小学教师进行教育科研常用的方法。它具有以下两个特点：

1）研究者总结的是自己的或其他教育工作者教育实践中的直接感受，所获得的资料比较真实，所得出的结论实践性强。如近几年我国的中小学学科教学研究人员总结了一批特级教师的教学经验，取得了较好的效果。

2）这种方法简便、实用，中小学教师人人都可参与、运用。近几年，我国的教学研究比较活跃，各学科的教学研究出现了一批有价值的经验和科研成果，其中多是运用了经验总结法。如魏书生的六步教学法、上海育才中学的读议练讲教学法、钱梦龙的三主四式语文导读法等。

5.5.2 经验总结的程序

经验总结一般包括以下环节。

（1）筛选

收集被总结对象成功与失败的经验，通过筛选，提炼出有价值的、有普遍意义的经验。收集经验的方法多种多样，如深入课堂听课，召开座谈会，分析教案和学生作业等。

（2）提出假设

根据筛选的经验，从理论上初步揭示教育措施、方法与教育效果之间的内在联系，提出某种假想的结论。

（3）验证

在实践中推广、运用假设，确认它的正确性如何。

（4）得出结论

通过反复实践和思考，进行理论抽象，将经验上升到理性认识层次，总结出带有规律性的东西。

（5）撰写总结报告

5.5.3 运用经验总结法的要求

1）勤于动手，搞好总结素材的日常积累。在实践中要随时记录有关过程和必要的数据。

2）总结时要善于抓住重点，突出主要问题。要本着改革的精神，抓住它的本质和发展，抓住不同于过去的新变化，作出实事求是的分析判断，找出其中真正有指导意义的东西。

3）处理好教育经验与教育理论的关系。总结经验时不要罗列现象，要抽象出共同的本质属性。坚持运用理论分析，由感性认识上升到理性认识，由经验上升到理论，使经验具有理论价值与认识价值。

5.5.4 经验总结法运用案例——上海青浦顾冷沅实验小组的数学教改实验

该实验组自1997年起，在上海青浦县教育局的领导与支持下，以大面积提高数学教学质量为目标，制定了数学教学改革实验计划，经过十几年的努力，摸索出了一条大面积提高数学教学质量的有效途径，实验取得了初步成功。1990年10月原国家教委基础教育司组织了由数学教育专家、教育科研人员和记者组成的“青浦县数学教学改革经验专家研究小组”，到青浦进行了实地考察。“专家研究小组”一致认为，青浦教改实验方向正确、基础扎实、效果显著，其经验内容丰富，具有较广泛的适用性，可以而且应该在全国推广。国家教委决定在全国推广青浦教改经验。

（一）青浦数学教学改革实验概况

自1977年始，在青浦县教育局的领导和支持下，数学教研员顾冷沅组织了数学教学改革实验小组，并把工作重点放在初中这个极为重要而当时又是最薄弱的环节上，以正确的教育思想作指导，以大面积提高教学质量为目标，以“十年生聚”的决心，制定了全程十年的数学教改实验计划。这个实验计划包括三年全面调查、一年经验筛选、三年实验论证和三年推广应用。

整个实验经过了“调查、筛选、实验、传播发展”4个阶段。

1977年10月～1980年3月，实验组重点进行了4项调查：基础教育的关键期调查；师生教学现状调查；“文革”前后班级特点的比较调查；行之有效的教学经验调查。调查主要采取了以下方法：一是考察有关事实，通过听汇报、抽阅学生作业、查教学计划、开座谈会、谈话等取得调查素材。二是深入课堂听课，根据教学目的要求、内容组织、概念教学、能力培养、师生配合、教学法特点和教学效果等7个因素对课堂教学进行综合评价。三是测验并研究学生成绩分布情况。四是专门的测量方法，如思维测定、理解力测定、自学能力测定等，通过比较分析获得资料。通过调查，制订了目标非常明确的教改实验工作方针：从改革教学方法入手，提高教师的业务水平和激发学生的学习兴趣，让所有学生都有效地学习。

1980年4月～1981年8月，实验组以青浦中学初中部作为筛选经验的试点基地，优化出了4条有效的教学措施。筛选的程序：一是分析和总结优秀的教学经验，了解学科教学以及与它有关的其他学科的研究成果，然后运用这些经验和成果，结合施教对象的现状和要求提出计划。二是按预定计划在授课中实施这些经验。三是组织有经验的教师，亲临教学现场，对执教情况进行系统的考察和评价。四是根据考察评价的结果，对原有经验或成果进行淘汰、发展以及优化处理。五是再计划、再实施、再评价、多次往复，直至筛选出有效的教学措施。

1981年9月～1984年8月，实验组在重点中学、一般完全中学和农村初中等5所不同类型的学校进行实验，以自然实验法为主，综合使用观察、调查、行动研究、心理实验等方法。三年实验积累了4万多个原始数据，数十万字的观察材料，从而取得了较科学的结论，初步探讨了教学现象的因果关系，使经验逐步上升为理性认识。

1984年9月以后，实验组进行分层次推广。凡是通过教学研究取得共识的经验，纳入教学常规，制定了《青浦县教育教学常规》，把实验成果转化为通俗易懂、可操作的具体规定。并抓好重点推广校，在全县起观摩示范作用。经验推广经历了3个阶段。一是基础准备。通过备课辅导、专题讲座、读书报告会、骨干培训班等形式，在数学学科内把研究教学方法与传播教学结合起来。二是扩大试点。培训教改积极分子队伍，抓好重点推广校，给周围学校起示范作用。三是全面推广。先是向各学科迁移，德智体并进，强调经验的内化和再创造；接着是把数学教改成果编成全县教师的职务培训课程，使经验传播逐步趋向课程化；然后是实行教学、科研、进修三位一体，建立教研室与实验学校的“教学—科研”联合体。

（二）青浦数学教学改革的经验

1. 提出了4条有效的教学措施

努力提高课堂教学质量与效率是减轻学生过重负担、大面积提高教学质量的关键。实验小组把总结经验与理论研究一体化，找到了4条行之有效的提高课堂教学质量与效率的措施。

（1）让学生在迫切要求之下学习；

（2）组织好课堂教学的层次（序列）；

（3）在采用讲授法的同时辅之以“尝试指导”的方法；

（4）及时提供教学效果的信息，随时调节教学（简称“效果回授”）。

2. 找出了大面积提高数学教育质量的一种教学结构。它包括6个环节：

（1）启发诱导，创设问题情境。教师根据教材的重点和难点，选择尝试点，编成问题，形成认知冲突，激发学生求知欲，让学生在注意力最集中、思维最积极的状态中学习。

（2）探究知识的尝试。教师要充分发挥学生的学习主动性，拟订适合学生水平的尝试层次，确定高而可攀的步子。学生则要通过读书、观察、实验、类比、联想、试探、议论，解决提出的问题。

（3）归纳结论，纳入知识系统。组织学生根据尝试所得，归纳有关知识和技能方面的一般结论，然后通过教师必要的讲解，揭示这些结论在整体中的相互关系和结构上的统一性，使之纳入整个教材所建立起来的知识系统中去。

（4）组织变式练习，提高练习效率。对于一般结论，教师运用概念变式、背景复杂化和配置实际应用环境等手段，编制好顺序排列的训练题，让学生进行变式练习，举一反三。

(5) 回授尝试效果，组织质疑和讲解。教师随时搜集与评定学生尝试学习的效果，如观察交谈、提问分析、课内巡视、课堂练习、考查等，有针对性地解决疑难问题，帮助学生克服思维障碍。

(6) 单元教学结果的回授调节。在一个单元或一章一册教学之后，要进行关于教学结果的回授调节。其中以"阶段过关"为重要，即给掌握阶段内容有困难的学生以第二次教学机会，针对存在问题帮助"过关"。

运用这种教学模式，要从学生实际情况和教材特点出发，有侧重地灵活采用。6个步骤中，尝试学习是中心环节；启发诱导、创设问题情境是为学生尝试创造条件；归纳结论、纳入知识系统则是把尝试学习所得的知识更加明确化和系统化；回授尝试效果、组织质疑和讲解以及单元教学结果的回授调节，则是为了进一步强化学生学得的知识和技能，提高尝试学习的效果。

3. 概括出了有效学习的4条基本原理

在实践探索中，通过吸收国内外有关学习理论的研究成果，批判继承我国传统的学习理论，将有序的经验系统上升为4条基本原理，即情意原理、序进原理、活动原理、反馈原理。这些原理揭示了教学中认知过程与情意过程的关系，系统知识的教学与培养能力、发展智力的关系，教师的主导作用与学生主体地位的关系，新知与旧知的关系，接受性学习与活动式学习的关系，反馈与控制的关系等。

(1) 情意原理。教师教学要激发学生的学习动机，引起学生对学习内容的兴趣，既调动学生的气质、能力、性格等个性心理特征的积极因素，又引导学生形成良好的个性意识倾向性，把认知过程与情意过程统一起来，就能收到极佳的效果。

(2) 序进原理。教师应努力让学生掌握知识的系统结构，而不是零星的知识。突出重点，把握结构，懂得基本原理，可以避免知识庞杂而不得要领，使学科知识容易被领会。教师要讲究课堂教学的层次、结构和张弛节奏，尽量使新知识与学生认知结构中已有的适当知识、经验建立合理的、实质的联系；尽量使课与课之间建立精当的序列关系。

(3) 活动原理。教师应当指导学生通过尝试、探究和交往等自主学习活动，调动学生学习的积极性、主动性和创造性，引导学生独立思考，促进知识与能力、认知与情感、有意与无意的结合。

(4) 反馈原理。教师应当随时搜集与评定每位学生学习的效果，通过了解教学结果，及时地、有针对性地调节教学，激励所有学生的自信心。同时要制定合理的教学目标分类细目，把每日每课的教学细节性反馈与阶段教学结果的反馈调节结合起来。这些措施可以大大改善教学系统的控制性能。

4. 设计了数学教育目标分类的三维模式

通过实验研究学生数学思维过程特点，得到了以下结论：

(1) 数学认知领域的目标都由更基本的内隐因素决定，第一、二、三层级的主成分分别以记忆、理解、判断为主要标志。

(2) 按思维程度的深浅顺序，可把教与学的水平划分为记忆水平、说明性理解水平和探究性理解水平。按教与学的水平，设计了教学目标分类的三维模式：教与学的水平×学习行为（获得知识、应用知识和评价）×学习内容。它与教学过程和方法紧密联系，目的是促进学生知识、能力、态度等方面顺利发展。

(三) 青浦数学教学改革的效果

1. 大面积提高了教学质量

1986 年，青浦县初中毕业班升学考试数学成绩平均达 79.2 分，合格率 85%，优秀率 42%，大大超过了全市的平均值。1986 年后，青浦县数学成绩一直稳步上升，在全市 22 个区县中名列前茅。学生的个性、能力得到了较快发展，1986～1990 年，青浦县学生在各种竞赛中获全国性奖励 22 人次，获市级奖励 325 人次。

2. 带动了其他学科的改革

数学教改经验向其他学科迁移发展，语文确定了《提高中学语文教学整体效益的教学结构探讨》课题；物理重点研究《实验教学目标分类》课题。各科确定的课题共 61 项。

3. 培养了一支有高度事业心和责任感、勇于改革、不断探索的科研队伍

教改实验人员由最初的 4～5 人发展到 50 人，现已形成一支 300 多人的科研队伍。顾泠沅荣获“五一”劳动奖章和全国先进工作者称号，实

验小组有 3 人成为全国和上海市劳模。

该实验创造了一大批科研成果，在全国各类杂志发表论文 40 余篇。1990 年获国家教委颁发的建国 40 年来全国教育科学优秀成果一等奖。

5.6 个案分析法

5.6.1 什么是个案分析法

个案分析法就是通常所说的“典型分析法”或“解剖麻雀法”，是指对单一的人或事进行个别深入研究的方法。它通常是以一个典型的人物或事例作为具体的研究对象，了解此人此事发展变化的某些线索和特点。可以通过若干个个案研究，进行比较，找出规律性的东西，以指导工作。

个案分析法往往需要借助其他方法。如个案分析必须进行详细调查，占有大量材料。要通过谈话、观察等方法，了解情况，搜集材料。对儿童的个案研究还要经常使用各种测验量表。

个案分析具有以下特点：一是研究对象容易确定，简便、易行；二是个案分析容易得到个案对象和有关人员的支持；三是研究的时空范围较大，研究的持续过程较长。

5.6.2 个案分析的程序

个案分析研究主要包括以下环节：

1）进行了解、确定个案研究对象。

2）进行个案现状的观察、调查，收集资料并进行分析。

3）理出个案发展变化的脉络，进行初步的判断及因果分析。

4）根据判断结果，提出个案发展的意见。

5）总结、撰写个案分析报告。

5.6.3 运用个案分析法的要求

1）选择典型要恰当，要选有代表性的典型。同时要考虑研究的目的和研究者的条件。

2）要在详细占有大量材料的基础上，实事求是地进行分析，切忌先入为主，或先定几条结论，再从材料中找几个例子，以证明现成的结论，这种研究方法与作风，既不利于研究的科学性，也容易引入歧途。

3）要善于从大量材料中，排除纯属个别性、偶然性的东西，抓住必然性、本质性的材料。进行诊断和因果分析时，要注意运用教育科学理论，重视分析、研究的科学性。

4）个案的研究，不能局限于个人因素的分析，还必须联系家庭、学校、国家甚至世界的有关因素，在错综复杂的因素交叉下，加以综合分析，才能归纳出正确的结论。

5）个案法在于通过特殊事物、现象探索共性、一般性的必然规律，不能停留在具体材料、具体经验上，要从中探索规律性的东西，才具有科学研究的意义。

6）个案发展的教育意见，要注意其可行性和可操作性。

由于个案分析法只是对典型人物或情况进行研究，它的结论往往带有一定局限性。一般应与其他研究法配合用，或作为其他方法的辅助方法。研究的结论，应与其他方法的结论进行比较，避免以偏概全，以个别代替一般。

5.7 教育统计法

5.7.1 什么是教育统计法

教育统计是数理统计方法在教育方面的应用，是运用数理统计手段来研究教育事实材料的一种方法。它把观察、测验、调查和实验等所取得的大量数据资料加以统计分类，进行数量分析，以求得对所研究问题的数量分析结果。

教育统计法也是中小学教育科研中常用的一种方法，它主要是对事物进行量的分析，揭示事物之间以及事物内部的数量关系。这种方法以事物总体的数量特征为研究目标，具有精确化、定量化等特点。

5.7.2 几种常用的教育统计

（1）绝对数与相对数

在统计材料中，绝对数表现一定现象的具体的量，要有一定的计量单位，在不同场合下，有时必须采用特殊的计量单位，如全校某学期开课有多少门/班数，学生阅读速度为多少页/小时。这里的计量单位是

"门/班""页/小时"。在教育科学研究中许多具体情况是通过绝对数表现出来的，情况的变化和发展也可以通过绝对数的比较去掌握。

相对数用于说明某种事物在总体中的比重，或总体中每个事物的量的比例关系，以及事物发展的比率等。相对数能使人们进一步了解事物或现象之间的关系。如仅仅知道某校的学生不及格人数，还不能肯定该校学生的学习质量优劣，但如果采用相对数，把成绩的各个等级的学生数占全校学生数的百分比统计出来，就可分析出该校学生的学习质量。在教育科学研究中，相对数有时需要与绝对数结合起来应用，才能正确地表示它的意义。

（2）集中量数

集中量数包括算术平均数、众数、中数、几何平均数等，在统计分析中具有重要的意义。

1）算术平均数。主要用来表示数据的集中趋势；即一组数据的代表值。计算方法是将变量数列中的各个变量相加，再用变量个数去除（$M=\frac{\sum X}{N}$）。算术平均数比较稳定、可靠，能代表总体的典型水平。教育科学研究在进行分析比较时，经常采用算术平均数。

2）众数。是在变量数列中，具有最多次数的变量。例如说明学校中学生来自哪一个阶层的人数最多，就可用众数。学生考试成绩哪一个分数段或成绩等级人数最多，也可用众数。

3）中数。在变量的数列中，中数是位于当中的变量。变量数列中变量的个数如果是奇数，中心的一个变量即为中数；变量数列中变量的个数如果是偶数，中心的两个变量的平均数为中数。中数不同于平均数，加入中数计算的是变量的个数，不是每一个变量的数值，中数两端变量数值的变动不影响求中数的结果，因而可以避免因个别变量数值过高或过低，影响统计结果的可靠性。如某班学生成绩，绝大多数在 65 分左右，但也有几个学生的成绩是零分或 10 分左右，如果用算术平均数，可能受几个学生成绩影响，得出全班学生平均成绩不及格的不公正结论，用中数表示，则可避免这一缺点。同时，在两级端变量界限不明确的分配中，无法求平均数，但仍可以求中数。

4）几何平均数。主要用于求增长率。在教育研究中有一些现象的改变是按几何级数增加的，如学生人数的增长等。要计算平均增长的速度，就要采用几何平均数。其计算方法是将 N 项增长率连乘，再以所得乘积求 n 次方根。

$$Mg=\sqrt[n]{X_1 \cdot X_2 \cdot X_3 \cdot \cdots \cdot X_n}$$

（3）差异量数

主要包括平均差、标准差、全距等。差异量数表示的是一组数值的差异情况，测量的是分配的离中趋势。集中量数的代表性如何，需要用差异量数表明，差异量数的大小与集中量数代表性的大小成反比。在教育科学研究的材料分析中，最常用的差异量数是标准差。

标准差主要说明数据大小的分散程度；其计算公式是：

$$\text{标准差 } S=\sqrt{\frac{\sum (X_1-X)^2}{n}}$$

$$\text{标准差}=\sqrt{\frac{\text{各观察值对平均数的离差的平方和}}{\text{观察值的个数}}}$$

标准差适合于代数运算方法，其准确程度比平均差高，它是根据全体量数求出的，数值稳定，是最可靠的差异量数的指标，在教育统计上应用甚广。例如，当我们对于教育实验的效果进行检验时，只用算术平均数，有时候还不能真正揭示实验组与对比组学生学习成绩的本质，必须进一步计算各组分数的标准差，以分析学生分数的内部分布情况。标准差作为反映一组学生分数内部差异情况的量，它的大小表明数据内部差异的大小，也表明平均数的代表性程度。标准差的数值与平均数的代表性成反比：标准差越大，平均数的代表性越小；标准差越小，平均数的代表性越大。这样，把标准差和平均数结合起来分析，我们就可以更深入地揭示一组数据特征的全貌，从而更全面地评价实验的真实效果。

（4）相关系数

是指从数量上来确定两种现象依存关系的密切程度。它在教育科学研究上应用很广泛，主要用于分析两种因素之间的因果关系。统计上的相关分析就是研究两组变量在数量上的相关变化。相关有三种情况：一是正相关，即两种变量的变化方向是一致的，例如学生数学成绩高，物理的成绩也高，或者学生学习数学成绩差，学习物理的成绩也差，这是正相关。二是负相关，即两种变量各朝相反方向变化，例如学生体育锻炼的时间增加了，病假的时间减少了。三是不相关，即两种变量的变化互不相关，例如学生的高矮与学习成绩是互不相干的。其计算公式为：

$$r=\frac{\sum x_1y_1-\frac{1}{n}\left(\sum x_1\right)\left(\sum y_1\right)}{\sqrt{\left[\sum x_1{}^2-\frac{1}{n}\left(\sum x_1\right)^2\right]\left[\sum y_1{}^2-\frac{1}{n}\left(\sum y_1\right)^2\right]}}$$

式中：x_1，y_1 为两个样组的各个观察值；n 为观察值的个数。

相关系数的值在-1和1之间，当 $r>0$ 时，显示正相关；$r<0$ 时，显示负相关；$r=0$ 时，显示零相关。两个变量相关的程度愈大，相关系数的绝对值就愈接近1。但相关程度的推断，还要通过统计检验。

（5）t 检验

也称两个样组平均数差异的检验。在教育科学研究中，我们常常要比较两种教学方法、两种教材等差别。即在两种不同的实验条件下让学生学习，然后看两组学生的平均成绩是否有差别来判断两种实验条件是否有不同，一般采用 t 检验的统计方法。t 检验的公式是：

$$t=\frac{X_1-X_2}{\sqrt{\frac{(n_1-1)\ S_1{}^2+\ (n_1-1)\ S_2{}^2}{n_1+n_2+2}}\cdot\sqrt{\frac{1}{n_1}+\frac{1}{n_2}}}$$

式中：n_1，n_2 分别为两个样组的人数；x_1，x_2 分别为两个样组的平均数；s_1，s_2 分别是两个样组的标准差。

算出 t 值后，还要进行统计处理，才能判断差异是否显著。

5.7.3　教育统计法的步骤及运用要求

运用教育统计法进行科研主要包括两大步骤：①统计分类。整理数据，列成系统，分类统计，制统计表或统计图。②数量分析。通过数据进行计算，找出集中趋势、离中趋势或相关系数等，从中找出改进工作的措施。掌握统计法，必须学会科学的推理方法和掌握统计计算的技术。

运用教育统计法要注意以下问题：一是要从观察、测验、调查、实验中获得详实可靠的数据资料；二是整理数据资料时，要认真细致；三是对参加统计的人员，进行必要的培训。

5.8 资料研究法

资料研究法是通过查阅已有的文献资料来全面、正确地把握所要研究问题的方法。如为了研究某一问题，需要查阅地方教育史料、学校档案资料、教学工作计划、备课笔记等。

资料研究法是一种很重要的研究方法，通过查阅文献可了解在同一领域内别人研究达到的程度，以及目前研究的动态，从而在前人研究的基础上确定自己的主攻方向。例如，聊城师院苏春景同志《关于我国教学法改革实验的统计分析》研究就采取这样一种办法。他从《人民教育》《教育研究》和《课程、教材、教法》杂志中根据五条选择标准对我国1977年以来的120项教学法改革实验进行了统计，从中选择了典型教学法18项。从教学法诞生的地理位置角度得出了我国教学法改革实验应当实行“双轨运行机制”，即城市重在教学法的改革、实验、创新，农村重在教学法的介绍、推广、普及的结论；从教学法改革实验集中在东部地区的事实，探讨了经济发展——教育发展——教学法改革实验之间的内在联系；从由教育理论工作者倡导的教学法实验大量案例中，总结出理论基础是教学法改革实验生命线的重要规律。

5.8.1 怎样查寻文献资料

教育文献资料浩如烟海，分布极为广泛，而且形式多样，从哪里去查寻有用的文献资料呢？

（1）从有关的书中去查寻

书籍包括名著、专著、论文集、教科书、资料性工具书、科普通俗读物等。书是知识的宝库，有些书本身就包含着各种各样的资料，而且能够提供研究的方法，诱导思考，加深对自己课题的理解。

（2）从教育杂志中去查寻

教育杂志出版周期短，内容新颖，大都能及时反映教育研究进展的新动向、新成就，特别是一些理论性、学术性较强的刊物，如《人民教育》《教育研究》《课程教材教法》等。

（3）从有关报纸上去查寻

报纸出版迅速，传递信息快，不仅刊登新闻消息，而且还常常刊登有关的专业性文章，特别是教育专业的报纸，常刊登一些教育理论、学术性较强的文章，这些都是教育科研很好的参考资料。

（4）从内部刊物上去查寻

教育界的一些学术团体，不少都有定期或不定期的内部刊物。这些刊物往往登一些教育教学论文，实验总结报告等，从中可以找到许多有用的材料。

（5）从教育档案中去查寻

教育档案包括教育年鉴、教育法令集、教育统计、教育调查报告、学术会议文件、资料汇编、名录、表谱以及地方志、墓志、碑刻等。

（6）从书报广告中去查寻

报纸杂志常刊登一些有关介绍教育书籍、期刊内容的广告，有时可以从这些广告中找到与研究课题有关的资料线索，再根据这些线索跟踪寻找与课题研究有关的资料。

（7）从专家访谈中去查寻

就是通过非正式渠道，研究者与有关的专家学者进行交谈，交流讨论学术问题，从专家询问渠道得到的情报信息具有极大的价值，从观点到方法的启迪有助于课题研究的深入。

（8）从非文字资料中去查寻

如从电影、电视、录音、录像以及校舍、遗迹、绘画、出土文物、歌谣等中去搜集。通过视听觉传递知识更直接、精炼、形象。

教育文献资料来源的渠道是非常广泛的，除要充分地利用图书馆和情报资料中心外，还要不断地丰富自己家中的藏书，要多订阅一些水平较高的报刊。

查寻文献资料时要注意：①在时间上要采用逆时法（倒查法）。因为新的文献资料总是要总结以前的文献资料，所以晚些时候的资料更新、更全面、更可靠；②应当注重查寻第一手资料。因为转过好几手的材料，不能保证资料的准确性。另外，在资料来源和时间顺序上对自己要加以限制，不能没完没了地查寻；③要掌握一定的检索方法。正确的检索资料方法应达到：一是有较高的查准（准确）率；二是有较高的查全（全面）率；三是有较专深的内容；四是有较快的检索速度。要在准、全、深的基础上做到快，这就要学会利用多种类型的检索性工具书。常用的有：书目、索引、文摘、传记、辞书、百科全书、年鉴及手册。

5.8.2　怎样阅读文献资料

文献资料查找出来以后，就要阅读。阅读时要做好笔记，对阅读笔记还要加以整理。

（1）阅读文献资料要有目的有顺序

如果研究方向大致确定，但课题未定，可以选定与自己研究内容、方向有关的书籍、论文、资料精心阅读，再参照附录的参考文献、书目，扩大知识面，同时还可以选读一些与研究内容有关的评述，了解权威的看法，掌握动向，最后确定课题。如果课题已确定，就可以直接围绕课题查找文献、资料，可以是通过有关“书目”“索引”，查找有关专著或论文，了解相关专著或论文，然后进行有针对性阅读，了解相关专题的发展轨迹或趋势，拓宽相关的理论知识。

在阅读文献资料时，要按一定的顺序进行：先阅读一般文献，后熟读专业文献；先从本国文献入手，后再熟悉外国文献；先阅读基本理论，后阅读应用性文献；先看书籍，后看论文；先读近期出版的著作，后读以前出版的著作；先熟悉原始论文，再研究对这些论文的评述。在具体阅读一本著作时，也得按顺序进行：按照书名和目录熟悉书的主题和结论，再阅读简介、序言、后记以了解作者的写作意图，写作方法和结论，然后对书中感兴趣的章节进行浏览，大致看出该书对自己研究有无价值或有多大价值。最后，再弄清书中的观点，学术水平以及自己所研究课题的适用程度。这样，就可以决定该不该去阅读此书或如何去阅读此书了。

除了要有顺序地阅读外，还得掌握浏览、泛读、精读和速读等阅读方法，以在短时间内最大限度地获得对自己课题研究有益的资料。

（2）做好笔记和卡片

在阅读文献资料过程中，要做好读书笔记和卡片。笔记的方法一般有如下几种：

1）写批语和记号。所谓批语，就是在精读著作上的空白处写上自己的见解或评语，或者解释，或者质疑；所谓记号，是读者对重点、难点、精彩处等画上各种记号，如各种线条符号。

2）做摘录。就是用笔记下原文的重要处、精彩处，以供自己今后写作时论证、引证之用。摘录时，不要断章取义，不要改动原文的字句和标点。此外，还要注明出处（包括书名或论文题目、作者姓名、出版单位、版本、出版时间、期刊年号和期号，报纸年月日等项目），以便日后查找、核对或引用。

3）做提要。就是把原文的内容、主题思想观点、独到之处、精彩之处及创造发明要点、数据等，用自己的话加以概括。当然也可以引用原文。

4）做札记。就是在笔记本上随时记下自己读书时的心得体会和各种联想，想到什么，就记什么，最后便可整理成文。

笔记本有一个缺点，就是不便于资料的归类整理，而使用卡片做笔记，则便于保存、携带、分类、归类、查找和使用。卡片纸要大小一样（规格是7.5cm×12.5cm），每张卡片一般只记一个事例，或一个问题，或一段精彩文章，或一篇论文的题目。每张卡片内容，要记下原始出处。

读书笔记与卡片要进行整理、归类，为课题研究提供材料基础。

5.8.3　运用资料研究法进行教学研究的主要步骤

1）搜集与研究问题有关的文献，如图书、资料、文件和原始记录等。然后从中选择重要的和确实可用的材料分别按照适当顺序阅读。

2）详细阅读有关文献，边读、边摘录、边立大纲。

3）根据大纲，将所摘录材料分条组织进去。

4）分析研究材料写成报告。使用这一方法须注意：查阅文献之前，要有与研究问题有关的知识准备，否则难于从材料的分析中作出正确的结论。

教师平时要养成积累资料的好习惯，学会做资料卡片，学会查阅资料，这对于运用文献法研究很有意义。

5.9 比较法

比较法是对某类教育现象在不同时期、不同社会制度、不同地点、不同情况下的不同表现，进行比较研究，找出其异同之点，从而发现一些新的情况或问题。这些新情况就可能反映出事物的某些本质来，或至少和新发现的问题一样，有助于对事物本质的进一步探讨。采用比较法，要考虑各个国家的社会经济制度、政治制度、历史传统、科学和技术以及文化发展水平、教育理论及其在教育实践中的反映，明确可比较的指标。这样才能正确掌握某一国家教育发展的基本趋势，明确可以借鉴和学习什么。

（1）明确比较的对象

即是要知道比较什么问题，如是比较教学内容，还是比较教学方法；是比较教学评价指标体系，还是比较课程设置。确定对象之后，就要对比较的内容进行客观、准确的描述。

（2）提出比较的标准

即是把比较对象的材料，按可能比较的形式排列起来。比较的概念要明确，比较的数据要精确。要把搜集到的有关资料进行整理，如对统计材料进行解释、分析、评价，设立比较的标准等。必要时须研究某些材料在历史发展中的变化，以便深刻理解所分析的教育对象的现状。

（3）作出比较的结论

就是对比较对象的材料进行比较和对照，找出异同和差距，提出合理运用的意见。

在比较的每一个环节，都要围绕一个明确的目的，即：探索教育的规律，找出符合客观实际的结论。

5.10 测验法

测验法是指通过试卷或各种量表测试学生，从而对学生的学习情况、思维特点以及心理特点进行深入的了解。例如，了解两个班级学生学习成绩的差异，就可通过测验。

测验法既可以个别进行，也可以集体进行，甚至可以大面积进行，以在较短的时间内获得大量的数据。运用测验法的关键，在于事先进行大量调查研究，编好测验题或标准量表。如为了研究儿童思维的特点，进行应用题测验，那就应该编好应用题的测试题。选择的题目，要能反映儿童的思维特点。再如，为了测定小学生的阅读能力，必须先编制一套科学的试题或量表，然后对学生进行测定，这样的测验才能取得预定的效果，达到研究的目的。

6　中小学教改和研究成果的评估

近十几年来，全国各地中小学进行了教学改革的实践和探索，中小学教学改革和实验出现了前所未有的好形势。教改实验遍及各地，教改实验内容涉及教学活动的各个方面。从教学内容到教学方法，从课程设置到考试制度，从教学组织形式到教学管理制度，都在进行实验和研究。为了加强对教改实验的宏观管理，引导教改实验沿着正确方向深入发展，加强优秀实验成果的推广工作，原国家教委基础教育司提出了“中小学教育改革实验成果评估标准和方法”这一课题，并委托华中师范大学负责。此课题已经完成（课题是由华中师范大学的雷实、翟天山、苏永华负责的），这里介绍一下课题的研究成果，同时借鉴有关专家在这一领域的成果，供中小学教师科研选题和研究参考。

6.1　教改和研究成果的分类

联合国科学顾问奥什教授提出把科学研究划分为自由理论研究（纯粹研究）、定向基础研究、应用研究和研制。根据联合国教科文组织关于研究与发展的定义和一些国家对科研活动的分类，基本主张按研究的性质和阶段，将成果分成基础性研究成果、应用性研究成果和开发性研究成果。

目前，我国使用的较普遍的分类方法，是把科技成果的类型从属于研究工作的性质，即根据《中华人民共和国国家科学技术委员会科学技术成果鉴定办法》，将成果分为三类：①阐明自然现象、特征、规律及其内在的联系，在学术上具有新见解，并对科学技术发展具有指导意义的科学理论成果；②解决生产建设中科学技术问题的，具有新颖性、先进性和实用价值的应用技术成果；③推动决策科学化和管理现代化，对促进科技、经济与社会的协调发展起重大作用的软科学研究成果。

这种分类方法的特点是让成果和科学研究工作的其他管理环节相衔

接，又便于进行科研统计。

目前，中小学教改和研究的类型主要是基础理论研究和应用性研究，从而把成果也相应地划分为理论研究成果和应用性研究成果两大类。

理论研究成果主要是对教育现象，特别是对中小学教育教学领域中的种种现象或教育教学及其管理等工作中的共同性问题所进行的理论探索。即将大量的感性认识上升为理性认识，从中发现它们的规律和特征。它往往通过调查，搜集文献资料，运用理论思维方法对客观事物进行抽象和概括，从而反映出事物的内部联系。作为基础理论研究成果的最主要特征之一是新颖性，特别通过研究当前教育发展与教育改革中的新情况、新问题，提供出新思想、新理论、新发现、新方法。此外，基础理论研究成果还要强调它的普遍指导意义和科学系统性。其成果形式一般采用专著、论文以及经过逻辑思维加工整理过的观察、实验、分析而得到的理论资料。

应用研究成果主要是对中小学教育教学中需要解决的实际问题进行改革和研究所取得的成果。这类成果往往与中小学的某种工作目标相吻合，并具有直接变革教育实践的作用。如果说基础研究成果主要解决"是什么"和"为什么"的问题，那么应用研究的成果则主要解决"怎么办"。由于应用研究成果更加密切联系实际，能解决当前教育发展与教育改革中迫切需要解决的问题，且具有周期短、见效快等特点，因此更容易被中小学教育工作者所接受。

6.2　教改实验成果评估的目的

6.2.1　鉴定教育改革实验成果，对其理论价值和应用价值，作出正确判断

教育改革实验是充分体现教育主体能动性的科学研究活动，它以充分体现变革精神的理论新成果作为实验的假设，通过有控制的研究活动检验假设，发展教育理论。实验的成果是否深入具体地说明教育科学思想，是否补充和发展了教育新理论，是否确立了新的教育科学概念，深入揭示了教育规律，是否在教育科学研究的方法论上取得了进展等。这些都体现了教改实验成果的理论价值，成果评估要对此作出判断。

教育改革实验又是富有创造精神的实证研究，能为广大学校及教师提供丰富的学习内容，发挥其创新示范作用。成果评估应要对其应用价值作出判断。

6.2.2 引导教改实验方向，诊断教改实验问题，不断提高中小学教育实验研究水平

教育改革实验是一种开拓性的研究活动，有一个不断探索的持续过程，其成果也是逐渐充实丰富的。我国中小学的教育改革实验具有较强的群众性，更需要通过评估加强宏观管理以求不断改进，在成果评估工作中，要帮助实验工作者去研究中国基础教育中具有根本性、迫切性的课题。既要总结成绩，也要深入了解存在的问题，帮助实验工作者改进工作。同时要为受到表彰的优秀实验项目和优秀实验工作者提供参考，引导改革实验朝着正确方向发展。

6.2.3 为教育决策提供参考

教育改革实验可以在小范围内以较短的时间探寻教育因果关系，揭示教育规律，可以在局部取得经验然后推广。对这种局部经验的真实性、可行性和更大范围的适应性作出判断是教改实验成果评估的重要目的，也是教改实验宏观管理的参考依据。教改实验成果评估还要为教育改革（如学制、课程、教学内容、教学方法的改革）提供参考。

6.3 评估的原则

6.3.1 科学性原则

评估必须建筑在科学基础上，从方法的确定到指标体系的建立都必须体现科学性，符合中小学教改和研究的实际，并具有可测性、可比性和可行性。具体又包含以下几方面的含义：第一，评价指标体系的确立，要清晰地区分出成果质量的高低，同时还能对成果价值进行纵向和横向的比较；第二，评价规定的指标，要有一定的量化方法和足够的信息可利用，客观公正并具有可操作性；第三，评价方法和指标体系的确立，力求具体明了，简便易行，能被评审人员掌握和运用。

6.3.2 方向性原则

评估应该充分反映教改和研究的目标，并进一步体现教育改革与发

展的方向。对成果价值的认定必须符合党的教育方针，必须有利于教育的深化改革，必须有利于中小学教育事业的繁荣与发展。评价方法和指标体系除了考虑成果的学术水平，还要考虑成果的实际效益，即运用科研成果来为行政决策服务，为提高教育质量服务，为解决教改中的实际问题服务。与此同时，还要强调从中体现出教改和研究工作对培养科研人才，发展科研事业的功效，使成果评价与教改和研究“出成果、出效益、出人才”的基本目标相一致。

6.3.3　激励性原则

评估工作不但具有甄别作用——确认成果的真伪、是非；考察作用——从投资经费、人力物力投放等方面综合考核研究工作的效益；评价作用——肯定成果在探索规律完善理论、推进教育实践中的价值程度，而且还具有导向作用和激励作用。特别对于中小学教改和研究这种有广大教师参与的研究活动，通过鉴定发挥正确导向和有效激励作用就能提高科研效益，调动中小学教师的积极性。通过鉴定和评价活动就可以向研究者提供重要的反馈信息，不仅可以告诉人们应当去研究什么，如何捕捉空白点，寻准学术成长点，疏散拥挤点，还可以告诉他们应当怎么去研究。在此同时，通过科学的鉴定评价活动还能保证有价值的研究成果得到肯定和发扬，使一些具有发展前途的“初级产品”得到指导、支持和提高，使投身到科研活动中去的广大教育工作者看到自己研究成果的价值，看到自身努力而获得的成效，产生自我实现的精神上的愉悦，从而发挥激励作用。

6.3.4　坚持标准，忠于事实

客观公正的评估是实现评估目标的根本保证。为保证评估的客观公正，要作好评估人员的选择工作。评估工作的主持人要选择作风正派、工作民主、具有较高学术水平、与被评项目无利害冲突者担任。评估人员应该全面、准确把握评估标准，排除各种干扰执行评估标准。在评估工作中既要认真研究被评项目所提供的事实材料，也要深入调查掌握第一手资料，这样才能做到以事实为依据，以标准为准绳，慎重分析，作出正确判断。

6.3.5 评估和指导相结合

评估既是为了证明，更是为了改进。评估人员首先要充分了解改革实验，理解被评项目的基本思路、被评对象客观条件和所作出的努力。注意发挥自我评估的积极作用，与被评实验的参与建立真诚的合作关系，和他们一起诊断实验问题，对实验的选题、方案设计、具体实施、资料的收集和结果分析等方面给予指导，不断提高实验水平。

6.3.6 从实际出发，讲究评估效率

教改实验成果评估是一项有着明确的预期目标的研究活动，需要一定人力财力作保证。评估工作要讲究效率，力求以较少的投入取得较大的成果。评估前要加强评估工作的计划性，评估方法应切合我国实际，既符合被评项目的实际，也应符合评估者的实际。评估工作既要全面，也要努力抓住重点。评估的方法要切实可行。

6.4 评估的程序

6.4.1 准备阶段

一般由成果评估的委托部门组织评估小组，评估小组由教育行政部门领导、有关专家、中小学教师或民间学术团体有关人员共同组成。评估小组成员的负责人应具有公认的客观立场和学术权威性。评估小组成员的知识结构力求优化。这样做有利于领导部门通过评估加强对教育改革实验的宏观控制，评估工作也易于得到各方协助和支持。评估的结果既具有政策适应性，又具有学术权威性。

评估小组成立之后即着手制订评估方案。评估方案应有如下内容：①评估目的和基本要求；②评估方式；③主要评估方法；④评估条件准备；⑤评估的日程安排。

6.4.2 实施评估

评估小组要认真听取被评者的陈述，努力了解被评项目的目标、内容和全过程，分析有关数据，核查事实。同时还要按照评估方案自行收集资料，广泛调查研究，要听取各种意见，特别要认真分析各种不同意见，力求全面、客观地作出判断。

6.4.3 撰写评估报告

评估小组在广泛调查、全面分析的基础上，应就所评项目成果的理论价值和应用价值作出判断，对教改实验的工作质量作出鉴定。提出关于实验效果的报告，并对其成果的推广内容、范围、方法和注意事项提出建议。也可以对所评实验的继续、终止或重组提出建议。

6.5 评估的方法

6.5.1 现场评估法

评估人员深入到被评项目所在地作实地考察，核查有关数据，观察实际效果，听取各种反映，或者进行抽样检测，直接获取资料。这种方法有利于了解教改实验的全过程，能获得更多的背景资料，对教改实验的成果有着真切的感性认识，有利于对实验自我评估的正确把握，并能集中精力在短期内获得评估结果。

6.5.2 通讯评估法

向评估人员提供评估材料（如实验方案、实验总结、各种评论、评估意见等），提出评估要求，由评估人员分别写出评估意见或等级评分，然后汇总分析。这种方法可节省评估人员时间及评估费用，也有利于评估人员的独立思考，防止权威意见阻碍多种看法的自由表达。

通讯评估也有其局限性。如有时意见不易统一，评估人员之间缺乏交流，少数人拥有的正确意见难以被理解等。

6.5.3 用户评估法

组织采用过被评实验成果的人员参与评估，听取他们的反映，以判断被评实验成果的应用价值、可推广程度和推广应用中的发展情况。“用户”移植某项改革实验，如坚持了改革的基本精神，也是对原改革实验成果的一种重复检验，对实验成果起着发展、修正、补充作用。对其作出评估既是一种评估方法，也是成果评估的一个内容。由用户作出的评估，多是以对使用改革成果前后的比较作出判断，注重改革成果的可操作性和适应性，能较真实地反映推广工作中的实际问题，对成果推广的风险预测有一定帮助。

6.5.4 实验验证评估法

这种方法是重新设计实验方案，检验原改革实验报告所作的结论。当不同实验对同一课题作出相反的价值判断，或实验目标过于笼统而无法检测，或被评实验的理论假设有着积极意义而原方案设计不周，严重影响实验效果，可由评估人员重新设计实验方案，或分解实验目标，或努力控制无关因子采用较严格的实验程序获取数据作出判断。

6.5.5 分因素赋值评估法

将成果的科学价值和研究工作效率的诸项指标，分别根据其每一项指标在总体综合评价中所占的比重，赋以权值，指标一般取为：①创新性指标；②学术水准指标；③指导意义指标；④研究难度指标；⑤研究计划完成度指标；⑥投入合理性指标。

前三项指标是对成果科学价值的判定，所占比重约占总量的60%～70%，后三项指标是对研究工作效率的评估，所占比重约占总量的30%～40%。评价课题时，评审人员根据每一项成果的具体情况，分别对各项指标系数取值，计算出总分，然后进行汇总，得出分数和等级。

由于成果类型不同，指标在各类成果中的重要程度也不同，每次对成果进行集中评价时，可根据成果的类型，给各项指标赋予相应的权值。

分因素赋值评价法的优点是明确评价指标和具体分值，并且可根据各指标的重要程度，赋予相应的权值，从而较好地体现了各指标在指标体系中的地位，是客观性较强的一种评价方法。这类评价的不足是评价结果往往拉不开距离，很可能使成果水平悬殊而得到相差无几的分值。同时在评价中也很难充分反映专家的独特意见和意图。

6.5.6 综合评估法

是在吸取各种评价方法优点的基础上形成了综合评价方法。即根据科研成果的固有特征选定科学性、实践性、先进性、难易性为4个一级指标，并下设11个二级指标，形成评价标准体系。

科学性包括3个二级指标：①提出问题的科学性（研究课题是否有理论依据，是否符合教育实际）；②计划、方法、资料的科学性；③数据处理、逻辑分析、研究结论的科学性。

实践性包括 4 个二级指标：①成果的针对性（指成果与当前教育发展、教育改革的密切相关程度）；②成果的适用性；③成果的可靠性；④成果预期的社会效益。

先进性包括 2 个二级指标：①成果的创新性；②成果的系统性和完整性。

难易性包括 2 个二级指标：①内容的深广度；②研究工作量的投入。

又将以上每一指标采用 A(好)、B(较好)、C(一般)、D(差)4 个等级进行评价，给出等级评语，然后，采用教育测量常用的标准 9 分制记分。在这一评价方法的确立中，设计者还采用了美国运筹学家萨特(Saaty)首先倡导的层次分析法，对上述评价指标的重要性向有关方面专家征询，然后由计算机进行数据处理，给每个评价指标赋予较为客观的权重系数。这一评价方法的优点是避免了感情因素的干扰，能客观公正地对构成科研成果的诸要素作出评价，较好地体现了评价结果的可测性和可比性，同时也力求指标体系的严密与完整，使指标间既有独立性又有相关性。但这一方法的缺点是计算量大，操作复杂。

6.6 评估指标体系

6.6.1 教育改革实验成果评估指标体系

表 6-1 中小学教育改革实验成果评估指标体系

一级指标	二级指标	评估要点	评定等级					备注
			A	B	C	D	E	
实验方案（权重 0.3）	改革实验理论假设（权重 0.4）	理论假设的创造性						等级评分采用五级评分制，A、B、C、D、E 分别对应于上等、中上等、中等、中下等、下等。统计计算时，A、B、C、D、E 分别赋值 5、4、3、2、1。每一二级指标各个评估要点得分的平均值作为这一二级指标的分
		理论假设的依据						
		理论假设的意义						
		理论假设的可操作性						
	改革实验措施（权重 0.4）	改革实验措施与理论假设的一致性						
		改革实验措施的创造性						
		改革实验措施的完整性						
		无关变量的分析和控制						

（续表）

一级指标	二级指标	评估要点	评定等级					备　注
			A	B	C	D	E	
实验方案（权重0.3）	实验工作计划（权重0.2）	实验工作程序						数。然后依据各项指标的权重求得上一级指标的分数，最后求出总体评价的分数值
		实验管理制度						
		实验检测标准						
		实验检测手段						
实验质量（权重0.3）	改革条件（权重0.3）	实验人员的奉献精神						
		实验人员的知识结构						
		实验经费和设备						
		实验外在环境						
	实验实施（权重0.35）	实验方案的执行						
		实验资料的收集						
		实验管理制度实施情况						
	实验总结（权重0.25）	实验总结材料的真实性和完整性						
		理论假设的验证程度						
		实验总结的有效性						
实验效果（权重0.4）	理论贡献（权重0.4）	对有关教育科学观点（思想）的补充、发展						
		新的教育科学观点或新的理论体系的确立						
		提出有研究前景的新理论问题						
		教育研究方法论上的创新						
	实践意义（权重0.3）	学生素质发展水平						
		实验教师水平的提高						
		可供学习的具体经验						
	推广价值（权重0.3）	社会认可程度						
		实验移植效果反馈						
		成果的可推广性						

6.6.2 关于评估指标体系实施的说明

评价教改实验成果，主要从实验方案、实验质量、实验效果 3 个方面进行。

(1) 实验方案

教改实验方案设计是实验成功的重要前提，实验方案是否周密直接影响实验成果。一个好的实验方案，本身就具有可供外界学习的丰富内容。评估实验方案主要从以下 3 方面进行。

1) 改革实验理论假设。教育改革实验的理论假设是在现有理论研究成果的基础上，对未曾揭示的教育因果关系所作的有一定根据的推测。

理论假设的创造性是相对于已有的教育理论研究成果而言。新的理论假设有的是别人提出来的，实验设计者企望通过实验予以证明，有的是实验设计者的创新变革。

理论假设的依据是指理论假设的内在逻辑性，或对已观察到的教育现象的解释程度。

理论假设的意义是指理论假设如果被实验所证实对教育理论发展和教育改革影响程度。

理论假设的可操作性指理论假设能否转变为具体的可操作的行为。

2) 改革实验措施。改革实验措施与理论假设的一致性。实验措施可视为假定性的原因变量,应与实验希望达到的结果有着明确的因果关系。方案评估时只能从理论上来判断其一致性程度。

改革实验措施的创造性是相对通常的工作措施而言。其新颖性和对实验情况的适应性是其等级评定依据。

无关变量是指除自变量外一切可能影响实验结果的主要因素，如优越的学习条件，超量的练习时间等。

3) 实验工作计划。实验工作计划是对实验方案的实施安排和工作管理。

实验工作程序应说明实验工作的步骤、时间和阶段性要求。程序应该明确，各阶段之间应该连贯。

实验管理制度指实验工作的组织和管理制度。制度应该健全，能确保实验的顺利进行。

实验检测标准。教育实验有一定的目标，为此必须有能衡量是否达到这些目标的检测标准。如学生发展质量标准，或教育效率标准等。

实验检测手段应以能否实现检测目标为评定依据。

（2）实验工作质量

对实验工作质量的评估包括对实验过程的回溯评估和实验自我评估质量的再评定。

1）实验条件。实验人员的奉献精神。奉献精神主要反映在改革实验的根本动机上和坚持不懈的务实精神上。

实验人员知识结构的优化，须从整体上加以评定。其组合应有利于方案设计和实施，能保证实验在相关学科领域中具有先进性，能有利于定性研究与定量研究的结合。

实验经费和设备应能保证实验顺利进行，同时要考虑投资效益。

实验外在环境一般指实验所在地的改革氛围，上级领导、社会、家长对改革实验的支持程度等。

2)实验实施。实验方案的执行是评估方案设计与实际实施的一致性、改革措施执行程度、无关变量的实际控制水平等。

实验资料的收集是指资料收集得是否完备、真实。

实验管理制度实施情况是指实验工作计划中的制度的实际执行状况。

3）实验总结。实验主持人的自我总结是实验成果评估的重要依据。

总结材料的真实性和完整性。总结材料一般包括实验数据和描述事实。其真实可靠是客观评估的根本保证，能说明实验过程和结果的关键性资料应该齐备。

理论假设的验证程度系指实验初期所提出的理论假设通过实验在多大程度上得到证实。

实验总结的有效性主要是指总结工作完成后是否能及时修正或完善实验方案。

（3）实验效果

教改实验已取得的效果是成果评估的重要内容。在整个评估工作中，应将效果评估、方案评估和过程评估综合起来考虑。如果方案好，工作质量好，效果好，自然是好实验；如果方案好，效果好，但过程不清，仍不能轻易下结论；方案好，效果不好，也要分析实验过程中有什么干扰。这样的评估工作才能有效促进实验发展。

1）理论贡献。本部分系评估人员的主观评定。评估人员除对各要点给出等级评判外还应在评估报告中作出详细说明。

2）实践意义。学生素质发展水平评定一般包括两个方面，一是一般教育目标所要求的发展水平，二是改革实验目标特定的发展水平，应将这两方面结合起来作出等级评估。

实验教师水平的提高包括业务水平和科研水平在教师原有基础上的提高。

可供学习的具体内容包括具体的教育教学内容、新的教学方法及可学习的经验等，如新的课程、教材、经验总结、录音、录像资料等。其丰富性和实用性程度为等级评定依据。

3）推广价值。社会认可程度指学术界及社会有关方面对改革实验成果的认可程度，如成果的公开发表，被转载和引用情况，邻近地区和学校对实验成果的反映。

实验移植效果反馈指被评改革实验在其他地区重复实验后对其效果的综合评估。

成果的可推广性指对被评实验成果可推广的范围及推广的时间预测等作出综合评估。

6.7 教改和研究成果的推广

6.7.1 认真筛选成果，使应用与推广具有可能性

对成果做好筛选工作，应从成果的科学价值、技术水平、成熟程度、实用意义、社会和经济效益等各方面对成果进行综合考察。

（1）成果的先进性和成熟性

先进性是指成果的研究内容和研究方法上有独特和新颖之处，具有创新性。对于教改和研究成果先进性的判别主要考察它是否能正确反映教育领域，特别是中小学领域内客观事物的客观规律，提出新理论、新学说、新观点，提供新材料、新方法等具有创新价值的贡献。成果的先

进性是一个相对的概念，有些成果在一定范围（如地区、省市）具有开创意义，即可认为在该范围内是先进的，有价值的。成熟性是指成果经过教育实践或逻辑上的反复论证与验证，结论可靠，研究方法合理，数据完整，具有良好的重复性和再现性。对于可操作的研究成果来说，其成熟性还表现为操作的系统化和简约化。先进和成熟是辩证的统一。先进性决定着成果的价值，成熟性则决定着成果被推广以后的价值，两者都是应用与推广成果的先决条件。

（2）成果的实效性和可行性

考察其实效性主要是看成果的采用是否能对教育、教学质量的提高，教育决策的形成，师资队伍的建设，教育改革与发展等起到明显的促进作用，产生显著的社会效益。可行性则是指在现行的主客观条件下加以实施是可行的，而且在理论上是简捷明确的，实际操作上又是相对简便易学的。正因为大量应用和推广成果的对象是中小学教育战线上广大的普通教育工作者，因此对成果的普适性和指导实际工作的要求更高，成果的实效性和可行性也就成了应用与推广教改和研究成果必然的客观要求。

（3）成果的整体性和特殊性

对成果的应用与推广，需要首先考虑将成果的总体性能和质量指标加以明确，然后细化分解为各分系统和各中间环节，考虑环节组合及相互关系，使成果在应用和推广过程中能严格按照科研程序操作实施并产生最佳效益。特别是对目前中小学领域大量产生的有关整体改革、整体实验的成果，则更要特别强调整体性，即符合系统工程的原理，以便在应用与推广中产生应有的规模效应。但同时要指出的是，中小学教改和研究具有自身特点，有些课题研究范围广，涉及方面多，研究周期长，对这些大型的周期长的综合性研究成果也可根据实际需要和适用范围，选择其中某些方面和某些局部的成果首先加以应用与推广，或抓住成果中最有效成分进行推广。

6.7.2 选用合适方法，使应用与推广具有可行性

（1）通过报告会、学术交流会，进行宣传型推广

当对科研成果进行鉴定和评价后，发现其确有应用与推广的价值，就

可召开成果报告会、学术交流会，由研究者宣读科研报告，介绍研究思路、研究方法、操作过程、成果价值等。通过会议宣传的形式进行推广，这也是推广成果的基本形式。

（2）通过专著、论文、成果汇编，进行文字型推广

要对数量众多的成果进行推广，单靠会议宣传和交流不可能满足要求，更多的必须通过信息载体——专著、论文、成果汇编等进行文字型推广。这类推广方式的优点是便于保存，有利于应用者学习和借鉴。

（3）通过现场观摩进行示范性推广

对于一些操作性比较强的教改和研究成果，也可以采用现场观摩会这种形式来推广。由成果拥有者针对实施过程的关键部分，边讲解边指导，进行操作示范。这种推广成果的形式不仅能激发学习者的兴趣，也便于推广者和学习者之间的双向交流，使学习者能及时掌握实施中的重点、难点、操作定义和研究方法。

（4）通过学习指导进行培训型推广

对于一些价值高、意义大、效益明显但操作要求又比较高的成果，则可以通过集中办班、系统培训的方法来推广。将成果中最有效并带有普遍意义的内容综合成教学常规，转换成便于操作的教学语言，用课程的形式来宣传和介绍。通过成果拥有者身体力行的传授指导，就能保证学习者掌握该项研究的实施要领、方法步骤，使成果应用与推广取得很好效果。

（5）通过建立基地进行研究型推广

由于教育科研的自身特点，研究内容的广泛性，研究对象的复杂性，研究条件的不恒定性，对教育科研成果的应用与推广提出了相匹配的要求，即应用与推广成果决非单纯模仿、机械照搬，而是在更广阔的背景中通过研究去完善和修正现有的成果，增加普适性。因此，应用与推广成果的过程还是一个对原有成果吸收、利用、改造，最终再造成果的过程。对于一些影响深远，作用巨大，对发展教育科学、促进教育实践都有重要价值的研究成果，就可以建立研究基地，采用研究与推广相结合的方法来促进成果传播。

7　中小学教改研究报告和论文撰写

教学改革和研究一般要通过研究报告或论文来表达研究成果。

研究报告包括研究工作报告、实验报告和调查报告等。它是研究工作的一种永久性记录，整个研究工作的主要过程、方法和环节，都应包括进去。

研究论文是对科学研究的一种永久性记录，主要反映研究工作中最基本、最精彩、最有特点、最有创造性的内容。

报告和论文的水平直接反映了科研工作的水平，研究者要重视报告或论文的撰写。

7.1　报告和论文的必备条件

7.1.1　科学性

教育科学研究的目的是揭示教育发展的客观规律，这就要求教育研究报告或论文具有科学性。所谓科学性，是指在立论上，必须观点正确、限定准确；选用的数据、材料、实例，必须是千真万确的，是经过实践检验的；在论证上思路严谨，逻辑性强。

7.1.2　先进性

科研报告或论文的指导思想要明确，起点要高，充分重视理论挖掘，决不能就事论事。既要有先进的哲学思想指导，又要有科学的思维方法和教育方针政策的指导。整个报告或论文的构思是在先进理论体系的指导下进行的。

7.1.3　客观性

研究报告或论文是反映教育调查、实验过程和结果的，因此，必须实事求是。论文的结论必须依据可靠的、并且是足够数量的资料，绝不能找到一两个例子或个别材料就做出判断。要把宏观统计数据和个别典型事例结合起来。

7.1.4 创见性

所谓创见就是提出新问题。一是选题应是当前深化改革中亟待解决的课题；二是要熟悉课题的背景材料，着重在别人没有涉及到的或他人已经研究，但深度不够的问题，在他人认识的基础上创新。

7.1.5 可行性

是指研究成果应该在教育实践中是可行的。应用研究如此，基础理论研究也应该着眼于指导教育实践。一篇教育科学研究报告或论文的效益应该明显地表现在解决和指导教改成效上。另外，可行性还表现在某项教育科研成果的实施是现行法律、政策、人力、物力和财力等客观条件所允许的。

7.1.6 逻辑性

教育科研报告或论文要构思严密、层次清楚、结构严谨。研究报告的逻辑性要和研究工作的逻辑性应大体一致，基本吻合。

总之，研究报告或论文要求材料可靠，广征博引，有理有据，解释科学，以事实服人，以理服人，有创见，可行性强。

7.2 撰写报告和论文的基本原则

一般来说，撰写报告和论文时，应当遵循下列基本原则。

7.2.1 理论性原则

报告和论文不是教学资料的堆砌，也不是书本的重复，撰写的论文首先应符合理论性原则。也就是要立足于“论点”，解决好“为什么”的问题，使读者看后不但知其然，而且知其所以然。就是说要有理论依据，说理清楚，令人信服。如果我们撰写的论文仅是对某一教学的简单描述和记载，而忽视对教学发展的形象概括、内在本质变化规律方面的论述，那末此类文章就不应认为是学术论文。总的讲，没有理论的文章至少不能算一篇好文章。

7.2.2 新颖性原则

中小学教师面临的大都是一些“老问题”，但论文却应有“新观点”

"新方法"。即问题虽然是大家熟悉的，然而采用新的论证方法给予更好的证明或解决。新颖性就是要求创新，创新就是与众不同，要反映新的内容、新的起点、达到新的高度，使读者看后感到有新意。对常见的教学问题，要有独到的见解和精辟的论述。当然，创新是困难的。但对中小学教师来说，只要有点滴创新便是可取的，应当给予充分的肯定。

7.2.3 针对性原则

中小学教师长期从事教学工作，许多研究实验的课题来源于教育、教学的实际需要，因此针对性强，这是教师在撰写学术论文时的有利条件。教学改革研究课题的确立和论文的撰写，均应符合当前教育教学改革的需要，应该选择广大师生共同关心而又未能很好解决的课题，或选择教师本人在教学实践中体会深刻、有创新的实际问题。

7.2.4 重要性原则

在确定学术论文的选题时，应当考虑重要性原则。因为教师面临可供选择的论题很多，但在确定撰写某一论题的论文时，要选择那些相对更为重要的、而放弃一般性的论题。例如，面临九年义务制教育，小学就近入学，由此而产生的因数学基础不一给初中数学教学带来的矛盾，这个矛盾如何解决？这显然是一个十分重要而又迫切需要解决的课题，是值得研究和探索的，根据这方面的研究成果而撰写的论文，有关方面应该优先给予重视。

7.2.5 科学性原则

论文论及的某一问题，是教师们自己研究的成果或是长期以来教学经验的积累和总结。因此在撰写时不仅要实事求是，而且要讲究科学。50年代后期，中国科学院曾号召科学工作者在从事科学研究中，坚持严肃的态度、严谨的学风、严密的方法，即"三严"精神。学术论文的撰写，无疑必须贯彻这种精神，一丝不苟，谨慎立论。

7.2.6 比较性原则

有的学术论文是以实验研究的结果为背景撰写而成，那末此类论文应当更加注意符合比较性原则。论文所论及的实验内容、对象等要有可比性。如对一种新的数学教学方法的实验，论文中应该是对同一学校、同一年级以及知识起点、学习能力相近的班级，围绕实验研究的主要目标进行比较，同时比较班级的师资水平，也应该大致相同。比较离不开数据，实验结果一定要量化，有一定的数量分析为依据，如质量性数据（如考试成绩比较分析）、发展性数据（如根据实验对象在实验不同阶段的成绩跟踪分析，以判断其学习能力的发展状况）、比较性数据（如对比班之间各种数据的对比分析）、能动性数据（如学生的家庭环境、对学习的兴趣等非智力因素等与学生学习能力发展关系分析）。

总之，论文中的比较，应当是对同类事物的同类性质进行比较，这样才真正符合比较性原则。

7.2.7 论述性原则

撰写的学术论文，目的之一是为了让别人理解和接受论文中的观点，使研究成果得以推广应用到中小学教学中去。为此，论文不但要有充分的论据，而且还要符合逻辑的论证方法。这就要求撰写论文时采用论述的方法，说理的方法，不能就事论事，也不能把一大堆材料汇集堆砌。如是这样，论文也就不成为“论文”了，只能算做资料汇编或知识介绍。正确的做法是根据论文的论点，运用充足的论据和严格的论证全面展开，文字简炼，言简意明，使人读来一目了然。

7.3 报告和论文的基本结构

7.3.1 教学改革报告的结构

教学改革报告没有统一的格式，但为了易于理解、交流，多少年来逐步形成了一种惯用的形式。主要包括以下内容。

（1）题目

研究报告的题目必须明确，点明题意，反映报告的主要内容，使人们一看题目就能大体知道这篇报告讲些什么，并产生阅读全文的兴趣。题目尽量要简短，不要拖泥带水。有时，为了更充分地反映主要内容，可以采用加上副标题的办法。例如下面的题目就比较明确：“《比和比例》两种教学方案的实验研究”“多步应用题两种教法的初步研究”“改革小学数学考试方法的实验报告”“数学教学要重视非智力因素”“小学生数学学习习惯的培养”等。

（2）研究课题的概述

提出课题后，介绍课题的来源、背景、解决问题的意义和价值。

（3）课题发展过程及现状的概述

说明前人对该课题进行了哪些工作，解决到什么程度，有什么遗留问题，该研究解决的问题对前人有什么发展，有什么特点。

（4）研究范围与内容的概述

根据研究的性质与任务，明确研究对象的内涵与外延，划出对象的范围，确定对该对象进行哪些方面的研究。

（5）研究方法和程序的概述

交代如何选择对象，如何组织对象；收集材料的指标与方式；测量、测试的有关情况；评价、评分如何进行，材料如何加工、整理、分析。交代研究方法的目的，是为了让他人借以鉴别该项研究的科学性。

（6）研究成果

这部分是研究报告的主体部分，可以通过叙述和图表、数据等形式把研究结果揭示出来。每张表格都要有编号，并有标题，让人不必看正文叙述就能一目了然。表示研究结果时，除了要用一般数据，还要应用典型事例，使研究报告更丰富充实，更有深度，也便于他人更好地理解该研究结果。要防止只有观点，没有材料，空洞无物，枯燥乏味的报告。

（7）分析与讨论

提出研究成果之后，接着就要对研究成果进行分析讨论。这部分内容主要包括：以研究结果来回答报告开头提出的问题；对研究结果进行理论上的分析论证；对研究过程中遇到的有关问题进行分析，并提出可供深入研究的问题及本研究存在的问题和建议等。这一部分内容，可以说是研究报告中最精彩的部分，也是最难写的部分。分析要中肯，要紧扣研究结果进行论证，不要离开研究结果空发议论，无的放矢。分析讨论要务实，要有辩证观点，不要绝对化。比如，比较不同教学方法的优劣，不宜讲得太绝对，因为任何一种教学方法都不可能绝对地好或绝对地坏，再好的方法也只是在某种教学条件下显示其优越性，不可能在任何场合都适用。一种新的教材和教法有优点，也可能有缺点，必须作具体分析。

(8) 结论

这部分是对整个研究工作的一个小结。它应当简要地交代研究了什么问题，获得了什么结果，根据结果得到了什么结论等内容。下结论时必须谨慎，不能随意扩大结论的适用范围，措词要严谨，逻辑要严密，文字要简练。结论的表述既要理直气壮，又要留有余地。结论中要实事求是地提到不足和缺点。

(9) 附录和参考文献

把详细的原始数据和研究记录以及繁琐的统计检验放入附录，以便查证。参考文献按顺序列出。

7.3.2 教学研究论文的基本结构

教学研究论文一般包括 3 个部分。

(1) 绪论

重点提出问题，简述研究课题的意义。问题的提出要明确、具体、具有吸引力。绪论还要说明自己研究的范围、特点。必要时还要交代一下该课题研究的方法和过程。

绪论主要解决 4 个问题：第一要说明题目的现实意义，说明论文所研究的问题是在理论和实践中都需要解决的问题。绪论中要解决的第二个问题，是说明研究的目的，说明要具体明确不要空发议论。绪论中要解决的第三个问题是，论述所采用的研究方法。第四个问题是简明地列出研究结果，这里的叙述不是对论文结论的简单重复，而是要指出研究是否达到了预期的结果，在研究结果中要有新东西，在理论上和实践中利用这些研究成果的前景如何等。

(2) 本论

重点描述科研成果的主体部分。主要是叙述事实、分析讨论、表达观点、阐明结果。本论以充分运用搜集的资料推论出科学结论为最终目的。从逻辑构成看，通常运用直线推论的方法，即循着基本观点，步步深入层层展开；也可用并列分论方法，把从属于基本论点的几个下位论点并列起来，分别论述。当然也可两种方法结合或采用其他方法论证。

（3）结论

主要是对所研究课题作出明确的、简要的结论，指出解决了什么问题，特别是要明确作者的独特见解。最后一般应注明参考书目文献，有时还要附上有关资料。

7.4 撰写报告和论文应注意的几个问题

7.4.1 撰写教学改革报告要注意的问题

（1）教学改革报告必须符合客观性和科学性原则

所写报告的结论必须严格以研究中得到的资料为依据，不能用主观愿望去代替科学结论。要严格按照资料自身的内部逻辑联系来推断结论，不作夸大的推论，即使细微的差别，也要按其本来面目报告，切忌仅凭空想杜撰资料作为论据。报告中，还应把作者自己的观点看法与研究本身的结果明确地区分开。

（2）教改报告必须目的明确，内容充实

切忌空发议论，冗长空洞。撰写报告前，对报告的结论、证据都应做到心中有数。资料混乱、数据不齐，不急于动手。

（3）教改报告的语言要精炼、准确，符合规范

所用概念应以准确的术语来表达，所论述的事物之间的关系应该清楚，做到条理分明、词语简练，按材料的逻辑关系循序渐进，逐渐展开。

（4）按照约定俗成的、通用格式来写（前面已经介绍）

7.4.2 撰写教学研究论文要注意的问题

（1）确定好主题

主题在论文中占有重要地位，它是论文的灵魂，是贯穿全文的主线。主题必须正确，要从当时的实际情况出发，注意时代气息，深入研究新问题，发掘新思想。表现主题要深刻、鲜明、集中。深刻，指表现主题要抓住事物根本，对事物作深入分析，寻求来源，揭示规律；鲜明，指态度要明朗，不应含糊其辞；集中，指一篇论文要围绕一个问题，阐述一个基本观点，集中笔墨，把问题说深说透。

（2）选择好材料

材料包括为表达论文的主题而使用的一系列事实和理论的论据。事实论据包括典型事例、统计数字等。理论论据包括革命导师的言论、中央领导同志的讲话、政策文件、一切公认的道理、科学定律等。材料是形成和表现主题的物质基础。在论文写作过程中，要熟悉材料的来源，要注意围绕主题精心挑选，要注意材料的真实性，要选用典型材料。

（3）安排好论文的结构

论文中的主题是灵魂，材料是血肉，结构是骨架，三者关系密不可分。安排结构要考虑好以下问题：

1）层次和段落。层次和段落的联系极为密切，层次的划分是从思想内容着眼的，而段落则侧重于文字表达的需要。

2）过渡和照应。过渡是上下文之间的衔接转换，照应是论文中的前后呼应。它们是层次和段落之间内在联系的表现形式，是论文结构中的重要环节。

3）开头与结尾。论文的开头，要和主题、布局联系起来，一般有开门见山和对全文进行概括和提示两种模式。常用的结尾方法，一是总结全文，进一步点明主题，加深理解；二是用鼓舞性语言，促使人们奋发工作；三是用含蓄而富有哲理的语句去引起读者的深思。

（4）运用好语言

论文的语言要通俗易懂，要用准确、恰当的语言反映事物的实际情况，真实地表达作者的思想。同时语言要尽量生动活泼、简洁明了。

7.4.3 撰写报告和论文的书写格式要求

1）要求用方格稿纸横排书写，便于编辑计算字数和排版校对。

2）要求用不易褪色的钢笔、圆珠笔来书写，不要用铅笔。因为稿件从编辑到出版，需要经十多道工序，有些稿件还要存档。

3）字迹要求工整、清晰、规范，标点也要清楚、正确，一个标点要占一格。

4）文章题目应放在首行的中间，作者的姓名和所在单位，应在题目下另行居中书写，且单位和姓名之间应空两格。科研论文标题优先序码采用阿拉伯数字表示，一般不超过四级。示例如下：

```
0   ┌ 2.1
    ├ 2.2        ┌ 2.3.1      ┌ 2.3.2.1
2 ──┤ 2.3 ───────┤ 2.3.2 ─────┤ 2.3.2.2
⋮   │  ⋮         │  ⋮         │  ⋮
    └            └            └
```

无论哪一级标题，正文开头一律空两格书写，行文回头再顶格书写。

5）在行文横行的标点符号中，逗号、句号、分号、后半边括号等，不要放在下一行的开头，而应挤写在上一行的末尾。引号、括号的前半边等符号，则可放在下一行的开头，而不要放在上一行的末尾。省略号、破折号不要转行拆开使用。

6）文中的图形（草图）一般应画在稿纸右边位置上，图中的线条、数据和说明文字（注字）必须完整、清晰。有条件的作者，还可用碳素墨水的绘图笔，在绘图纸上绘好供制版用的墨图，并用贴图字贴好图上的数字和文字。

7.5 怎样撰写经验型教育论文

经验型教育论文是应用比较广泛的一种。广大中小学教师为了总结、交流自己的教学经验，或评教师职称需要，经常要撰写这种经验型的教育论文。

7.5.1 经验型教学论文的特点

经验型教学论文是广大教师在教学实践中的经验总结，它具有以下几个特点。

（1）选题较小

这种类型的教育论文，多是教师在教学实践中的点滴做法、经验、体会、认识，常常是一题一议，一事一议，选题比较小。

（2）结构简单

经验型教学论文，一般包括某种教学的做法（经验）、教学取得的效果和体会（结论）三部分内容，这三部分内容也就成了经验型教学论文的三个结构要素。而且大都采用“做法——效果——体会”或“体会——做法——效果”或“效果——做法——体会”方式组成全文，其结构比较简单。

（3）写法灵活

经验型教学论文，其写法比较灵活。常见的有：①纪实型的，即选取教学中比较精彩的一堂课或一个片断，进行实录，然后加以分析，得出结论；②举例型的，即通过一个实例，介绍某种做法，阐述某种观点；③归结型的，即根据教学实践中的经验、体会进行归结，概括出几条或几个方面来，以揭示规律，得出结论；④探索型的。即针对教学中的有关问题，或提出自己的见解，或介绍有关的经验，对问题进行新探索。

7.5.2　经验型教学论文写作的一般方法

（1）“做法”的写法

“做法”包括教学方式、教学方法、教学手段、教学指导思想、教学过程的设计等。要写清楚这些方面，让人明白你是怎样教的，学生是怎样学的。写“做法”，可以运用介绍说明的方法，如步骤说明法，即以时间为线索，把教学程序概括地说明出来；分类说明法，即将教学实践中的材料，归纳成几点、几个方面，以并列的关系来说明；过程说明法，即用一两段文字把教学过程概括地叙述出来。

（2）“效果”的写法

“效果”是做法的直接反映，往往表现在学生知识、能力、智力等方面的发展和提高。一般地说，先进的教学方法必然取得好的学习效果。表现“效果”的好坏，主要采用：数字说明法，即运用数据说明效果的方法；事例说明法，即通过一两个反映发展、提高的具体事例加以说明；归纳说明法，即把教学效果归纳成几点，逐点给予说明。

（3）“体会”的写法

“体会”是在介绍做法，说明效果的基础上的理性思考，是对材料的意义和价值的高度概括。它在论文中常以结论的方式出现。写作“体会”可以运用：归纳推理法，即从许多具体事实中推出一般性的结论；演绎推理法，即把一般原理运用于具体的教学实践从而推导出一种新的判断、新的认识。

7.5.3 经验型教学论文的结构方式

（1）总分式

即先写进行某种教学内容、方法等的总的体会或效果，然后分成几个方面介绍其做法或经验。

（2）分总式

即先写进行某种教学内容、方法的具体做法，并分成几个方面一一介绍，然后再写对它的总的体会或效果。

（3）总分总式

即先写进行某种教学内容、方法的总的体会，再写其具体做法，然后以总结的方式写进行某种教学所取得的效果。或先写进行某种教学所取得的效果，再写其具体做法，然后以总结的方式写其体会。

（4）散述式

即将进行某种教学的“做法、效果、体会”或“体会、做法、效果”以平行的方式结构成文，三者之间是并列关系。采用这种结构方式，一般不加小标题，用数码“一、二、三”表示结构关系。或者干脆省略其总的体会、效果部分，只将某种教学的做法、经验或体会分成几个方面，各加上小标题，以平行并列的方式结构成文。

7.5.4 经验型教学论文写作应注意的问题

（1）在选题时，要做到题目小、角度巧

要从繁杂纷纭的材料堆中，寻找最重要、最本质的“那一点”，通过这一点介绍做法、经验，说明效果和体会，并力求角度巧一些，或从正面写，或从侧面写，或从教的角度写，或从学的角度写。

（2）在立意时，观点要新，挖掘要深

观点来自实践的深入思考和探索，而形成一种新的观点，就需要在实践中，在写作的材料里深入挖掘，从中发现有价值的东西，找到问题的关键，找到本质的所在，这样就可以形成新的见解。

（3）在选材时，要选择严，运用活

要对选择的材料进行严格把关，力求精当，以一当十，防止堆砌材料；运用材料，则要分清主次，排列先后，理出表述的顺序，做到有条不紊，一一道来。

（4）论文范例

培养小学生学习数学兴趣之浅见

颜寿春

一位教育家曾说过："如果人们吃饭没有食欲，勉强地把食物吞到胃里去，其结果只能引起恶心和呕吐，至少是消化不良，健康不佳。反之，他就会乐意接受，并且很好地消化它。"同理，成功的教学也不应是强制性的，而应激发学生的兴趣。"兴趣"是最好的老师。在数学教学中如何培养小学生学习数学兴趣，这是每个数学教师关注的问题。对此，我在数学教学中，进行了一些探索。

一、关心学生，培养兴趣

学生如果喜欢他们的老师，那么他对这个老师所教的学科就会产生学习动机和兴趣。教师要用一颗赤诚的心，唤醒无数颗喜爱数学的童心。

1. 生活上关心体贴学生

在现实生活中，有的小学生由于各种原因，生活上无人体贴和照顾，这些学生特别需要教师的"爱"。以师生的感情，诱发学生学习的内驱力，从而培养学生学习数学的兴趣。例如，我校有个女生平时沉默寡言，学习成绩不佳，生活无人照顾，随时都有辍学的可能。我得知后，主动将她安排在我班学习，并升入三年级。为此，她感动得流泪，她从心底里感激老师，她勤奋学习，对数学产生兴趣，期末成绩名列班级前茅。

2. 学习上帮助差生

小学生对学习的胜任感，直接影响学习兴趣。有了对学习的胜任感，就能产生学习兴趣。但是，有些差生学习很吃力。教师要及时帮助这部分差生弥补数学知识上的缺陷。课外不仅进行必要的辅导，而且还注重课内的辅导。可以从以下几方面入手：讲课时特别注意观察他们；课堂提问时尽量让他们回答能够回答的问题；学生作业时，重点辅导他们；差生的作业尽量当堂面批，存在的知识缺陷及时补缺。这样持之以恒，差生就会逐步转变。

3. 表扬鼓励，树立信心

差生往往很自卑，学习没有兴趣，灰心丧气。为了消除他们的自卑感，激发学习兴趣，教师要在教学中尽量寻找他们的点滴进步，并及时表扬、鼓励，从而激起上进心，努力学习。

二、创设情境，引起兴趣

在正式讲授教学内容之前，教师创造与教学内容有关的意境，提出有关的问题，以引起学生的好奇与思考，是激发学生学习兴趣和求知欲的有效手段和方法。“创设情境”就是在教材内容和学生求知心理之间制造一种“不协调”，把学生引入一种与问题有关的情境的过程，因而在学生心理上造成一种悬念，从而使其注意力、记忆、思维凝聚在一起，以达到智力活动的最佳状态，富有情趣地把学生引入学习的情境，引发学生探求知识奥秘的愿望。

例如，在教学《能被3整除的数的特征》时，先提问：“能被2、5整除的数的特征是什么？”当学生很轻松地回答后，教师再问：“能被3整除的数的特征是否也有类似的规律呢？”有的学生可能受前者的影响回答：“个位是3、6、9的数能被3整除。”是这样吗？同学们一试，象23、29、56等都不能被3整除，显然这不是能被3整除的数的特征。这时，教师凭借已有知识报出一些是3的倍数，然后确定其中一个数，调换各数位上的数字。如135，交换位置531、153、315、351、513。让学生检验交换后的各数还是不是3的倍数。学生经过检查惊奇地发现它们仍然是3的倍数。这说明能被3整除的数与其每个数字所在的数位无关。“那么这里边有什么奥秘呢？”不等教师提问，学生自己便会积极思考起来。急于想找到答案的好奇心，产生跃跃欲试的主体探索意识，诱发出了强烈的学习兴趣，教师在这时展开新课教学，就能使教学效果较佳。

三、导课新颖，产生兴趣

成功的导课，不仅能迅速安定学生的学习情绪，而且还能使学生产生学习兴趣，造成学生渴望学习的心理状态，从而为整节课的教学打下良好的学习基础。

例如教学文字题时，课一开始，教师一言不发，在黑板上板书：“蓝蓝的天空飘着朵朵白云”。学生睁大眼睛，感到很奇怪。接着教师要求学生缩句。这时，学生忍不住了问老师：“这节课不是语文课！”老师还是一言不发，等学生缩句后，教师又在这句话的下面写上“45加上18的和，乘以它们的差，积是多少？”再要求学生缩句，这时，学生恍然大悟，纷纷举手抢着回答。这样的导课，不仅抓住了解答这道文字题的关键，而且还能使学生产生浓厚的兴趣。

四、探索新知，激发兴趣

在教师的指导下，让学生自己探索新知识，并在探索新知的过程中，又激发了学习兴趣。

例如教学能被3整除的数的特征时，让学生把三根小棒分别摆在不同的数位上，于是组成了许多数：111、12、102、210、10101，等等，经检验，这些数都能被3整除。可见，三根小棒无论怎样摆，都能被3整除。然后再让学生分别用4根、5根、6根、9根小棒摆成不同的数。这些数是否能被3整除？这样在教师的指导下，不仅探索了新知，而且激发了兴趣。

五、动手操作，提高兴趣

动手操作活动是一种主动学习活动，它具有具体形象，易于提高兴趣，便于建立表象，有利于理解知识等特点。它需要学生多种感官参与活动，动脑思考，动口表达，并需要学生独立、自觉地运用知识解决问题。事实上，通过动手操作所获得的感性认识比眼看耳听要深刻得多。

例如在教学对称图形时，让学生通过亲自对折长方形、正方形、等腰三角形、等边三角形、等腰梯形来体会什么是对称图形，有几条对称轴。又如在教学三角形面积计算时，先请学生准备两个完全一样的锐角三角形，直角三角形，钝角三角形，让学生动手拼一拼，拼成一个学过的图形。学生很感兴趣，积极性也很高。有的拼出了长方形，有的拼成了正方形，还有的拼成了平行四边形等。然后让他们观察拼成的图形与原三角形的底、高、面积有什么关系，从而得出三角形面积的计算公式。教学实践证明，让学生动手操作参与教学比看老师拼、摆，听老师讲解获得的知识要牢固得多，既能提高学生的学习兴趣，又能发展学生的智力。

六、运用直观，发展兴趣

小学生的生活经验十分有限，他们的思维正处于由具体形象思维逐步向抽象的逻辑思维过渡的阶段。适当的直观教学手段对学生常常具有很强的吸引力，在激发学生学习兴趣的同时还能发展兴趣。

例如，在教学相遇问题时，教师做了两个活动的彩色小人，贴在黑板上，首先出示准备题：小华和小明同时从甲地到乙地，小华每小时走4千米，小明每小时走3千米，4小时后两人各走多少千米？让学生移动小人演示1小时、2小时、3小时各自走的路程。然后教师提问两人除了从甲地去乙地这种走法，还可以怎样走？有的学生说对着走，于是教师又问：如果两人相对走会越走越怎样？会出现什么情况呢？通过提问引出新课，于是教师把准备题改为：两人同时从甲乙两地相对走来，3小时两人相遇，甲乙两地相距多少千米？（相向而行）

再让学生在黑板上演示1小时、2小时、3小时走的路程及相遇过程，使学生悟出两人3小时行的路程和就是甲乙两地相距的路程。进而启发学生：两人相遇后还可以怎样走？继续走下去，两人相距就越来越怎样呢？用小人演示一下。于是把准备题再改编为：（相背而行）两人同时从某地出发相背而行，小华每小时行4千米，小明每小时行3千米，3小时后相距多少千米？通过运用同一教具演示，使学生对速度、时间、路程三量之间的关系有了更深一步的认识。

七、练习设计，增添兴趣

练习是数学课堂教学的一个主要组成部分，它可以使学生更加牢固地掌握数学知识，形成熟练的技能技巧，所以精心设计多种形式的练习，既增添学生的学习兴趣，又巩固所学的知识。

例如教学比例应用题后，我设计这样一道题：一辆汽车3小时行138千米，照这样计算，5小时行多少千米？要求学生用多种方法解答，看看谁想的方法最多。这时，同学们争强好胜的心理表现出来，人人积极思考，竭尽全力寻找与众不同的解答方法。

当同学们说出用归一方法、倍比方法、方程、比例方法解法后，教师接着说："还有没有其他解答方法，请同学们讨论讨论。"这时课堂气氛又活跃起来，过了一会儿，一个同学举手回答："也可以用分数的知识解答。把3小时看做占5小时的$\frac{3}{5}$，根据已知一个数的几分之几是多少，求这个数，列式：$136\div\frac{3}{5}$。

这样，学生在解答的过程中充分体验到了成功的喜悦，从而增添了学习数学的兴趣。

八、课堂小结，保持兴趣

一节好的数学课不仅“课伊始，趣已生；课进行，趣正浓”，而且还要“课结束，趣犹存”，使学生保持学习兴趣。

例如我教学“分数的初步认识”时，是这样结课的：本节课我们学习了分数的初步认识，对分数有了初步的理解，请同学们回答本节开始所提的问题。“一块蛋糕，爷爷吃了这块蛋糕的一半，爸爸吃了这块蛋糕的一半的一半，小明吃了这块蛋糕的一半的一半的一半。”你能用这节课所学的知识来表述吗？当同学们回答：爷爷吃了$\frac{1}{2}$，爸爸吃了$\frac{1}{4}$，小明吃了$\frac{1}{8}$后，我再追问：这块蛋糕还剩多少？谁吃得多？谁吃得少？为什么？当学生不能回答时，教师就说这些知识等到下节课学习之后就能明白，同学们先回去想想，看谁最聪明！

总之，小学数学教师要不断提高教学艺术，从教材内容和学生实际出发，运用各种合理的方法和手段，激发学生的学习兴趣，调动他们学习数学的积极性，使教学效果最佳。

7.6 怎样撰写研讨型教育论文

7.6.1 研讨型教育论文及其特点

研讨型教育论文，是针对教育工作中存在的某些现象、问题以及新出现的情况、矛盾等，展开比较广泛的研究和讨论，进行专门深入的分析，从理论和实践的结合上提出解决问题或矛盾的意见、建议、方案、措施的理论性文章。这种类型的教育论文，着重于发现和分析新问题，提出解决问题的方法。因此，它具有较强的针对性和可操作性，是一种越来越广泛的理论性文章。

7.6.2 撰写研讨型教育论文的注意要点

1）紧密结合自己的工作实践和教育改革形势发展的需要，有针对性地提出当前教育、教学工作中存在的问题，即提出论文的主题。论文的主题是论文的灵魂，主题必须正确，且有时代感。

2）选定了研讨课题后，就要通过调查、采访、现场观察、回忆、反思、整理工作笔记、教学后记等，为研讨问题做好有关理论材料、事实材料和特殊材料的准备。要注意围绕主题精心挑选材料，注意材料的真实性与典型性。

3）从理论与实际的结合上进行分析研究，找出问题产生、存在的原因。①应着重从认识上、政策上、工作方法和主客观条件上寻找，尽量不追究个人责任；②应有理有据（包括具体事实、概括事实和特殊事实，即数据），就事论理，将问题上升到教育科学的理论高度来认识，使问题深化；③应从不同的角度（正、侧、反面）不同的层次进行，以求深刻认识，避免片面性；④若遇到不了解的问题或出现新问题，需要做补充性的调查，复核事实和数据。

4)提供对策,即具体提出解决存在问题的意见和办法或方案和措施。提出的对策：①要可行。即要根据现有的主客观条件或往后经过努力创造的条件,提供在预定的时间内能够实现的或完成的对策；②要有效。即指提供的对策对推进教育教学深入改革，提高教育、教学均具有重大作用或明显效益。

7.6.3 研讨型教育论文的结构

一般是按照“发现提出问题——→分析问题——→解决问题”的线索来安排。其标题常用：《关于当前自然课堂教学存在的几个问题》《关于培养高年级学生语文自学能力的探索》《关于学生作文批改之我见》等，也可采用正副标题的方式。末尾有的还要有附注、参考文献。研讨型教育论文的结构形态（除标题和附注、参考文献外）一般有以下几种。

（1）总分总式

这种结构方式，由绪论、本论、结论三部分组成。常见的有两种。

在绪论里提出要研讨的问题，并介绍问题产生的背景，说明研讨这一问题的价值和意义。在本论里，对存在的问题的具体表现进行深入分析，从各方面寻找、论证问题产生的主观原因和客观原因。分析原因要具体、实际、多方面或多层次。在结论中精当地提出解决问题的意见、办法或方案、措施。这种方式，其重点在分析问题形成、产生的原因上，它一般是在产生问题的原因还未被众多人明白的情况下，通过研讨，弄清问题产生的原因，以明确努力、改进的方向。

第一种结构形态（图 7-1）。

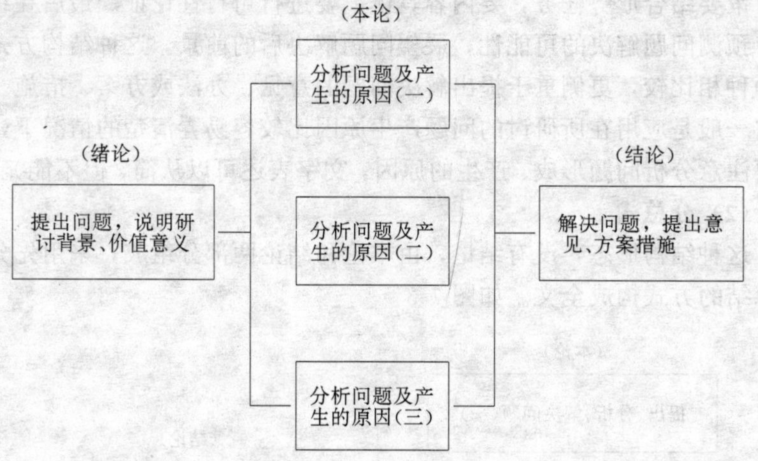

图7-1 总分总式(Ⅰ)

第二种结构形态（图 7-2）。

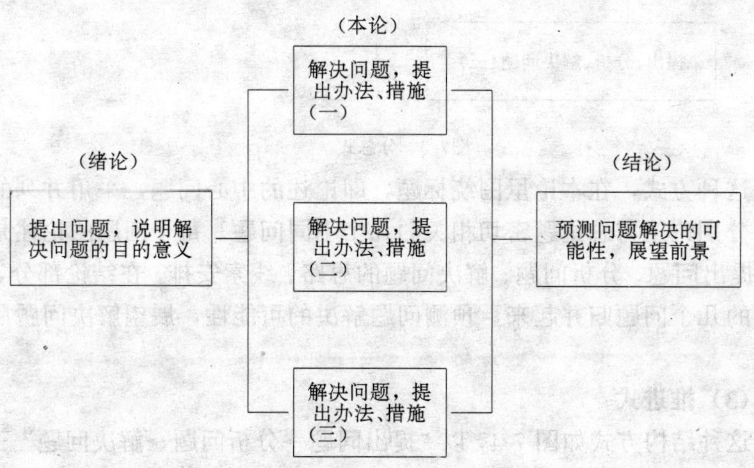

图7-2 总分总式(Ⅱ)

在绪论部分，提出存在的问题，指出存在问题的不适应性或严重性与解决存在问题的必要性、紧迫性。在本论里，首先简要剖析存在问题的主要原因。之后重点提出解决这一问题的意见和办法或方案和措施。提供对策要结合形势任务，要内容具体，要进行可行性论证。最后在结论里，预测问题解决的可能性，展望问题解决后的前景。这种结构方式与前一种相比较，更侧重于提出解决问题的意见、办法或方案、措施。虽然它一般是应用在所研讨的问题产生原因比较容易弄清楚的情况下，但也要注意分析问题形成、产生的原因，文字表述可以从简，但不能笼统。

（2）分总式

这种结构形态，没有结论，由本论和结论两部分组成，采用先分述后总结的方式构成全文。如图 7-3。

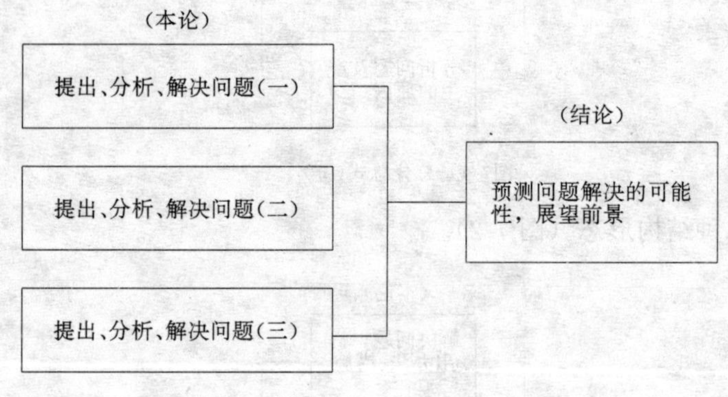

图7-3　分总式

这种方式，在本论里围绕标题，即论述的中心问题，采用并列的方式，分别论述与总论题密切相关的几个不同问题。每个问题的论述是按照：提出问题、分析问题、解决问题的思路、线索安排。在结论部分，将论述的几个问题归并起来，预测问题解决的可能性，展望解决问题后的前景。

（3）推进式

这种结构方式如图 7-4，以“提出问题→分析问题→解决问题”三部分组成，三者之间是一步深一步地推进论述的。

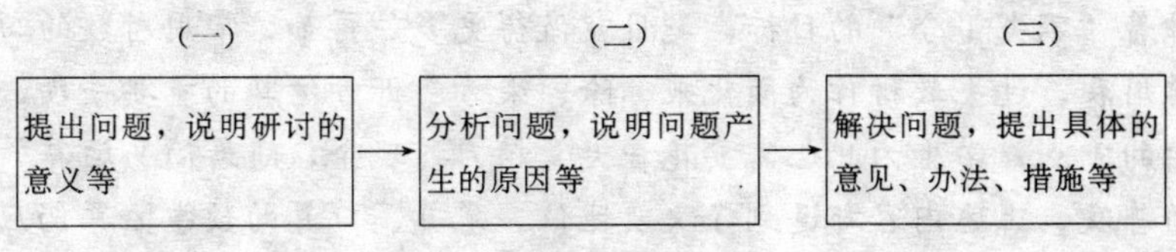

图 7-4 推进式

这种方式，三者之间是层层递进的，三部分的容量、篇幅也大体均等，运用时不要写得头小、腹大、尾短。

（4）论文范例

以提高素质为核心，改革中小学数学教材

上海市中小学数学教材改革浅议

张福生

上海市中小学课程教材改革，以其变“升学——应试”教育为素质教育的鲜明特点而受到全国的广泛关注。目前，根据课程改革总体方案编制的数学学科的课程标准与部分数学教材已编印出版，正在全市60所中小学及杨浦区的小学、卢湾区的中学试点，笔者有幸参与了点滴工作，从中获得不少感受。本文谈谈自己对数学课程标准与教材的粗浅体会。

一、现行中小学数学教学体系和教材需要进一步改革

50年代以来，我国已有过六套数学教学大纲、七套通用数学教材，不断进步，特别是粉碎“四人帮”以来的数学教学大纲和数学通用教材，已经吸取了国内外基础数学教材建设的经验教训，在实践中又作了几次调整、修改。实践证明，它的很多设计、很多具体内容都是可取的。所以，上海这次编制数学课程标准和教材，以此作为借鉴的主要基础。同时，又以新时期社会主义两个文明建设的需要，特别是21世纪人才培养和发达地区的需要，看到了现行中小学数学教学体系和教材尚有不相适应的地方，需要进一步改革。主要有如下几点：

(1) 有些由于科学技术的发展而变成可用新事物取代的知识，例如小学数学的整数、小数四则运算，以前认为四位及四位以上的数学运算都必须“正确、迅速、熟练”掌握；珠算作为常用而实用的计算工具，也是必须掌握的。因此，学生要花大量时间和精力，做成千上万道各种多位数的四则运算，还要花不少时间学习珠算，加上“升学——应试”中

瞄准着“不失1分”的目标，题目就做得更多。再如，常用对数的四位数学用表，过去教材作为简化乘、除、乘方、开方运算的重要手段，是教学的重点，学生为此也需要花费大量精力。现今，随着简易运算计算器的普及，上述内容都退到了次要地位。笔算、口算的数学运算仍应该要求学生掌握，但不需要那么多数位、那么多训练，只要熟练二位、三位数的运算就够了；对珠算应该有所了解，但决不需要学过去那么多，对数作为函数有研究价值，但常用对数作为化简计算的功能已不那么重要，用对数处理就显得比较繁琐了。此外，中学数学中不少知识点，单纯追求系统、完整而无论从高等数学和现实生活看都缺少应用价值，如大量繁琐的平面几何、空间几何的论证，大量繁琐的三角变换、三角方程，以及深深陷入复杂综合技巧化的二次曲线训练等，这些也都该加以精简。

(2) 体现现代社会的需要不够。无论从现代社会公民的信息链、信息域看，还是从现代社会为人们提供的处理信息的计算、视听工具看，已经为数学教材改革提出了不少新的专题。例如：估算和通过各种手段获取数据、处理数据的能力，已超越了一般数学运算能力的范畴；概率和统计已经深入到政治经济、社会生活的各方面；计算机的出现，已经使辗转相除、二分法等过去认为操作繁复、花时花力过多因而只有理论价值、缺少应用和实用价值的知识，变得十分简易可行起来；向量、微积分的基本思想、基本方法，作为现代技术的基础，显得越来越重要。以上内容，在传统教材中体现较少甚至没有。

(3) 应用性较弱。数学是一门应用性很强的学科，但传统数学教材往往重视数学的理论价值而忽视应用价值，很多知识几乎不介绍它们的社会应用。即使应用题，也是凑好数据、编好类型直接交给学生的。学生做了千百道应用题，还是只会按类型解题，不懂得怎么应用。很多学生只在课堂内、测验时感到数学有用，而走出课堂、试场，几乎感觉不到数学的存在，这实在是一种颠倒。

(4) 实践动手要求低。数学来自于实践，数据、问题也来自于实践。但传统数学教材只把这些写进书本，让学生读书、解题，而没有或极少动手操作实践的要求，连测量、统计等也只是纸上操作。学生不知道怎样把在各种不同的情境下获得必要的数据，归纳为数学问题或建立数学模型，然后进行解决，只会从书本到书本，动手的机会与训练很少。

(5) 从内容、体系上把中小学割裂。过去，为适应六年制义务教育状况下一部分小学生小学毕业不再继续学习而直接就业的状况，传统教材把小学数学作为相对独立完整的一个体系（主要是算术体系），虽与初中有衔接，但缺少通盘考虑，因此小学数学中一些对小年龄学生难以接受的知识，如异分母分数的加、减运算，包括公倍数、公约数、通分、约分等，也必须在小学学完。而初中数学中能让小学生接受且学了就有用的知识，如正负数、一元一次方程等，也因小学、初中数学各自自成体系而无法纳入小学数学范围。

除上述几方面的问题外，传统数学教材以书面习题几乎为唯一的训练形式，量多质难，也是普遍反映强烈的问题，这问题本来不是不可克服的，只要教师在教学中从实际出发选择适当的题给学生做就可以了。但“升学——应试”的体制都使师生们不得不把课本上所有习题一一做过，而且还进一步挣扎在由各种摸底题、模拟题、精选题、竞赛题等汇流而成的无边无际的汹涌题海之中，致使学生负担过重，难以摆脱。

因此，改革小学数学教材，以适应新时期社会主义建设的需要，适应21世纪的需要，这已成了广大师生和社会的共同呼声。

二、建立新的数学教学体系和新的数学教材体系

针对上述问题，借鉴国内外数学教材改革的经验教训，在上海市这次课程教材改革中，数学教材作了较大的改革，形成了新的教学结构和教材体系，以笔者的浅见，至少在下述几方面是有特色、有新意的。

1. 统筹安排，建立新体系

新教材根据社会的需求、学科的体系和学生的发展，以提高素质为核心，对小学与初中、初中与高中的算术、代数、几何等知识作了统筹安排，建立了一个新的体系。

(1) 在数的认识方面。一是将整数、小数的学习相对集中，四则运算的数位作了控制；二是从四年级下学期起引入负数（负整数）概念及运算，接着引入简易一元一次方程和列方程解应用题，以淡化算术应用题，降低学生解应用题的难度；三是将分数学习分为两段：四年级只出现等分意义和分数（真分数）的概念，学习同分母分数加减法，六年级再完成分数概念，出现假分数与带分数互化及分数运算，处理上则用除法意义贯穿，不再引入“分数单位”和“单位1”等概念。至于分数应用题，由于学生已具有初步的方程工具，因此其难度也有较大程度的降低。六年级使有理数完整化，增加了统计方法和估计方法等内容。接着由平方根引入无理数，使学生对实数概念有一个初步认识。复数在高一学习，先是代数形式，高三再学习三角形式。

(2) 在代数和初等函数方面。从六年级起的代数中，加强了函数观点，简化式的运算；因式分解强调其意义，重点放在二次三项式的分解，不追求技巧；七年级上学期引入直角坐标系，使数形较好地结合，也为八年级起的学习函数作好孕伏，高中的函数学习，考虑到高三将学习多项式函数的微分和积分，因此在高一对幂、指、对数函数的学习简化了增减性等；极值、最值问题的处理也降低了难度。三角函数突出了函数性质的研究分析，降低了三角变换的要求，删减了反三角函数与三角方程的内容。

(3) 在几何方面。平面几何分为三个阶段，一至五年级为直观认识阶段，由现实生活中的物体形状，认识基本的几何图形、几何体的名称和简单性质及计算；六、七年级为运动实验阶段，用图形交换运动等手段进行实验，结合说理，孕含推理要求；八、九年级是推理论证阶段，从三角形、四边形的有关证明开始，进入相似形、圆的较为系统的论证。实验阶段得到的图形性质可作为论证阶段证明的基础。笔者认为，这样处理平面几何，即改变了追求完整、系统的繁琐的公理几何体系，又保证了逻辑论证能力的培养。空间几何也分几次出现：一至五年级出现了长方体、正方体等形状的认识；六至九年级通过具体几何体的实例适当介绍一些空间线面关系；高中则重点学习空间线面关系和多面体，旋转体的论证与计算，但整个空间线面关系的处理，重视以几何体为载体，易教易学。解析几何突出几何问题代数化的坐标法，适当淡化二次曲线，大大降低了综合性要求。

2. 除旧布新，引入新内容

新数学教学体系和教材，根据《课程标准》提出的“使学生掌握从事社会主义现代化建设和进一步学习现代化科学技术所需要的数学基础知识和基本技能”的教学目标，选材中较注意考虑科学技术迅猛发展给数学带来的巨大影响。

(1) 计算器列为教学内容。计算器的出现，降低了人们对繁复计算的熟练性要求。因此教材不再把除数是3位数的除法作为核心内容，淡化了长乘法和长除法。四年级起把计算器引入教材，与笔算同步学习用计算器计算。六年级允许学生用计算器进行加减乘除和乘方开方运算。相应地，除平方表外，删减了四位数学用表。

(2) 引入微型电子计算机因素，随着微型电子计算机在初中、高中已作为必修课开设，数学教材相应考虑了这个因素作了一些处理，如简化了可用微机运算的因式分解；引入了二分法，并把有关的计算机程序编进数学教材。

(3) 增加统计内容，把概率列为必学内容，新教材的初中、高中都安排了统计知识，比现行教材的知识面要广得多，实用性也增加了。另外，概率也列为必学教材，让学生掌握简单的概率知识。

(4) 学习一元多项式函数的导数和积分。过去有的中学教材无这方面的内容，而有的教材一旦引进微积分，就把各种函数的求导、积分都讲到。前者使学生对处理有关变量数学的思想方法几乎一无所知，不适应现代科技发展的需要；后者学得虽多，但仅停留在介绍运算方法的水平，没有系统的理论，以致进入高校后仍需从头学起，但不少学生感到不新鲜，产生学习心理障碍。新教材决定只学习多项式函数的导数和积分，既使学生接触到变量数学的思想方法，还能在求极值、切线斜率、瞬时速度、旋转体的面积、体积计算等方面看到其广泛而有效的应用；同时由于没学习过所有初等函数的导数和微分，因此进入高校理工科的学生不会影响学习高等数学的积极性，反而有所促进。

3. 加强应用，提出新要求

作为适用于经济文化比较发达的地区的数学教材，改变了传统数学教材偏重纯数学性的状况，新教材在应用性、实践性方面提出了新的要求，每部分知识，都注意同学生熟悉的生活背景相适应，从观察、操作的思考、分析中引入概念、法则、性质等；引入知识点后，还加强了具体应用的介绍，加强了动手和实践，每册书还都设计了让学生操作的活动项目。例如，在统计初步中，除根据已知数据进行统计处理外，还要求学生进行社会调查，从中收集数据，分析比较，画出相应的统计图表，写出简单的统计报告。此外，有关的知识，还注意加强结合现代社会经济、科技中的应用，如人口、环境、能源、金融、利税等。

除上述三条外，新教材还注意了德育渗透，加强爱国主义教育、国情教育和良好的学习态度、习惯、方法的教育；注意因材施教，把教材分为必学要求的核心部分、弹性要求的拓广部分和自学要求的发展部分三类；注意控制学生负担，一二年级教材只有课内练习，不安排课外习题；三年级以后有课内练习也有课外习题，但题量适当，并控制了难度。

总之，笔者强烈感到，新教材在突破“升学——应试”为中心的数学教学体系和教材体系方面迈出了可喜的一步，新教材将会使数学教学的面貌为之一新，为培养适应各方面、各层次的亿万人才做出贡献。

三、钻研教材，改进教法，迎接新教材的试点试行

1991年秋季开始，上海市部分中小学的起始年级已经进行新教材的试点，作为一个数学教研人员，我为这套教材的诞生而高兴，同时，也深感如果要教好新教材，教研人员和教师都有许多需要努力的地方，下面提出一些想法，同大家讨论。

1. 转变观念，钻研教材，体会新体系、新教材的设计思想

在总体上，要领会上海中小学课程教材改革的总体思想，首先把观念从“升学——应试”轨道转变到提高民族素质的轨道，对已经驾轻就熟的用以应付考试的一套教法进行分析，去芜存菁，真正从素质教育的视角来分析教材，钻研教材。其次对教材的新体系、新内容、新要求，要努力吃透。由于在新体系下知识点的分布及其要求有了调整，教学时要把握每一处出现时的“度”，防止因不了解整体安排而把教材中分几次达成的知识作一次性处理，提前拔高；也要防止对传统教材要求较高而新教材根据素质教育要求而有意识降低要求、控制难度的地方，仍旧拔高、加码。对于新教材增加的新内容，不要认为是高校知识的下放而按高等数学的要求去要求学生，应分析新教材引入了多少，为什么引入，怎样教学能体现新教材的意图，防止范围、难度失控。对于新教材中的新要求，特别是应用性、实践性方面的要求，一定要认识到这是过去我国学

生素质中最为薄弱的方面，执教时要从全面提高学生素质、民族素质的高度，认真加以落实，切不可因应试是否需要而作弃取。

2. 努力改进教法，开发新教材体系的潜在动力

再好的教材，如果没有好的教法，也是难以奏效的。教法的选择，固然要根据学科的性质、目标、内容、要求，学生的知识、能力水平，以及教师本人的教学特点、风格等因素，但教材的体系、特色，也是教法选择的重要因素。新教材吸取了多年来上海和全国数学教学方法改革的经验，以"操作""观察"等方法引入概念；由"思考""实验"等引出规律。教学时应充分利用教材处理上的这种特点，采取相应的教法，例如可以设计问题情景，让学生在积极的实践和思维活动中达到由感性到理性的认识。为适应新教材，教师要努力提高自己驾驭教学法的能力，不论运用讲练法、谈话法、探索发现法、自学辅导法、"读、议、讲、练"法等，都要根据教材特色，灵活运用，有所创造，形成自己的教学特色。特别地，数学教学中渗透德育的问题，是每个数学教师共同的责任，在教学设计中，要重视寓德育于数学教学和训练之中，使数学成为德育的一门隐性课程、一个重要的阵地。

3. 充分发挥各种教学媒体的作用，提高教学效益

新教材的结构体系和编写形式，强调观察、操作、应用、实践的特色，重视学生思维活动和实践活动的设计，这对教师还提出了充分运用各种教学媒体的新要求。例如：教具、学具、挂图、幻灯、投影、录像及参观实习等。一方面，上海市中小学课程教材改革委员会数学教材编写组、音像教材办公室等部门已根据学校的共同需要，设计、制作了一些教学媒体供教师使用；另一方面，教师还要根据本校、本地区的实际，因地制宜地自创自制一些教学媒体，更贴切地帮助学生掌握数学知识及其应用，让学生有机会动手动脑，积极投入教学过程，防止纸上谈兵。当然，各种教学媒体既不能一股脑儿搬出来使用，更不能随心所欲，想到什么就用什么。各种教学媒体都有其独特作用，需要在备课时分析教材、设计教学过程和教学方法的同时，对教学媒体作合理选择和优化组合，使它们在促进教与学中发挥更大作用，使数学教学更加多姿多采，达到提高教学质量和效益的目的。

7.7 怎样撰写学术型教育论文

7.7.1 学术型教育论文及其特点

学术型教育论文，是以专门的教育、教学实验与研究为前提，以实验或研究中获得的事实材料和数据材料为基础，专门系统地研究教育、教学领域里的理论问题和表述教育科研成果的、阐述教育学术观点的高层次议论文。它与经验型、研讨型教育论文相比，更具有科学性、理论性，有着更深层的指导意义。学术论文除了具有一般性教育论文所具有的理论性、科学性、创见性、论证性等特点外，还具有它自己的个性特征。主要是学术性和技术性。

(1) 学术性

学术型教育论文，是探讨学术问题、描述科研成果、进行教育学术交流的手段和工具，与一般性教育论文相比较，更具有学术性、理论性。它大都是围绕研究的课题，在专门系统地开展教育教学实验、研究的前提下，在广泛搜集、整理、分析和研究大量资料的基础上，得出课题实验、研究的成果，然后做出具有科学性、理论性、创见性的结论。这些“结论”是研究人员提出的新见解、新定理或新模式，在理论上有新的开拓、发展。因此这种类型的论文更具有学术价值。

(2) 技术性

撰写学术型教育论文，其技术性要求严格。从确定研究课题开始，到实验研究的结束，从资料的整理分析，到确立论点，再执笔成文，都有严格的规定、要求。如在整理分析资料时，要运用教育统计学的理论、方法；在执笔成文的过程中，其编写格式等都有较严格的技术规定，还经常要邀请有关专家、领导、同行等参加论证会，请他们鉴定成果，帮助整理、分析资料，编写论文。这正是因为学术型教育论文有较强的技术性。

7.7.2 撰写学术型教育论文的准备工作

(1) 慎重选题，找准突破口

教学一篇课文的材料，可以写成一篇经验型或研讨型教育论文，但不足以写成学术型教育论文。撰写学术型教育论文，要根据写作的主要目的选择好适宜的课题或论题。选题应重点考虑：①选择自己有基础、有体会、有能力开展研究和论证的课题；②选择在教育理论或学科基本理论建设上有重要意义的课题；③选择当前有争议的课题；④选择关于改革教育体制、普教转轨的课题；⑤选择有助于“普九”和全面提高教育质量、全面贯彻教育方针的关键课题；⑥选择如何实施素质教育，如何克服“片面追求升学率”，如何减轻学生负担的课题。

（2）运用科学方法，广泛深入地搜集资料

1）顺查法。就是从所研究课题的有关资料的起始年代查起，一直查到现在。此法查得全、不易遗漏，但费时费力。

2）倒查法。就是由近及远地查找资料，先查现在的，再逐年往前查，查到能满足课题研究需要时就不再查了。此法可节省时间。

3）追踪法。就是以与自己选题有关的著作、论文中所提供的参考资料为线索，进行追踪查找。此法准确率较高，省时省力，但查全率较低。

根据选题找到资料后，要用目录的形式显示出来。如果是杂志中的材料可记上作者、标题、杂志名、卷号、页码；如果是单行本，要在目录上记上出版单位和发行年月；如果是报纸，要写上发行的年月日。

（3）按照一定程序，认真整理分析，精心研究资料

论点是从大量的资料中整理分析，精心研究中得来的。因此，整理分析、精心研究资料是确立论点的关键一步。它的工作程序为：整理⟶分析⟶立意⟶列提纲。

1）整理资料。就是对大量的分散的原始材料进行审查、修整、摘要、补充、鉴别、分类等各种处理工作。整理资料的目的是使资料简明、条理化，形成一个新的方便使用的资料系统。

2）分析资料。就是把客观事物的整体分解为各个部分、方面、层次、要素，以便逐个加以研究，提高对事物的认识。分析方法常用的有定性分析、定量分析和因果分析三种。它们往往又是结合起来运用的。一是要用科学的逻辑思维方法对经过整理的资料进行科学分析，透过现象，看清本质，深刻地认识事物；二是要运用创造性思维方法对入选的材料进行多角度的分析，使材料更真实、更典型、更富有新意、更能表现主题。

3）立意。确立教育论文的观点（论点），提出自己的创见，给研究对象下科学结论。观点、创见、结论，不是作者主观臆造出来的，而是来自作者对资料的分析研究，来自作者创造性的思考。

确立论点（观点），首先要确立全文的中心论点，然后再围绕中心论点确定下位论点，并选用恰切的充足的论据加以论述，完成教育论文的整体化。

4）编制提纲。就是为撰写论文搭“架子”，“架子”搭得好坏，直接影响到论文质量。编制时要依据下面介绍的“学术型教育论文的结构与写作要求”来编写。

7.7.3 学术型教育论文的结构与写作要求

一篇完整的学术型教育论文，主要有：标题、署名、摘要、绪论、本论、结论、参考文献（即摘引）等七个项目。

（1）标题

标题，即题名，是选题的最终的用文字而固定的一种表述形式。标题上承选题，下启内容，它提供了论文内容的主要信息，在一定程度上提供了有无阅读价值的可能性。编拟标题还必须做到如下几点：

1）要准确地表达论文最主要的特定内容，恰如其分地反映研究的范围和达到的深度。《试论数学教学》这样的标题就显得空泛，不能反映特定内容是什么。

2）要简洁精炼，给人以鲜明的印象，便于引用和记忆，便于文献的编排、记录和整理。字数一般不超过20字。若用少量文字确实难以表述论文的主要内容。则可用副标题对主标题加以说明、补充和限定。

3）要合乎逻辑。拟定标题应注意表述的逻辑性，其词语运用及搭配要合乎逻辑。《中学生阅读能力的培养与训练》这个标题中的“培养”与“训练”表意重复，不符合逻辑。

4）要能引起读者注意。标题用语应避免笼统、模糊、空洞、过分夸张、模棱两可。要做到重点突出地概括论文的内容，不仅同行、专家看了明白，就是教育系统外的人看了也能明白。

5）要明确论文写作的社会功能。要根据不同的刊物、不同的会议拟出不同的标题。向报刊投稿，就要弄清刊物的宗旨、性质及读者对象；向会议提交论文的，就要弄清会议的主题、与会者的学术层次等。

（2）署名

署名，是论文作者文责自负的具体表现，也是对自己辛勤劳动的珍爱，发表时也便于与别人联系。对此，国家标准是这样规定的：在封面和题名页上，或学术论文的正文前署名的个人作者，只限于那些对选定研究课题和制订研究方案、直接参加全部或主要部分研究工作并做出主要贡献的人，以其贡献大小排列名次。至于参加部分工作的合作者，按研究计划分工负责具体小项的工作者，某一项测试的承担者以及接受委托进行分析检验和观察的辅助人员，均不列入。这些人可以作为参加工作的人员一一列入致谢部分或排入脚注。

论文作者的署名，一般要在标题之下，独占一行写在正中的位置。需要时，还应写上作者的单位。

（3）摘要

摘要，是作者自己对其论文的全部内容摘出的要点。它是学术型教育论文的有机组成部分，决定着读者有无必要阅读全文。国家标准中规定：摘要是报告、论文的内容不加注释和评论的简短陈述。它应有独立性和自含性，即不阅读报告、论文的全文，就能获得必要的信息。摘要中有数据、有结论，是一篇完整的短文，可以独立使用。摘要的内容应包含与报告、论文同等量的主要信息，一般应说明研究的目的、实验的方法、结果和最终结论等，而重点是结果和结论，字数不宜超过200～300字。位置一般在标题和作者署名之后，正文之前。

（4）绪论

绪论，又称前言、绪言、引论。它是教育论文的开场白，是提出问题的部分，它在正文之前，常常用以说明写作目的、研究的经过和成果的意义等。国家标准规定：绪论要简要说明研究工作的目的、范围，相关领域的前人工作和知识空白，理论基础和分析、研究设想，研究方法和实验设计，预期结果和意义等。比较短的论文可以只用一小段起到引言的效用。

1）绪论的内容：①说明研究这一课题的目的和理由；②提出问题，表明作者的见解和观点；③说明研究这一课题所运用的方法、手段；④扼要、概括地介绍论述的内容或提示论述问题的结论；⑤对这一课题研究的历史简要回顾。绪论对本论起着一种先导作用，它可以诱发读者的思维活动，激发读者的情趣。

2）写作绪论的要求：①提示写作意图及论题中心要带有绪论性的观点，以告之读者这篇论文写作的目的、作者的论题以及基本观点；②应具有一定的启发性，以开拓读者的思路；③要考虑到读者的知识结构和心理因素，能引导读者愿意读下去，力求遣词造句上简练、生动、有趣；④要避免自吹自擂，抬高自己，贬低别人；⑤要避免把绪论写成论文的内容提要。

3）写作绪论常用的方法：①开门见山，提出论点；②提出问题，点明宗旨；③说明背景，指出原委；④引起注意，启发思考；⑤摆出现象，以待结论；⑥入手释题，以示旨意。

有些论文作者，开篇不写绪论，而是采用直接从本论写起，将绪论的部分作为第一个问题论述或融合到全文的简述中去，这也是开门见山的一种方法。

（5）本论

本论，又称正文，它是论文论述问题的主体部分。在这一部分里，作者要用各种论述的方法方式，以求得对论点的充分证明，从而使论点得以完全确立起来。关于本论的写作，国家标准规定：报告论文的正文是核心部分，占主要篇幅，可以包括调查对象，实验和观测结果，数据资料，经过加工整理的图表，形成的论点和导出的结论等。要求实事求是，客观真切，准确完备，合乎逻辑，层次分明，简练可读。本论是论文写作的重点，它包括理论分析、研究方法、观察到的事实、研究的现象、研究中的经验、结果等内容。在这一部分里，作者要详细地阐述研究中的经验、成果，特别是详细地阐述作者提出的新的、独创性的东西；要根据课题的性质，或正面立论，或批驳不同的看法，或解决别人的疑难问题，来周详地论述文中的全部思想和新的见解。这一部分篇幅约占全文的三分之二，它是作者研究成果及先进经验的具体描述，体现着教育论文的研究水平或学术价值，要全力把它写好。

（6）结论

结论是论文的结尾部分，它是作者研究成果的反映，是作者主张、见解的具体体现。国家标准规定：报告、论文的结论是最终、总体的结论，不是正文中各段的小结的简单重复。结论应该准确、完整、明确、精练。如果不可能导出应有的结论，也可以没有结论而进行必要的讨论。可以在讨论中提出建议、研究设想、改进意见、尚待解决的问题等。结论是全文的精华部分，它使中心论点进一步深化，或是归纳出论点，或围绕中心论点，提出建议、设想等。写好结论要避免三种现象：一是“草率收兵”，二是“画蛇添足”，三是空泛笼统。

（7）摘引

在学术性教育论文写作中，由于论述上的需要，常常摘引一段或几句他人的著作或论文的原话，来增强论文的说服力。按照国家的有关规定，这种“摘引”，必须加以注明。摘引作用在于：①反映作者实事求是的态度，表示对他人成果的尊重；②便于读者了解该学科领域的研究情况，可根据所列文献资料去查找原文；③便于论文的审查者评论论文水平以及从中了解结论的可信度。

7.7.4 本论的写作

（1）本论的论述方法

本论部分是以论据证明论点的论述过程，其论述方法主要有以下几种：

1）例证法。就是用翔实、新颖、典型的事例、概括的事实和统计数据作论据，证明论点的正确性。

2）引证法。就是引用马克思主义的基本原理；党和国家的教育方针、政策、法规；教育界的著名人物的正确观点和实践经验；现代教育理论著作的科学结论等作为理论依据，来论证自己观点的止确性。

3）数字法。就是运用准确的统计数字来证明论点。

4）图表法。就是运用教育统计的理论知识，将研究或实验的情况、结果等，以列图表的方式客观地展示出来，以证明论点的科学性。

5）解剖法。就是把一个复杂的事物或问题分解为若干个部分、方面、层次、要素，分别进行研究，从性质、特点、质量、组合、起因、发展、结果，以及与其他事物（问题）的关系等方面进行分析剖析。

6）阐发法。对教育论文的题目、论点、引文、重点词语和关键句子等进行解释说明，或根据一般性的原理、原则，从定理、定义中推断出新的结论。

7）概述法。就是为了论述问题，证明论点，将一些教育、教学的现状、现象或背景材料等概括起来，进行概括性的介绍、说明。

8）归纳法。就是将研究、实验或调查中所获得的情况、体会、认识或经验、做法等加以概括、提炼；归纳成几个方面（要点），分别加以介绍、说明或阐述。

写本论的方法远不止以上几种，如比较法、形象法等也是较好的论证方法。在实际写作过程中，也不是一种论述方法的单项使用，大都是多种方法的综合使用，这样才能多角度、多层次地深入地论述问题，证明论点。

（2）本论的写作方式

1）并列式，又称平行式。即围绕中心论点，从不同角度、不同侧面来进行论述，从而使读者对这个问题有一个全面、透彻的了解和认识。如图 7-5，这种方式的特点是：以论点为中心，先放射性地四面展开论述，从而使每一部分直接对向论点，说明论点，几个方面综合起来把论点论述清楚。

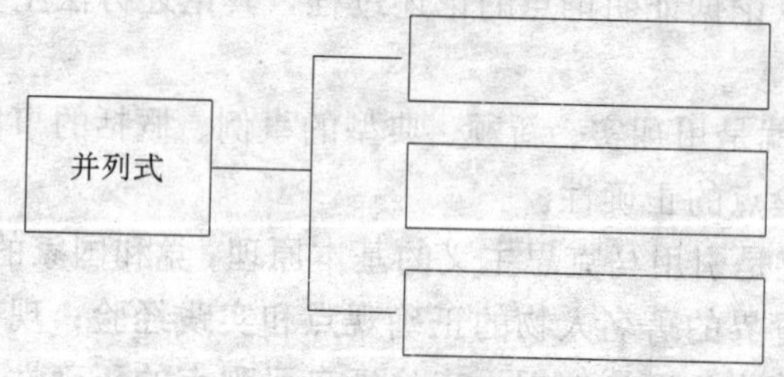

图7-5 并列式

2）递进式，又称推进式。即对于着重论述的问题，采用步步深入，层层推进的方式，最终把问题论述得透彻、清楚。犹如剥笋，一层比一层深入，最后挖掘其本质和灵魂。它的层次与层次之间，是递进、向前发展的关系。如图 7-6。

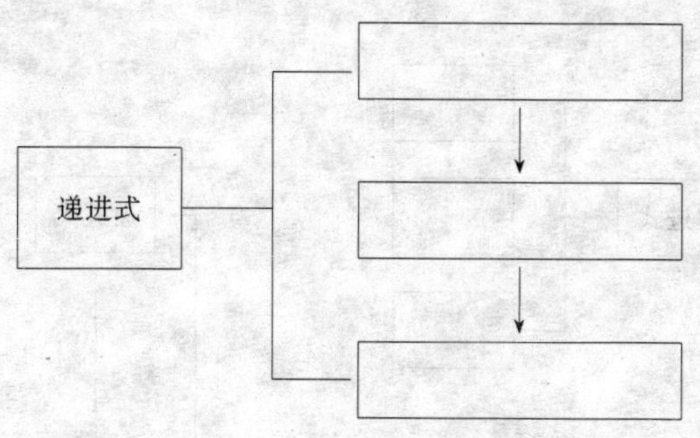

图7-6 递进式

运用这种方式，能使问题由表及里地得到深入的论述。但必须学会怎样才能步步深入地把问题论述清楚。就是要通过分析和比较的方法，列出步步深入的提纲，再依提纲所指出的顺序论述下去。

3）并列递进式，又称纵横交错式。可分为两种：一是在并列论述的过程中，在每个并列的层面上，又展开递进的阐述，即并列中的递进；二是在递进论述的过程中，在每个递进的层面上，又展开并列的阐述，即递进中的并列（图 7-7）。

采取并列递进式，一般是论述较为复杂的问题。并列中递进，可使问题更加深入；递进中并列，又可使问题侧面展开。这样可使读者更充分，更深入地理解作者所要论述的问题。尤其是写较长的理论性、学术性教育论文，一般都采用这种论述方式。

7.7.5 结论的写作方式

（1）结论式

就是对研究的问题得出明确的答案，提出结论性的意见。运用这种方式，可以总结全文，做出结论，也可以归纳全篇，突出论点。

（2）探讨式

有时对某一问题的研究仅仅是初步的探索与分析，不是提供某种实证的结论，而是提出深入研究的可能性。这就可以运用探讨式结论。

（3）设想式

对某一问题的研究虽然提出了一些探讨性看法，但并没有结论性意见，问题到底怎么解决，需要进一步研究和探索，仅提出一些认识和设

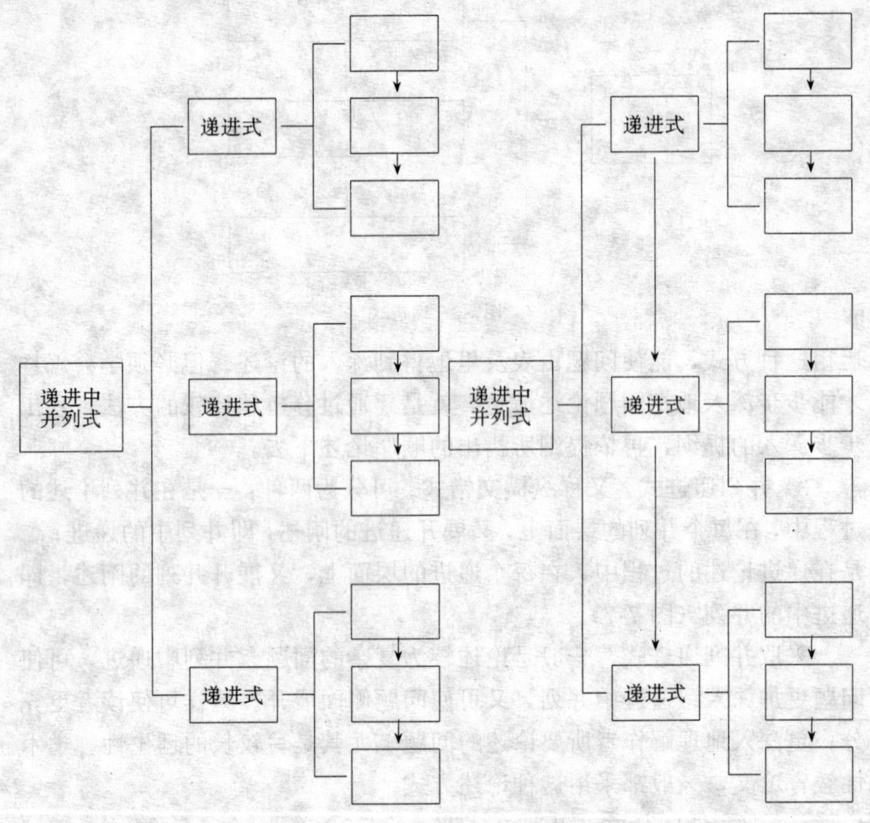

图7-7 并列递进式(又称纵横交错式)

想。

(4) 解释式

在结论部分，对正文阐述的理论、观点做进一步说明，使作者阐发的观点更加明朗。

(5) 展望式

即在本论论述理论、观点的基础上，以其理论、观点的价值、意义、作用推导未来，预见其生命力。

以上几种结论方式仅是常见的，而且它们不是一成不变的死板方式，可以根据研究的内容和表达需要，加以灵活变通。如，有的论文在绪论中就已写出了所论述问题的结果、认识，所以干脆省略了结论部分。

7.7.6 摘引的写作

（1）摘引的内容

1）观点摘引。就是在自己的论文中引用别人的观点、思想。这种摘引，既可作为自己立论的根据，也可在论文中起到论点作用。

2）论据的摘引。在自己的论文中引用他人著作或论文中的材料，作为自己论述的根据。可以是事例、调查、研究的结果，也可以是图、表、数据等。

3）研究方法的摘引。就是引用他人著作或论文中的某种调查、研究的方法来解决自己的研究专题、课题。

（2）摘引时应注意事项

1）引文必须忠实于原文的本意，不断章取义。

2）引文要力求精当，不能连篇累牍。

3）引文要考虑读者能否理解，不用生疏、不易理解的材料。

4）参考文献，只选择主要的列入，教科书上的基本理论和公式不算文献，引用时可不加注释。

（3）摘引的方法

1）直接引用。又可分为段中引文和提行引文两种。段中引文：即把引用的原文放在一段之中，并加冒号和引号。如果只引原文中的有关部分，而省略其他无关的部分，还可以用删节号。提行引文：指重要的或强调性的引文，要提行自成一段，以引起读者的注意。为了区别于正文，书写时，全部引文要比正文缩两格，第一行开头缩四格，但不要加引号。

2）间接引用，就是引原意而不是原话，这种引用不用引号只用冒号，有时也可以用逗号。

7.7.7 注的要求

论文中的引文或引文中的难点和必要解说要加注。目的是为了说明出处，便于读者理解、查阅。因此所引用的文献资料必须作出说明。参考文献著录应按国家标准 GB714-87《文后参考文献著录规则》执行。若引用的是图书类的，如专著、论文集、手册，应写出编著者、书名、出版地、出版社、出版年、页数。如引用的是中译本，应写原著作者姓名、译者、中译本的书名、出版地、出版社、出版年、页数；若引用的是期刊，应写出作者姓名、期刊名、年、月、日、卷、期、页。多名作者用逗号隔开。一条文献至多列 2～3 人，其他作者可用“等”表示，外文期刊名可按规定缩写。

采用顺序编码制时，要注意文献编码号在正文引用处的右上角必须标记出来；采用著者出版年制时，在正文引用处必须注明作者、出版年。这两种方法的共同要求是正文和文后著录的一致性。

另外，撰写学术型教育论文，必要时还可加置封面。要求是：在左上角注明会议名称，用大号字将标题标于明显的位置，作者姓名、所在单位、撰文时间等都应写清楚。

7.7.8 论文范例

大众数学势在必行

——兼论 21 世纪中国数学教育展望研究

刘 兼

社会发展的复杂性，市场经济的多元化；数学领域的各个学派，教育科学的诸多理论；地方办学、分级管理的教育体制，一纲多本乃至多纲多本的课程改革局面……所有这一切，意味着未来的数学教育绝对不可能像今天这样只是一种思想、一个流派、一套大纲、一本教材，21 世纪的数学教育必将学派林立，异彩纷呈。有的注重展示过程；有的注重分析结论；有的强调理论性、系统性；有的强调大众化、生活化；有的推崇代数化、机械化；有的僻好几何证明、逻辑推理；有人认为知识是第一位的，有人认为能力更重要，也有人说自信心的培养、品德的养成是当务之急。当然，多元化并不排斥统一性，作为义务教育阶段的数学教育，各种改革思潮都要回答同样的问题——数学该不该面向大众？数学能不能面向大众？数学如何面向大众？

1 大众数学的提出是历史发展的必然

1.1 社会呼唤数学面向大众

(1) 市场经济需要人们掌握更有用的数学。社会主义市场经济将成为今后几十年内我国人民社会政治生活、经济生活的主旋律。过去，在计划经济体制下，从广大百姓、厂长、经理，到县长、市长，直至上层领导干部，其一切经济活动就是生产——完成计划、超额完成计划，不管经营，不论效益。然而今天，特别是今后的几十年，随着承包制、租赁制、股份制的进一步推行，市场经济的逐步完善，无论是城市还是广大的农村，几乎每一个生产者同时也将成为经营者，产品质量、市场销售与个人利益直接挂钩。因而，成本、利润、投入、产出、贷款、效益、股份、市场预测、风险评估等一系列经济词汇将成为人们社会生活中使用得最为频繁的词汇。同时，人们日常生活中的经济活动也将更为丰富多彩，买与卖、存款与保险、股票与债券……几乎每天都会碰到，相应地，与这一系列经济活动相关的数学（俗称盘算的学问），自然就应该更早、更多地在中小学课堂中出现。如，比和比例、利息与利率、统计与概率、运筹与优化以及系统分析与决策……

(2) 科学技术的迅速发展，特别是信息时代的到来，要求人们具有更高的数学修养。科学研究发现，现代高技术越来越表现为一种数学技术。这一点在海湾战争中表现得尤为突出，海湾战争实质上是一场电子战，而所谓电子技术归根到底是数学技术，无论从武器装备、兵力布置直至后勤保障，特别是战争过程的预测，所有这一切都首先借助于计算机模拟并通过计算机协调来实现。因而，高科技的发展、应用，把现代数学以技术化的方式迅速辐射到人们日常生活的各个领域。智能机器人、办公自动化以及计算机储蓄、售货和私人电脑等电子产业将高速发展。据统计，发达国家中从事信息产业的人数占就业人口的50%左右，以此推算，到21世纪中叶，我国要跻身于世界强国之林，就需要有几亿人从事第四产业。因此，在下个世纪，作为一个普遍百姓，“计算机盲”像今天的文盲一样可以生活下去，但过得不会很自在。

(3) 人们的生活质量有待数学知识的丰富而提高。随着生活水平的改善，人们的饮食、穿着、住房、交通和通讯条件将会出现极大的变化。过去，人们迫切追求的是从无到有，而今后，特别是下个世纪，人们追求的将是营养、美观、舒适，有利于身心健康等一系列更高层次的目标。特别值得一提的是，以往，人们局限于自己狭小的生活空间，村、镇、乡、县城是绝大多数中国百姓一生所能见、所能想象的地理空间。下个世纪，随着交通工具的现代化，人们经济活动的频繁，生活水准的提高，世界将会变得很小，私人汽车、旅游度假、因公外出、出国观光以及国际国内长途、国际国内航线，这一切，平常百姓将不再陌生，而伴随着这一切的出现，需要人们具备更多的能有效运用的数学知识、思想和方法。

(4) 数学语言正在生活化，或者说，生活中需要越来越多的数学语言。数学语言可以说是迄今为止惟一的世界通用语言。以准确、简明、抽象著称的数学语言正越来越多地进入人们的日常生活。“+、—”号通过电视进入千千万万家庭，儿童日复一日耳濡目染（可是，我们的中小学数学课程中，直至初中一年级学生才有机会接触到正、负数）；各种统计图表，比例、分数、小数、百分数符号频繁见于报端；生产进度、交通事故、股市行情等迥然不同的领域却在运用着几乎同样的数学符号向各行各业的普通百姓传递着大量的信息。铁道部门有一条规定，旅客所携行李外形大小限于长、宽、高之和不超过160cm，这意味着南来北往的每一位旅客都应对物体长、宽、高的概念有准确的理解，并能灵活运用，因为这是一个典型的不定方程问题；又譬如，以往学校的成绩报告单上只有各学科百分制的成绩，现在却有相当多的学校引进了标准分，就是说，作为学生家长的普通公民，应该具有更多的统计常识；至于高考语文、数学以120分记分，体现了数学上的加权思想，这类事例更是俯拾皆是。

1.2 数学教育现状与大众数学相距甚远，令人堪忧

这表现在，一方面，现行教学大纲和教材中规定的学习内容，大多数学生学不好。

由国家教委组织，华东师大承办的1987年全国15个省市的初中数学教学抽样调查表明，我国目前初中生中达到数学合格水平的学生只占同龄人的1/3左右（在1992年义务教育初中数学课程试验情况调查中，合格率虽有所提高，但仍未见大的改观）。这表明，在目前这种教育体制下，有相当多的学生由于数学不合格而导致学校生活的失败。这种打击(人生第一站) 所造成的精神创伤将伴随着人的整个一生，由此造成的社会人力资源损失无法估量。难怪我国一位教育界老前辈曾尖锐地指出：我国现行教育体制是一种培养失败者的教育——小学毕业后，成功者考上

了重点初中，失败者或走向社会，或进入普通初中；初中毕业后，成功者考上了重点高中，失败者或走向社会，或进入普通高中、职业高中；高中毕业后，成功者考上了大学，失败者则流向社会；……由此细细品味不难发现，在我国，差不多有95%左右的年青人是以一种失败者的心态踏入社会的，长此以往必将影响到整个民族的精神状态。遗憾的是，在这种淘汰制度下，数学充当着极不光彩的“刽子手”角色。

另一方面，社会所必须的大量数学知识、修养在学校数学中学不到。

这是一个更为严重的问题，学生在校学习的是大量人为编造的数学问题以及繁、难、杂的数学运算与数学证明技巧。像“去分母、去括号、移项、合并同类项、两边同除以未知数的系数”这类机械操作性极强的运算步骤却成了方程部分的重点内容，而如何将一个实际问题转化为数学问题？如何运用数学模型解释生活现象？如何评价运算结果，解决实际问题？却成了很次要的东西，几乎鲜为人知；人们在生活中常常遇到的储蓄问题、统计问题、规划问题，被视为雕虫小技，有些只能在课外小组或者数学竞赛中才会见到。

与世界各主要国家相比，我国现行中小学数学内容是最多、最难的，结构体系是最为陈旧的。教学内容严重脱离现实生活尤为突出。

1.3 数学教育面临着亟待解决的两类矛盾

上述分析表明，我国数学教育正面临着两类亟待解决但性质迥异的矛盾，应具体问题具体分析。

(1) 一方面，现代社会处处充满数学，每个人都应具备更多的数学知识，才能更好地适应日常生活；另一方面，现代数学的发展越来越只能为少数人所掌握，甚至没有一位数学家能够有信心地说他了解数学的所有方面。应该看到，这一矛盾是数学教育发展过程中的矛盾，是需要与可能这对永恒矛盾在数学教育中的具体表现。任何一个处于现代化进程中的国家，其数学教育工作者都会面临这一矛盾。在我国，随着经济的发展，这个矛盾早已显现，并日益尖锐化。我们认为，这一矛盾将构成本世纪末，下世纪初我国数学教育发展的内在动力要素。

(2) 现行中小学数学课程体系下，相当多的学生掌握不了，相当多的内容学了没用(甚至会产生负作用)，但考试指挥棒迫使他们非学不可；

而与此同时，很多既有实用功能，又有智力价值，并且能够联系学生的生活实际可以让学生掌握的内容，却又学不到。它集中反映了我国现行数学教育体制的弊端，说明当前我国的数学教育状况严重滞后于社会发展，必须有新的改革思路来彻底根治。

我们认为，大众数学为解决这两类矛盾提供了一个良好的结合点，以大众数学为指导，形成新的数学教育思想和实践体系，已势在必行。

2 普及义务教育是提出大众数学的最好契机

在我国，从 1986 年起到本世纪末将逐步普及九年义务教育，以保证每一位公民具有最基本的素养。这意味着我们每一位数学教育工作者都将面临这样一个问题：如何使同龄人的数学合格率从 1/3 提高到几乎 100%？

我们认为，如果现行教育体制下，同龄人中的百分之七八十在数学上可以达到合格水平，那么，要 100% 的合格率，只需在内容的难度上做适当的调整并努力提高教师的教学能力和责任感还是可能的。但是，要使合格率从 1/3 提高到几乎 100%，靠简单的降低难度，提高教师水平等外部措施显然行不通。

"大众数学"作为一种新的数学教育思想，充分体现了义务教育的基本精神。以大众数学为指导，彻底改革现行数学教育体制，形成新的数学教育思想和实践体系，特别是创造出适合于每一个人的学校数学课程，是未来数学教育改革的必由之路。

3 对大众数学思想的支持

3.1 中国古代数学和数学教育具有很强的大众性

以《九章算术》为杰出代表的中国传统数学与以《几何原本》为代表的古希腊数学迥然不同，它们分别代表了中西方古代数学文明的杰出成果，如果说《几何原本》是一种"贵族"数学的话，那么《九章算术》无论从思想方法，还是成果以及成果的表达形式和成果利用上都带有浓厚的大众色彩。可以说，我国古代数学以解决实际问题为最终目标，一切从实际问题出发，形成算法，寓理于算，并进一步应用于解决各种实际问题；同时，数学的内容、思想和方法的发展不受理论框架的限制，注重实际效果（如负数、无理数的创立），并且在内容的表达形式上以归纳体系为主……

3.2　新中国数学教育发展进程表现出向"大众数学"演化的态势

新中国成立后,数学教育经历了曲折的发展历程,进入80年代之后,通过总结国际、国内正反两方面的经验教训,对数学教育不断调整,以适应义务教育下的新形势。

尽管,现行的数学教育体系与"大众数学"相距甚远,但40年的发展已表现出一种向"大众数学"演化的渐变态势。特别引人注目的是,1993年将在全国试行的《义务教育初中数学教学大纲》,第一次在"教学目的"部分明确"解决实际问题主要是指解决带有实际意义的和相关学科中的数学问题,以及日常生活和生产中的实际问题;在解决实际问题过程中,使学生受到把实际问题抽象为数学问题的训练,逐步培养他们分析问题和解决问题的能力,形成用数学的意识"。这一重大变化,对我们深入研究大众数学无疑是极大的鼓舞。

3.3　西方各主要发达国家20世纪80年代末、90年代初数学教育改革的发展趋势(应用性、问题解决、数学交流、自信心以及数学思想和数学能力等诸方面的新思想、新观念)集中表现出一个新的数学教育时代的到来——大众数学时代。

4　对大众数学的几点认识

4.1　什么是大众数学

在上述广泛的背景下形成的大众数学思想具有极其丰富的内涵。同时,考虑到"大众数学"一词非常朴素,朴素得可以不必定义人人都能够理解。所以,在我们的课题研究中,大众数学是被作为一个原名词来看待的。人们可以从哲学、社会学、数学以及教育学等各个角度来研究它,也可以用它考察数学教育所涉及的各个方面。

4.2　大众数学的内涵

(1)从文化的角度看,数学作为一种文化,大众数学是大众文化的一个组成部分。任何一种文化现象都包含着丰富的数学内容,如何挖掘各民族文化中的数学因素?如何在教育中发挥这些因素的积极作用?如何处理民族语言与数学语言的相互关系?总之,在不同文化背景的学生中讲授数学,是充分利用学生各自文化背景中的数学因素,还是让学生尽量不受已有因素的影响把数学当做一个全新的天地来考察？这是亟待解决的问题。在我们把数学作为一种文化现象来研究的过程中，大众哲学将发挥重要的指导作用。

(2) 从生活的角度看，大众数学就是大众生活中的数学。人们在日常生活中都自觉不自觉地运用着数学，有些为人们所意识到，有的则有待于进一步挖掘，大众数学的客观存在性表明，人们通过这方面的研究可以发展成为一门独立于数学家的数学之外的学问——生活中的数学，它是动态的、发展的，有着自身的客观规律。也许，不久的未来，会有“生活中的数学”研究专著，形成专业研究队伍和相应的研究团体、研究实体。“生活中的数学”之研究、发展对建立义务教育的数学课程将产生重大的影响。

(3) 从数学的角度看，大众数学即数学大众化。虽然数学发展到今天，纯数学已经不可能为普通百姓所理解，但是数学和数学家总是在尝试着以某种方式向社会渗透，特别是随着计算机的出现和逐步普及，这一点表现得尤为明显。今天中小学课堂中所讲授的数学，在17～18世纪之前还只是少数数学家所绞尽脑汁研究的学问。因此，我们应该以更为积极的态度，从面向每一个人的角度，把一些未来所必须的现代数学思想和方法尽快大众化，以便不久的将来我们的中小学生能够学习它、掌握它。

(4) 从教育的角度看，大众数学是义务教育的基本精神在数学教育中的反映。义务教育意义下的数学教育与以往选拔、淘汰式的数学教育的根本区别也就在这一点。因此，表现在课程上，大众数学旨在建立一种在儿童现实生活背景中可以发展起来的，适应未来发展需要的新数学课程；表现在评价上，大众数学将促进人们形成这样的信念，即每一个人都可以学习数学，而且都能学得很好，获得自信；而表现在教学上，与大众数学相应的教学策略是问题解决和掌握数学……

4.3　大众数学所追求的教育目标及其实现策略

作为大众数学意义下的数学教育体系，所追求的教育目的就是让每个人能够掌握有用的数学。它包括两个方面的含义：①人人学有用的数学；②人人掌握数学。

所谓有用的数学亦可称之为好数学。在我国，几千年的封建文化，从隋唐开始的科举制度，导致语文教学中普遍存在着严重的"八股文"一类的坏语文。同样，数学教学中也存在着类似的坏数学，教学这类坏数学，除了应付考试外，对学生没有其他任何积极作用，甚至训练多了反而妨碍学生的智力发展，泯灭孩子们的好奇心。因此，作为大众数学意义的数学教育，首要的是使学生学习那些既是未来社会所要求的，又是个体发展所必须的，对学生既有实用价值又有智力训练价值的数学，这是大众数学之所以有别于别的流派，具有旺盛生命力的关键。

人人掌握数学是大众数学所追求的第二个目标。这一点似乎与布鲁姆的掌握学习理论没有多大的差异，然而，我们认为，这二者之间有着本质区别。掌握学习理论通过改变教学策略（及时反馈、及时强化）等来实现"人人掌握"的目标，至于人人掌握的那些数学是否有用，是否有社会价值，这不是布鲁姆的理论所关注的问题。而这一点恰好是大众数学试图实现人人掌握数学的首要策略——即课程策略，通过课程改革使每一个适龄儿童有可能学好数学。

据了解，国际上"mathematics for all"作为一个口号，其由来的一个重要原因是学生中许多同龄人学不好数学（这是我们提出大众数学的动机之一，但不是首要动机），因而口号带有强烈的教育民主和人道主义色彩。而"大众数学"在我国的现实背景下提出，其首要的动机不是许多人学不好数学，而是所学的不是社会必须的，而社会必须的、学校课程中没有。也就是说，即使现行数学课程几乎人人都能掌握（如上海青浦、江苏常州），数学课程内容也必须改革，使之与未来社会的需求相一致。

所谓人人掌握数学，包含着多层面的含义。其中最为核心的是使每一个学生都获得学好数学的自信。实际上，学习数学的自信心与掌握数学互为因果，因为只有具备自信，才能掌握数学；同时，也只有掌握了数学，才能获得进一步学习数学的自信。

如此设定大众数学所追求的上述目标，在于我们坚信：存在一种数学（即作为课程的大众数学），它不但体现了未来社会对每一个公民的基本要求，而且它能够以与学生年龄特征相适应的方式呈现给儿童，使学生积极投入数学活动中，充分体验数学的再创造过程，从而获得自信，掌握数学。

因此，大众数学意义下的数学教育策略首先是一种课程策略，即通过改造现行的课程结构，形成适合每一个人的新课程体系，从根本上实现人人掌握有用的数学。

4.4　作为课程的大众数学与纯数学的关系

作为课程的大众数学与纯数学的关系，就如同保健体育与竞技体育、大众医学与医学科技一样，既有区别又有联系，既有相互关联性，又有相互独立性。

然而，承认作为课程的大众数学与纯数学之间的相互独立性，具有极其重要的意义。因此，这意味着作为课程的大众数学的产生不再仅仅是也不应该是对纯数学仅做适当删减，稍加润色而成，而是应在若干制约条件下对纯数学的再创造。

5　大众数学意义下的课程设计思想及其实现策略

5.1　课程设计目标

既然课程策略作为大众数学意义下的数学教育改革的首要策略，那么大众数学意义下的课程设计目标就是找寻和构造一种使人人都能掌握的有用的数学。

在这样的数学课程中

(1) 不存在传统数学与现代数学、初等数学与高等数学的人为区别。而首先考虑的是未来社会每一个公民是否确实需要这样的数学。因此在未来社会生活中所必需的优化思想、统计思想、系统分析方法以及数学建模、计算机意识和三维空间的认识等内容自然就应该进入中小学教材。而初等数学中占有重要地位而且往往是造就一大批差生的所谓算术应用题，多步骤的四则混合运算，欧氏几何证明，以及高次方程和代数式恒等变换等课题理应大大删减。

(2) 不存在形式训练价值和实用价值谁轻谁重的争论。因为未来社会对公民的要求是纷繁复杂的，学生在义务教育有限的九年时间内要学习的东西很多，不可能让学生在这样宝贵的时间内仅仅学习从属于哪一种价值的数学，而必须设计出具有双重价值乃至多重价值的数学课程。这一点，在美国《普及科学——2061计划》中表现得极为突出，这份报告强调作为一个未来社会的典型成人（TA）应充分理解数学的基本过程（抽象、符号变换和应用）以及在这一基本过程中反映出来的基本数学思想和方法，至于算术、代数、几何、分析、离散数学、概率和统计，仅仅是充分体现上述基本过程的几个学科领域。

值得一提的是，即使像测量这类应用色彩很浓的知识，只要精心设计也同样可以对发展学生的一般能力和数学修养起积极作用。

(3) 不存在欧氏几何与推理训练的必然联系。历史上，欧氏几何对数学和数学教育都曾产生过巨大影响，培养出大量杰出的数学家。然而，社会发展到今天，在义务教育意义下，人们认识到，作为一个普通公民，推理训练是至关重要的，但不能仅仅局限于逻辑推理。在生活中，归纳推理、类比推理、合理推理更为重要，这一点即使对一个计算机时代的数学家也不例外。况且，培养学生逻辑推理能力，对一个儿童来说，欧氏几何并不一定是最好的手段或载体。

人们生活在三维空间，生活中存在着大量的几何问题。因此，培养、发展学生的空间观念，认识和解决生活中大量的几何现象、几何问题应该成为几何改革的更重要的目标；让学生在大量的实验几何的基础上，尽快从平面几何进入解析几何，有一条有效的几何课程策略。至于用什么样的材料来训练学生的推理能力，可以说，数学的每个学科领域都具有天然的素材，比如：代数中的运算算理，统计里的统计推断，线性规划中的分析决策，等等；甚至，我们可以像《九章算术》那样，单设一章“推理章”，用日常生活中的推理问题来训练学生的推理能力（1～9年级），这也未尝不可。

(4) 不存在知识是否系统的疑虑。以往我们认为实用主义课程或者生活单元课程会导致数学知识支离破碎、缺乏系统，那是因为我们太习惯于上千年来人们习以为常的数学固有体系。新的课程结构，以未来社会需要为出发点，以人人掌握为目标（而纯数学体系越来越只为少数杰出的数学家服务），选择并呈现数学内容，打破了传统数学与现代数学、理论数学与应用数学的界限。因此，从某种意义上说，这种独立于纯数学的学校数学课程与固有的数学系统之间就不再具有可比性。

比如：统计学的发展远远晚于方程理论，但是我们完全可以从小学低年级起，在学习算术计算的同时，研究统计问题，而不是在临近初中毕业时单设“统计初步”；同样，我们完全可以在学习自然数时就引入数轴，甚至引入坐标系，这样就可以更早地通过图表研究量与量之间的关系，反过来，通过数量关系研究几何图形；正像本文已经提到的，新课程更不必等待正小数、正分数都学过之后才引入负数，至于是否有必要借助绝对值人为地设计一系列的运算法则更有待于进一步研究……

可见，大众数学意义下的数学课程是一个实实在在的数学再创造的过程。这种创造既有内容上的也有形式上的。在参与构造新课程中的过程，要求我们的观念要首先实现一次大的转变：过去我们习惯于追求教师改进教学方法，学生勤奋学习（这固然重要），一句话，让教师、学生适应数学；而今天，则要求我们首先要改造数学，对数学实现再创造，使数学顺应人类学习的需要，从高度抽象、高度严谨、极其枯燥的形象中解放出来，走出王宫，走下金字塔，走向生活，走向大众；彻底摆脱定义、定理、法则（公式）及其证明，另加习题的纯形式数学的模式，以开放的体系再现数学的基本过程，再现数学与大自然和人类社会的千丝万缕的联系。

(5) 不存在教材的固定体裁。可以是一组卡通片，一套漫画，一串故事；也可以是一本数学小说，一辑科普文集；亦或是像《九章算术》那样，以生活中的若干领域为单元汇成的读物……总之，教材的体裁仅仅是个手段，其目的是让所有的学生都能够生动、活泼、主动地学习数学。因此，我们切不可拘泥于旧有的教材模式，阻碍教材体裁的革新。更何况，数学本来就是一片神奇的土地，其间充满着奥秘，我们仅仅是在做还其本来面目的工作。

5.2　作为课程的大众数学设计原则

在内容的选择上：

(1) 以未来社会对每一个公民的数学需求为基本标准。具体地说，这样的数学需求有显性和隐性之分。

显性的数学需求包括基本的数学概念，必要的数学技术和重要的数学事实。

隐性的数学需求则集中反映为具有数学元认知作用的各种思想意识（如函数思想、统计思想、优化思想和计算机意识，应用意识等）；具有智能价值的数学思维能力（如：主要用于分析问题的模型化能力、主要用于解决问题的应用能力，以及一般智力意义上的推理能力）以及具有人格建构作用的各种数学品质（如：热爱科学、追求真理的创新精神，一丝不苟、勤奋学习的科学态度）。

(2) 充分考虑计算机（器）的出现和普及对中小学数学课程的影响。

计算机（器）的出现和普及对中小学数学教育将产生实质性的广阔无限的影响，这一点表现在中小学数学课程上尤为突出。这种影响也有显性和隐性之分。

显性的影响表现在要求增加与计算机有关的课程，与计算机科学有关的离散数学，以及与计算机操作有关的估算技能。这些课程基本上可以包括在“计算机文化”这一范畴。

隐性的影响则主要表现在对设计中小学课程结构的指导思想产生作用，也就是说，由于计算机的出现，未来社会生活中“有用”的数学将发生变化，近而导致中小学数学课程中：对计算机的要求降低了，而对数学的收集、归纳以及分析、解释或作出判断的要求提高了；对逻辑推理的要求降低了，而对归纳推理、类比推理、合情推理的要求提高了；对问题解决过程中逻辑演算的要求降低了，而对实际问题模型化以及应用模型解释生活现象、解决实际问题的要求提高了……

总之，不同的时代有不同的计算工具，不同的计算工具形成了与之相应的不同的数学。现行中小学数学中相当多的内容是建立在珠算或者数学用表这些较为原始的计算工具的基础上的，作为面向21世纪的大众数学应以计算机或者计算器为计算工具，建立起新的课程体系。

在内容的组织和呈现形式上：

(1) 以大众化、生活化的方式反映未来社会所必须的数学思想和方法。

(2) 在朴素的解决实际问题的活动中体现数学的基本过程，使学生受到数学化、模型化及其应用意识的训练。

(3) 不受演绎体系对数学发展的理论限制，形成非形式化的、归纳的、开放的体系。

5.3 实现上述课程目标及其设计原则的研究策略

(1) 在现有各种调查报告的基础上，总结第一、二产业对数学的需求情况，并进一步深入调查第三、第四产业对数学的需要。因为，从某种意义上说，服务业和信息产业对数学的需求代表了我国未来几十年内各行业对数学的需求变化方向。需要指出的是，未来社会需要什么样的数学，这不是通过简单的调查、统计可以解决的，而更多地依赖于研究者对现实世界和历史的一种敏锐的洞察力以及对未来社会的一种直觉，创造性地构造出来，并给出具体的背景材料；在此基础上向社会各界咨询，以求达成共识（这是未来学研究的一个主要发展方向——理性预期）。

(2) 从现实生活中总结、提炼出各种数学模型，可以为内容的选取和内容的呈现提供丰富的背景材料。

(3) 寻求现代数学的原始生长点。因为，任何一个现代数学分支的原始生长点，一般具有两大特征：一方面，它是一种典型的大众化、生活化的问题（例如哥尼斯堡七桥问题）；同时，它又最能体现这一分支最基本的思想和方法。

(4) 从各国中小学数学课程标准和教材中寻求借鉴。

(5) 从我国古代数学和数学教育的历史中获得启迪。

(6) 深刻反思我国现行中小学数学教学现状，这种对现状的再评价将给我们以启示。

最后，我们回到文章最初的话题，21世纪的数学教育将是多姿多彩的，我们并不企求所有的人，所有的教师都接受“大众数学”思想。我们追求的是，通过我们艰苦不懈的努力和富有创造性的工作，逐渐形成大众数学意义下的数学教育思想和数学课程结构，在此基础上，用3～5年的时间编出教材，开展规模试验，总结经验；在取得成效后，进一步进行宣传，扩大影响。使大众数学在下个世纪初我国的中小学数学课堂上成为现实。

7.8　怎样撰写报告型教育论文

报告型教育论文，是指在从事某项教育、教学的课题实验、调查，并取得了成果或结果后，写给上级或学术团体的书面报告。报告型教育论文属于学术型教育论文范畴，但又有其自己的个性特征。表现在：①学术型教育论文侧重于教育理论、观点的阐述；报告型教育论文则侧重于教育科研过程的记录。②学术型教育论文侧重于对课题进行富有创造性的研究；报告型教育论文则侧重于记述课题研究、调查的全过程。③学术型论文一般不叙述研究的过程，也不过多列举琐细的例证，只举必要的、典型的论据；报告型教育论文则要列举众多的论据以论证，不勉强做出结论。

7.8.1.　教育实验报告的写作

教育实验报告，是在教育科研中描述、记录某一项研究课题的实验过程和结果的报告。撰写实验报告，要在收集、记录、整理大量翔实可靠的第一手资料的基础上进行，即要在做好记录实验的全过程、积累实验数据等准备工作后，方执笔撰写。一般地讲，教育实验报告，应写好以下几方面的内容。

（1）介绍实验设想的形成

介绍实验设想一般包括：①说明确立实验课题的形成过程；②说明别人在这一领域里已经做的研究工作；③说明实验的目的。

（2）介绍实验的设计

撰写实验报告时，不能简单地把实验设计抄上就算了，而是要根据实验的过程，重新审查实验的范围、方法、样本、步骤，实事求是地修改原实验设计。

1）说明实验的范围。要写明在什么学科、年级、班级中开展实验。

2)介绍实验的方法。要写明是用单组法或是用等组法或是用循环法。要把实验因子交代清楚，要说明样本是如何选取的。

3）写清实验假说。介绍实验方法后，还要写出具体的实验步骤。把假说具体化。

（3）阐述实验过程

1）简介实验过程。对从什么时候开始，到什么时候结束，多大范围内进行，采取什么步骤等作简略介绍。这部分内容也可附在其他部分写，不单列一部分。

2）指出实验中着重研究的问题。要着重解决的问题，都是现有教育教学理论与教育教学实践矛盾的焦点，是已知领域和未知领域的联结点。要把关键性的和实验目的最密切的、推导结论最必须的问题列出来写。

3）记述解决问题的过程。叙述实验过程时，要紧紧围绕解决问题这个中心，写出实验的方法、步骤。这是实验报告的主体部分，要写细、写深、写透。写法结构大体有：①纵向结构。就是以实验中提出问题为线索，逐一说明每个问题是如何解决的。②横向结构。就是以时间为线索，分别说明在不同时间阶段里着重研究的问题。③双向结构。这种写法既包含纵向结构，也包含横向结构。既有打破实验的不同阶段，以问题为线索叙述的部分，也有以时间为线索，分阶段叙述的部分。

4）介绍实验资料的收集情况。①介绍学生对施加因子的反应或反映情况。介绍观察结果，说明实验因子的作用时，一定要考虑全面，实事求是。②介绍运用谈话、问卷等方式收集实验资料的情况。要注意有选择地介绍谈话计划和问卷内容。

（4）阐明实验的结果

实验结果是实验者对实验对象施加实验因子后，在实验对象上所产生的实验效果。只有客观、正确、全面地介绍、评价实验结果，才能进而推导出实验结论，达到实验的目的。写这一部分，需要对收集的实验数据进行归类，分析整理，然后用列表和图示的方法展示研究对象的发展程度和有关数量的联系、发展、变化。

介绍实验结果，要紧扣实验目的，对照实验假说来写。实验结果不应是一些偶然现象的组合，而应是事物发展的必然。实验结果需要检验。有的实验需要进行第二轮、第三轮对实验结果进行验证、丰富和发展；一般的实验对其结果最好能进行统计检验。

（5）分析实验结果，推导出实验结论

对教育、教学实验结果，可从下几个方面进行分析。

1）统计分析。一是要分析实验数据的分布特征，如集中趋势、离中趋势、相关程度等，计算出一些具有概括性的统计数字，如平均分、标准差、相关系数等。二是要由样本数据推测总体的性质。

2）分析实验结果产生的原因及其说明的问题。实验结果产生的原因要上升到理论上来认识，不能停留在实验过程的叙述上。实验结果说明问题，主要是指这项实验的意义、作用。

3）和他人研究结果进行对比。要注意搜集他们的实验成果，并和自己的实验结果进行对比，指出自己有什么新发现、新成绩。要着重写出和别人不同的地方。

4）分析说明实验应用的范围、环境和什么程度上有效。另外，要指出实验中还有哪些没弄明白的问题，以便进一步开展研究。对实验结果进行分析讨论后，还要对分析的情况进行归纳概括，推导出结论。结论应仅限于实验结果提供的充分证据的部分，对证据不足没有充分把握的不能轻率下结论。结论应是对实验课题所提出的问题给予肯定或否定的答复，对实验目的所达到的程度做出的客观的判断，对实验假说能否成立作出的理论上的表述。

若把结论单列为一个独立部分来写，其小标题有的写为“结论”，有的写为“小结”，有的写为“我们的体会”，有的写为“初步得到的认识”“我们受到的启发”，等等。有的实验报告是没有下结论的。

（6）参考文献及附录

一篇实验报告，写完结论、正文就结束了。如还有需要交代的，可作为附录列于正文之后。如实验中的参考书籍、文献的目录、问卷及有关量表等。

如果实验报告中有引文需要交代出处，有的名词、概念、术语需解释，可以在每页的下面作注，也可以在正文后附录页前加上“注释”部分。

实验如得到某人的重要指导、帮助，可紧跟在正文后边写上感谢的话。如果文后有注释，要放在注释前。

（7）实验报告的结构

根据以上撰写实验报告的内容，我们可以看出，实验报告基本结构一般由以下几个部分组成：

1）题目。题目应简明，能反映实验研究的内容。

2）署名。题目后署上作者的名字，作者单位。

3）前言（或称“引言”、“序言”、“问题的提出”）。主要介绍实验设想的形成。

4）方法过程。具体说明实验设计的情况，包括实验的范围、方法、假说等。“过程”也可单独写出。

5）结果。介绍和分析研究结果。

6）讨论。主要是阐明实验结果是证实或证伪了假设。

7）结论。对实验结果作简单小结。

8）参考文献。注解引用材料的出处。

（8）实验报告范例

【例1】　《比和比例》两种教学方案的实验研究

邱学华

一、问题的提出

统编小学数学第十册（征求意见稿）课本中《比和比例》这一单元，编写了两种教学方案的教材，让大家讨论选择。这两种教学方案的区别，主要在解比例应用题的方法不同：第一方案用传统方法，列比例式解应用题，同过去课本基本相同；第二方案，突破传统方法，用列方程解答正反比例应用题。

这两种教学方案究竟哪种好，必须经过教学实验研究，才能得到比较正确的结论。这项教学实验的目的：

1. 判断两种教学方案的利弊，为编写统编课本中《比和比例》教材提供第一手资料；

2. 探索比例应用题的解题规律；

3. 探索五年级小学生解应用题的思维特点。

二、实验的方法

1979年9月，我们先在迎春桥小学选择五年级一个班进行用列方程解比例应用题的探索性试验。1980年3月开始，在人民教育出版社数学编辑室的帮助下，在7所学校10个班级进行第二方案的教学试验。全部采用人民教育出版社数学编辑室的试验教材，这7所学校的试验分成3种情况：

（一）等组法。在本校采用对比教学试验，在迎春桥小学、两仓桥小学试验班。他们在平行班中一个班采用第一方案，另一个班采用第二方案，进行对比教学试验。

（二）单组法。直接采用第二方案试验，没有对比班，有局前街小学、东郊小学、延安北路第一小学的试验班。

（三）循环法。先教第一方案，再教第二方案。有娑罗巷小学、刁庄中心小学的试验班。他们原来不准备试验第二方案，后来只是教完第一方案传统方法后尝试一下，用列方程解比例应用题。

试教第二方案的试验班教师有：陈旭初、吴君壁、杨利仙、陆凤美、成传铸等同志。

三、结果与分析

经过等组法、单组法、循环法3种方法的教学试验，结果都表明：第二方案用列方程解应用题是可行的。从教学效果看第二方案优于第一方案。下面列举两个学校的试验结果加以分析：

（一）西仓桥小学采用等组法试验，两个对比试验班进行两次教学效果的检查

1. 4月16日，进行正反比例应用题测验。试题有10道正反比例应用题，其中正比例应用题5道，反比例应用题5道（包括基本题3道、条件变化1道、问题变化2道、条件问题都变化4道）。

这次测验正确率相同，但计算速率第二方案比第一方案快，速度快41%。

2. 4月20日，进行“比和比例”的单元全面检查，要求学生在一节课内完成，试题由人民教育出版社数学编辑室提供，测验结果如下：

表1　西仓桥小学第一次测验计算速度统计

	最快速度	最慢速度	平均速度	正确率
普通班（第一方案）	20分	40分	31.6分	86.7%
试验班（第二方案）	13分	33分	22.3分	86.7%

表 2 西仓桥小学第二次测验成绩统计

	最高成绩	最低成绩	平均成绩
普通班（第一方案）	98 分	57 分	82.8 分
试验班（第二方案）	100 分	69 分	91.4 分

在相同时间内，正确率第二方案比第一方案提高 10.4%。

（二）娑罗巷小学采用循环法试验

原来这个学校是按课本（征求意见稿）第一方案教的。学生看到附近学校试验班同学用列方程解比例应用题，要求老师也教一教新方法。杨利仙老师为了满足学生的求知欲望，在单元复习中用两个课时讲用方程解正反比例应用题。出乎杨老师的意料之外，从讲第二方案以后，每次做习题，学生都喜欢用列方程解答。用杨老师的话说："我花九牛二虎之力，用近 20 个课时教了第一个方案，结果却被两个课时冲垮了。"

杨老师同时教两个班，五（1）班是重点班，接受能力强，数学基础较好；五（2）班是普通班，数学基础较差。这两个班的学生两种方案都学过，选择哪一种教学方案好，他们是最有发言权的。为此，在两个班上搞了一次"民意测验"，测验时由学生自己选择用哪一种方法，结果百分之百的学生都喜欢用第二方案。为了检查教学效果，进行了两次有趣的、又有说服力的对比测验。第一次，五（1）班用第一方案解答，五（2）班用第二方案解答。第二次倒过来，五（1）班用第二方案解答，五（2）班用第一种方案解答。两次测验试题都是各种类型 10 道正反比例应用题。题目不同，难度相同，结果如下：

表 3 娑罗巷小学第一次测验成绩统计

班　级	解题方法	平均成绩	平均时间
五（1）班（重点班）	第一方案	92.3 分	24′20″
五（2）班（普通班）	第二方案	94 分	17′10″

第一次测验，普通班的成绩与计算速度都超过了重点班。成绩超过 1.3%，相差不大，而计算速度却快 41.8%。

表4　娑罗巷小学第二次测验成绩统计

班　　级	解题方法	平均成绩	平均时间
五（1）班（重点班）	第二方案	96分	15′30″
五（2）班（普通班）	第一方案	78.6分	27′20″

第二次测验，普通班的成绩和计算速度远远不如重点班。重点班比普通班成绩超过22.1%，计算速度快76.1%。

（三）其他学校的试验都得到相同的结果

为什么教学效果第二方案比第一方案好呢？根据教学实验资料，对第二方案的优点具体分析如下：

1. 解题思路清楚，符合儿童思维规律

用列方程解比例应用题，主要着眼点放在找准等量关系。在总数、份数、每份数三者之间关系中，如果每份数一定（即商一定）就是正比例应用题；如果总数一定（即积一定）就是反比例应用题。这种判断方法既清楚又简单。用等量关系列出方程后，解题步骤简便，计算速度快。这种解题思路同小学生以前学过的用算术解应用题和用简易方程解应用题是一致的，同样都纳入“找数量关系”这个解题“轨道”中，前后可以互相联系，互相促进。

而用传统方法，要列比例式解应用题，思考方法比较特殊，先要判断是正比例关系，还是反比例关系，再按照同类量对应成比例列出比例式。这种思路同学生以前学的用算术解应用题和列简易方程解应用题的思路不一致。教学时，必须重砌炉灶，因此学生感到困难。

试验过程中，杨利仙老师找学生个别谈话，问他们为什么喜欢用列方程解比例应用题。一位差生说：“用方程解，我容易懂，做起来快，对的多。”一个优生说：“用第一种方法，列数量关系表时，我会把箭头弄错，有时很难判定是正比例，还是反比例。用方程解答，我看到题目里的第一对已知对应数量，是份数和总数，我就知道每份数相等，就是正比例；看到题目里第一对已知对应量是每份数和份数，我就知道总数相等，就是反比例。这样解题快，容易做对。”上面两位有代表性的学生的发言回答了为什么学生全都喜欢用第二方案。这充分说明，用方程解比例应用题，解题思路清楚，解题步骤简便。

2. 学生容易接受，教学时间缩短

由于学生四年级已经学过“简易方程”，对列方程解应用题已经有了基础，因此再学用方程解比例应用题，学生容易接受，使教学时间缩短。“正反比例应用题”这部分内容，在试验班一般用 7～10 个课时，在普通班一般要用 12～14 课时。由于教学时间缩短，相应地增加了练习时间，有利于教学质量的提高。

3. 解题方法灵活，有利于发展学生的智力

第二方案比第一方案解题方法灵活，能够一题多解，打开学生的思路，有利于发展学生的智力。例如：“一堆煤，原计划每天烧 3 吨，可以烧 96 天；由于改建炉灶，每天节约 0.6 吨，这堆煤可以烧多少天？”这道反比例应用题用列方程解，可以有多种解法：

第一种解法：“设可烧 x 天，再求出可以多烧几天。

$(3-0.6)x=3\times96$（烧煤的总量相等）

第二种解法：设可多烧 x 天

$(3-0.6)x=0.6\times96$（节约的煤相等）

第三种解法：设可多烧 x 天

$\frac{0.6\times96}{x}=3-0.6$（节约后每天烧煤量相等）

4. 同中学数学解应用题的方法统一起来

中学数学中解应用题的方法主要是按等量关系列方程解。传统方法列比例式解应用题的思考方法在中学数学里用处不大。我们用 10 道正反比例应用题到一个中学初二班测验，结果表明，学生原来学的用列比例式解题的传统方法都已忘掉，全部用列方程解。所以用列方程解比例应用题是符合学生进一步学习中学数学所需要的。

5. 有利于小学数学教材的改革

我们分析两种教学方案的利弊，不仅要从这项教材本身来考虑，而且要从整个教材体系中进行考虑。

现在统编教材对原有小学算术教材体系进行了改革，增加了代数知识。在四年级引进了“简易方程”，初步学习了列方程解应用题。到五年

级学习“比和比例”单元中，如果用列方程解应用题，一方面可用方程知识解决比例应用题的难点；另一方面又可使列方程解应用题的知识得到应用的机会，从而得到巩固和提高。这样，引进的简易方程知识不是外加的、孤立的，而成为小学数学教材体系中的一个有机组成部分，使教材前后呼应，连成一体。

教学实验过程中也发现如下几个问题：

1. 用方程解比例应用题，用等量关系解题，并不需要用到正反比例的概念，这就失去了比例应用题的解题特色。不学正反比例的概念同样能列式解题。

2. 用方程解比例应用题，比例式不出现，解比例也用不上，这就使解应用题同正反比例的概念脱节，在某种程度上削弱了正反比例概念的教学。

3. 原有比例应用题中关于“根据齿数求转速”、“根据影长求杆高”这类应用题，用找等量关系列方程解，学生理解起来有一定的困难。

4. 中学数学中的“比例线段”、化学、物理中的比例计算，都需用到列比例式解题的知识技能，如果小学不教列比例式解题的方法，如何解决衔接的问题。

根据以上情况，是否可以考虑按照应用题的特点，把传统的比例应用题分成两种情况：大部分题目用列方程解方便就教用列方程解；一部分题目用列比例式解方便（如“根据齿数求转速”“根据影长求杆高”等）就教用列比例式解，使学生也学到一点用列比例式解题的方法，以解决同中学的衔接问题。这样安排既符合解题的需要，又使列比例式和解比例得到实际的应用。

四、初步的结论

1. 人民教育出版社数学编辑室用两种教学方案编写课本（征求意见稿），这个办法好，使大家有分析比较、选择的余地。同时推动了教学实验，活跃了教材研究的空气，这种把教学实验与编写教材结合起来的做法是值得提倡的。

2. 经过教学实验证明：第二方案是可行的，第二方案的教学效果优于第一方案，用列方程解比例应用题，思路清楚，步骤简便，解法灵活，有利于发展学生的智力，又同中学数学解应用题的方法统一起来，有利于促进中小学数学教材体系的改革。因此，用列方程解比例应用题代替传统方法，是切实可行的。

3. 教学实验中发现用列方程解比例应用题，并不需要用到正反比例的概念，造成解答应用题同前面教的正反比例概念的脱节，因此这项改革还必须对“比和比例”这个单元的教材作全面的调整安排。

现在，人民教育出版社数学编辑室根据全国各地试验的情况，决定采用第二方案，在全国大面积试用，今后根据全国大面积的试用情况，再作进一步的研究。

【例 2】　烟台第十一中学实施异步教学改革的实践与思考

我校是一所四年制初级中学，现有教职工 107 人，学生 1320 人，教学班 26 个。从 1997 年开始，我们根据烟台市初中素质教育整体改革方案要求，尝试进行异步教学的实验，经过近两年的努力，初步探索出一条初中教育因材施教的办学模式。

一、改革的起因

九年义务教育是普及教育，讲求普及率，要求小学取消留级，所有学生全部就近直升初中并读完九年。这就在事实上不可避免地使初中学生存在较大差异，初中阶段又正是学生由儿童到少年到青春初期的过渡时期，生理、心理处于急剧变化之中，情感、意志、品格呈不稳定状态，随着学习时间的延长，他们的知识、智力、能力和行为习惯的差异性日益明显。从我校调查情况看，初中二年级开始，有相当一批学生由于课程的增多、知识缺陷的积累等原因，感到学习吃力，到了初四，其中一部分学生难以跟班继续学习，引导不当或处理不当，一些学生就丧失了继续学习的信心，产生厌学甚至逃学现象。这个现实告诉我们，初中教育必须面对差异、承认差异，改变那种一个目标、一种要求、一刀切的传统模式，面向全体学生，因材施教，分类指导，为每一个学生都铺设一条成才之路。

1996 年，烟台市教委根据素质教育要求，制定出台了《初中素质教育整体改革方案》，即两全（面向全体、全面发展）、两分（分类指导、分流施教)、四改革（改革课程管理、改革教学过程、改革考试命题、改革招生制度）。在教学过程改革中，我们感到异步备课、异步作业、异步考试都比较好操作，而且效果也比较明显。而在传统的班级授课制度下，实行课堂教学异步授课，困难很大，效果不理想，如90年代初期，我校曾做过一些实践和探索：一是同班不同质的复式教学，就是将同一教学班的学生分为A、B、C三类，教师按三类不同要求进行授课。这在理论上很容易接受，但实际操作困难重重，教师难以掌握分类学生的学习状况和教学进度，最终只能折中授课速度，按中等偏上学生的水平授课，实际上往往是好学生吃不饱，差学生吃不了；二是办快慢班，这种做法挫伤了一些学习较差的学生自尊心和学习的积极性，造成差生的心理压力大，而且也不符合国家的规定和要求，容易助长“片面追求升学率”倾向。针对这种情况，我们学习借鉴外地分层次教学的经验，结合学校的实际，从1997年开始在初中二年级进行分课不分班、学生自由流动的异步教学改革，试图通过改革，落实初中教育面向全体的要求，探索建立初中教育因材施教的办学模式。

二、改革的基本做法

我校实施异步教学改革实验的基本做法是：在初中二年级开始，以数学和英语为实验学科，根据学生差异制定A、B两类教学目标，采取分课不分班、学生“自由流动”听课的形式对学生实施异步授课。

1. 选择实验班级和学科。经过科学的论证和分析，我们选择的实验班为初中二年级，学科为数学和英语。这样的安排原因是：初一学生适应实践学习需要一个过程，学习成绩有偶然性，并不能真实反映学生学业的未来发展趋势。初中二年级上学期是学生学习成绩分化最容易扩大的时期，数学由代数向几何转变，数的思维和形的思维差别很大，学生不易入门，分化开始突出。英语学科随着难度的加深，分化也日渐明显。

2. 制定异步教学的目标、内容和方法。我校异步教学总目标是坚持面向全体学生，以学生为主体，有区别地确定出课堂教学中的教学目标、教学要求、教学内容、教学进度、教学方法、评价体系。通过A、B型授课，选择适合学生的教育，使每个学生在最适合自己的学习环境中求得最佳发展，最终目标是使所有的学生都成为合格的初中毕业生。

学习基础较好，接受知识能力较强的一类学生上A课。他们的上课目标为激发较强的求知欲望，提高自学能力，着眼于思维能力培养。能够综合运用所学知识分析问题、解决问题。授课任务是完成大纲较高要求，超速度完成教学任务，较快地掌握基础知识，加大科学思维方法的训练，拓宽加深知识内容。教法上采用“自学点拨”法授课。在评价问题上采用不同标准，分层评价要求。在100分必做题和50分选做题中，要求这类学生100分试卷平均分在90分以上，50分试卷平均分达到30分以上，大幅度提高优秀率。对这部分学生重点是自学能力和创造素质的培养。

基础较差，接受知识较慢的一类学生上B课。他们上课目标做到基础扎实，学习有热情，着眼于注意力的培养，能模仿课本例题做新题。授课任务是限定课本和大纲基本要求，以教授基本知识和训练基本技能为重点。另外，要加大力度开发他们的非智力因素，教师多献爱心，多鼓干劲，使其在原有基础上有较大提高。教法上采用“低起点、多反馈、段段清”的方法，保证学生消化了、学得进、跟得上、感兴趣，在评价上在100分必做题中，要求学生平均分达到80分以上，大面积提高及格率。这部分学生重点是增强自信心，培养良好的学习习惯，挖掘学习上的潜力，合格毕业。

3. 抓住异步教学的“突破口”。同步教学虽然有其局限性，但老师们都有丰富的教学经验，已形成固定的教学模式，异步教学虽优势很多，但它对教师要求很高，老师要变“选拔适合教育的学生”为“提供适合学生的教育”。从一个标准、一个速度、教一切学生转到不同标准、不同速度培养每一个学生。需要老师观念的更新，教法的改革，严格的管理。异步教学顺利进行，还要靠B类学生和家长的密切配合。有些学生家长一听说“分”就认为是分快慢班，宁愿听不懂、学不会也愿当陪衬，图的是好环境，怕的是老师把孩子扔掉不管。

学校决定抓住异步教学的突破口，做好老师、家长的工作，让学生根据自己实际情况选择班级。我们建立领导小组，让校长任组长，教学副校长、教导主任任副组长，先后召开全体老师会、任课教师会、班主任会、家长会、学生动员会和部分老师、家长、学生调查会、座谈会，向他们灌输异步教学不仅是一种教学模式，更重要的是一种教育思想，异步教育就是真正的平等教育。实行异步教学不是想不想干，而是必须干，怎么干才能让每个学生都学有所得的问题。社会发展要求我们培养同现代化要求相适应的数以亿计高素质劳动者和数以千万计的专门人才。我们仍抱着旧教学模式不放，损失的不是一个班级、一个学校，而是一代人、几代人的问题。教师认识提高了，积极主动做好异步教学的发动、实验和推广工作。家长、学生思想通了，积极配合学校做好工作，七年级侯月、孙竹两位同学按分数上A型课，但因B课老师讲得细，辅导认真，自愿上B课，现在他们的成绩遥遥领先，家长、学生都非常满意。

4. 教师实行异步授课。异步授课是实施异步教学的关键。每两个班组成一个异步教学单位，在家长、学生自愿的前提下，根据学生学习程度，将其分成A、B两个授课班，学生听课实行“自由流动”的学习体制，学生可根据自己数学、英语的学习程度、学习兴趣和接受知识能力，选择参加A型课学习或B型课学习。参加A型课学习的学生，经过一段时间的学习后还可重新选择参加B型课学习，选择B型课的学生，也可以重新选择A型课。在上数学、英语课时，参加不同类型学习的学生主动“流”向不同教室，上完课后再“流”回原来的班共同参加其他学科学习。这种“流动”学习形式实际上体现了还学生一个自主——真正成为学习的主人；在人格上还学生一个自尊——真正感到在学习面前人人平等。

5. 建立正确的评估体系。正确的评价体系在素质教育中能起导向、激励、强化作用。为了防止教师对差生的逐渐放弃，我校重点采取了两条措施，一是加强教师师德教育，定时召开学生调查会反馈信息；二是重视教师业务考核，A、B型课的学生一块计算分数，A型课侧重及格率、优秀率，B型课侧重进步幅度和差生转化率。这就要求老师既要上好A型课，又要上好B型课。

三、改革的效果

1. 实施异步教学，提高了学生的学习成绩。新的授课方式较好地解决了初中教育普及性与学生个体差异性的矛盾，教师能够针对同一种类型的学生集中用力，学生能够在适合自身实际的学习要求下愉快学习，极大地调动了教与学双方面的积极性和创造性，学生成绩大幅度提高。现将初二（6）试验班在1997～1998学年第一学期期中（未开始实验）与第二学期初末（实验一个多学期）英语、数学成绩做一比较。

英 语

时间	优秀率	进步幅度名次	及格率	进步幅度名次	平均分	进步幅度名次
第一学期期中	30%	4	71%	6	72.67	6
第二学期期末	67.7%	1	75%	4	113.1	1

数 学

时间	优秀率	进步幅度名次	及格率	进步幅度名次	平均分	进步幅度名次
第一学期期中	33%	5	57%	4	81.2	5
第二学期期末	53.3%	4	84%	2	91.3	2

2. 实施异步教学优化了师生关系。原有的授课制，学生不同质，但以同样方式讲授，能力低的学生完不成同样的学习任务，挨批是常有的事，作业写到十一二点也不为怪，家长、学生与老师关系不是那么和谐。实行A、B型授课后，按学生实际情况定目标，每个学生都得到尊重，他们在不同层次上追求着不同的目标。尤其是能力较差的学生，分课不分班，既没有自卑心理，也不再每节课听天书，更不用天天坐冷板凳。他们消除了自卑心理，增强了学习信心，尝到了学习的甜头。双差生李卫国分课前为班级学习成绩较差的学生，英语考试分数为7分。上课不听课，下课不完成作业，老师多次找他，总是和老师捉迷藏，老师追紧了，他告诉老师他脑有病，一用脑就犯病，老师不敢管他。自A、B型授课后，他上B型课，老师讲得细，他听得懂，老师又给了他很多表现的机会，慢慢地他有了学习兴趣，当他评为班级拼英语单词大王（进步最大）时，劲更大了，下课就围着老师转，拼单词、学对话。以前老师追他找不到，现在找老师主动要任务。像他这样的学生还很多，师生关系非常融洽。对能力强的学生，教师立足于“指”、“点”，全面放手让学生自己去想、去说、去做，极大地调动了学生学习的积极性，比较理想实现了教为主导、

学为主体的教学思想，提高了教学效果，培养了学生能力。这样基础差的学生及时取得成功，基础好的学生能得到充分发展。师生关系得到优化，学生学得高兴，教师教得有劲，家长欢迎，社会反响也很好。

3. 实施异步教学，增强了家长教育孩子的信心，受到社会的欢迎。在家长座谈会上，一名家长兴奋地说“我的孩子在原班听课跟不上（老师讲得快）就睡觉，作业东抄西抄。通过异步教学孩子能坐在板凳上注意听讲了，回家能主动完成作业和复习功课了，这是以前没有的事。”通过调查和座谈，赞成进行异步教学的家长为87%，有的家长诚恳地建议物理、化学也进行异步教学，多开几门选修课，这些意见反映了异步教学得到了社会和家长的理解与支持。

4. 实施异步教学，我校培养了一批尖子生和特长生。我校先后被评为“市级教改先进单位”、“区级教学研究先进单位”、被市教研室确定为张思中外语教学试验推广学校和市级劳动技术课试点学校。近几年来我校中考成绩优异，多次受到上级教育部门的表彰和奖励。尤其是学科创优，仅1997～1998学年获得国家级特等奖1人，一等奖5人，二等奖7人，三等奖6人，省级一等奖4人，二等奖2人，三等奖4人，区级二等奖1人，三等奖1人。

实践证明，通过异步教学A、B型授课使不同学生得到适当教育，真正体现因材施教原则，有利于素质教育实施。我校实施异步教学以来，教师教得活，学生学得主动，学习成绩都有一定的提高，学生精神面貌也有很大变化，学校呈现勃勃生机。当然，异步教学也给教学管理带来一定难度，学生的管理，课程表的搭配，教师的选配、评价，等等，这些问题都有待于我们做进一步的研究和提高。

【例3】　语文教学中培养学生创造力的实验研究

平煤集团公司第二小学课题组

一、引言

创造力，在本研究中是指创造性思维能力和创造性个性倾向，是创造型人才的关键性特征。

培养学生的创造力，是世界教育改革与发展的共同方向，是我国培养跨世纪人才，全面实施科教兴国战略的迫切需要。当前我国教育改革正处于由应试教育向素质教育转变时期，选择培养学生的创造力作为素质教育的重要内容和突破口，已成为教育界的共识。近年来，党和国家的重要文件和领导人的讲话多次指出，培养创新能力是“教育的根本任务”。创造能力不仅是一种智能特征，而且是一种人格特征、精神状态，是一种综合素质，培养学生创造力是素质教育的灵魂。20 世纪 80 年代以来我国在培养学生创造力方面，进行了不少的研究和探索，取得了一定的成绩，但思辨性论述较多而实证性研究较少，在小学语文教学中培养学生创造力的实证性研究更是少见。

问题主要有三个：一是创造力能否培养。法国生理学家贝尔纳说，“创造力是不能教的”。二是语文教学应不应该培养创造力。凯洛夫教育学认为：学生并不负有发现新的真理的任务，只需领会科学上稳定可靠的财富。我国传统教育认为，语文学科的教学任务主要是使学生具有初步的听说读写能力，发展其智力，从未提到培养学生创造力。三是不少人认为小学语文教学任务繁重，若再将创造力的培养纳入教学中，势必挤占授课时间影响教学质量。

本实验的目的在于：用实证性方法对上述 点进行检验，认真研究探索小学语文培养学生创造力的教学策略和方法。基本假设是：

(1) 具有正常智力的学生都有创造潜能，但这种潜能，只有通过培养才能得以现实的开发。

(2) 小学语文教学过程，特别是阅读和写作过程具有开发学生创造力的功能，但这种功能，必须通过有意识地、自觉地加以运用才能得到发挥。

(3) 创造力的发展，能给学生创造性地理解课文、写出立意新颖的文章提供条件，从而促进学生对语文知识和技能的掌握和运用。在语文教学过程中加强学生创造力来培养，不仅不会影响教学质量的提高和教学任务的完成，而 相反，它会有助于提高语文教学质量。

二、研究方法

本实验研究采取心理测量和教育实验相结合的方法。心理测量包括：智力测验、创造性思维测验、创造性倾向测验和语文基础知识与基本技能测验。

1. 实验对象

根据智力水平、创造性思维、创造性倾向和语文学业成绩水平相当的原则，从我校四年级4个教学班中抽出2个班，分别作为实验班和对照班。四（2）班为实验班，四（1）班为对照班。实验班共50人（其中男28人，女22人），平均智商为102.30，创造性思维为82，创造性倾向为105.08；对照班共42人（其中男23人，女19人），平均智商为10.79，创造性思维为77.79，创造性倾向为103.33，两班三年级期末语文成绩均为90.2分。两组学生的平均年龄均为9.8岁。智商和学业成绩对照班略高于实验班；创造性倾向和创造性思维，实验班又略高于对照班，但都无显著差异。实验周期为3年，1995年9月起至1998年7月止。

2. 测试方法

（1）工具。智力测验用《瑞文智力测验图册》(CRT，北京师大张厚粲主持修订)，创造性思维测验用《托兰斯创造性思维测验》(TTCT—A，上海师大教科所主持修订)，创造性倾向测验用《威廉斯创造倾向测验量表》(台湾师大林幸台主持修订)，“语文基础知识、基本技能标准测查”，根据语文教学大纲要求编制。

（2）步骤。以教学班为单位，用团体施测的方式，对实验班和对照班学生同时进行上述各项测验。测验后，先根据规则或常模手工评出每个学生的IQ和TTCT成绩，按评分要求评出每个学生的创造性倾向和学业成绩，然后全部输入计算机进行统计分析。各项数据小数点之后保留2位，四舍五入。

（3）时间。前测在三年级结业后进行，后测在六年级结业前一个月进行。

3. 教学策略

（1）实验班的语文教学，在依据现行教材认真传授语文知识、培养技能的同时，有目的、有计划地自觉运用发散提问，延迟评价、集体讨论、思路提示、结果预测、多角度作文等创造性教学方法。对照班则不系统运用这些方法。

（2）实验班每周开设一节创造性思维训练课，主要结合语文知识（也包括其他知识），创设问题情境，鼓励和引导学生进行联想、想象、类比、推理、判断等创造性思维活动，培养学生的创造兴趣和创造热情，以及灵活运用多种方式独立自主地创造性解决问题的能力。对照班仍上常规的语文教学活动课。

（3）进行语文创造性课堂教学和创造性思维训练时，要十分注重对学生创造性个性倾向的培养，要遵循以下8条创造性教学原则：全面全体原则、主体主导原则、求异求优原则、启发探索原则、民主和谐原则、成功激励原则、积极评价原则、因材施教原则，努力鼓励学生求异创新、质凝问难、鼓励猜测想象、挑战冒险和坚韧不拔。

4. 干扰变量的控制

（1）实验班的对照班的学生在人数和性别比例、智力水平和学业成绩上要大体相等。

（2）实验班和对照班的任课教师要具有大体相当的教学水平和管理能力。

（3）实验班和对照班的使用相同的语文教材，进行课堂教学和开展课外活动的时间要大致相等，不另外增加课时。

（4）实验班和对照班保持正常的教学秩序，不形成人为的竞争氛围。

三、结果与分析

1. 实验班（A）和对照班（B）学生TTCT前、后测成绩比较

TTCT（托兰斯创造性思维测验）分词汇和图画两部分，共计10个项目。

词汇部分7个项目，按流畅性、灵活性和独创性计分；图画部分3个项目，按流畅性、独创性、标题抽象性、精致性以及抗过早封闭性（沉思）计分。实验班（A）和对照班（B）学生TTCT的前测成绩见表1，后测成绩见表2。

表 1 实验班（A）与对照班（B）学生 TTCT 前测成绩比较

1995 年 9 月

		N	Max	Min	$\overline{X}$	S	Z
总分	A	50	121	62	82.00	12.30	1.91
	B	42	93	60	77.79	8.77	
词汇	A	50	139	54	82.12	17.28	1.74
	B	42	103	58	76.76	12.18	
图画	A	50	102	64	79.46	7.81	0.73
	B	42	99	62	78.24	8.20	

表 1 显示，在实验开始时，实验班和对照班学生的 TTCT 成绩从整体上看，相差无几；虽然有些差异，例如实验班的 3 个分数（总分、词汇、图画）略高于对照班，但其 Z 检验均未达到显著差异水平。

表 2 实验班（A）与对照班（B）学生 TTCT 后测成绩比较

1998 年 6 月

		N	Max	Min	$\overline{X}$	S	Z
总分	A	50	163	75	108.16	19.80	2.21*
	B	42	143	75	100.62	12.62	
词汇	A	50	217	79	115.44	31.22	2.92**
	B	42	171	67	99.38	21.22	
图画	A	50	130	70	100.38	12.80	5.72**
	B	42	123	62	85.60	11.95	

注：* $P<0.05$，* * $P<0.01$。下同。

表 2 说明：在创造性教学策略的指导下，经过 3 年的创造性教学，实验班与对照班学生的 TTCT 成绩已有显著差异，实验班显著或非常显著地超过了对照班。

这说明，三年的创造性教学是有成效的，使学生的创造性思维能力得到发展。

2. 实验班（A）与对照班（B）学生创造性倾向前、后成绩比较

表 3 实验班（A）与对照班（B）学生创造性倾向前测成绩

1995 年 9 月

		N	Max	Min	$\overline{X}$	S	Z
总分	A	50	130	83	105.98	8.91	1.41
	B	42	120	76	103.33	9.06	
冒险性	A	50	27	18	23.36	2.25	1.43
	B	42	28	17	22.64	2.52	
好奇性	A	50	41	20	32.16	4.90	1.82
	B	42	39	17	30.26	4.80	
想象性	A	50	35	20	26.72	3.80	1.31
	B	42	34	19	25.67	3.90	
挑战性	A	50	38	20	26.60	3.21	1.40
	B	42	34	17	25.52	4.11	

威廉斯创造性倾向测验包括冒险性、好奇性、想象性和挑战性四项内容，连同总分共计 5 个分数。实验班（A）与对照班（B）的创造性倾向前、后测成绩见表 3、表 4

表 3 显示，实验开始时，实验班与对照班学生的创造性倾向成绩，4 个项目分和总分均无显著差异，各项得分相当一致。

表 4 实验班（A）与对照班（B）学生创造性倾向后测成绩

1998 年 6 月

		N	Max	Min	$\overline{X}$	S	Z
总分	A	50	131	100	116.76	8.00	2.29*
	B	42	129	81	112.48	9.93	
冒险性	A	50	29	21	24.88	2.09	2.04*
	B	42	29	17	23.79	3.01	
好奇性	A	50	40	26	34.72	4.61	2.01*
	B	42	40	24	32.93	3.97	
想象性	A	50	38	22	29.24	3.636	2.44*
	B	42	35	18	27.38	3.94	
挑战性	A	50	34	24	29.30	3.58	1.98*
	B	42	39	18	28.01	2.61	

表 4 说明，实施了 3 年的创造性教学，实验班与对照班学生的创造性倾向成绩变化很大，总分以及冒险性、好奇性、想象性、挑战性 4 个

项目分，Z检验均超过显著差异（1.96）水平，说明实验班学生的创造性倾向发展比对照班学生快。

3. 实验班（A）与对照班（B）学生语文知识技能前、后测成绩比较

为检验实验变量对学生语文学习的影响，我们对实验班和对照班学生的语文知识技能进行了测查。内容分基础知识、阅读理解和作文三大方面。基础知识包括拼音、识字、词语、句子4项；阅读理解包括分析、概括两项；作文包括语句标点、篇章结构和立意新颖性三项。加上总分共有10个分数。结果如表5、表6。

表5 实验班（A）与对照班（B）语文知识技能前测成绩

1995年9月

		N	Max	Min	$\overline{X}$	S	Z
总分	A	50	89	10	62.94	17.08	0.76
	B	42	90.5	36	65.27	12.20	
基础知识	A	50	36.5	3	26.31	6.74	0.48
	B	42	35.5	12.5	26.89	4.70	
阅读理解	A	50	20	2	13.41	4.80	1.41
	B	42	20	7	14.43	3.31	
作文	A	50	38	0	24.56	8.66	0.12
	B	42	39	0	24.36	7.97	

从表5可以看出，在实验开始时，实验班与对照班学生的语文知识技能成绩，从总分均值上看，对照班略高于实验班，而且标准差比实验班小，说明当时对照班比实验班是稍胜一等的。

表6 实验班（A）与对照班（B）语文知识技能后测成绩

1998年6月

		N	Max	Min	$\overline{X}$	S	Z
总分	A	50	94	75	86.84	4.21	5.93**
	B	42	91	68	80.71	5.48	
基础知识	A	50	53	44	49.30	2.29	1.72
	B	42	53	35	48.26	3.30	
阅读理解	A	50	14	9	11.90	1.03	6.89**
	B	42	14	6	9.91	1.62	
作文	A	50	30	20	25.62	2.24	5.95**
	B	42	28	16	22.62	2.54	

表6显示，经过3年来的语文创造性教学，实验班学生的各项得分均超过对照班学生，特别是在语文能力方面，即阅读理解能力和作文能力方面，非常突出，两者的差异达到了“非常显著”的水平。各项的最低分全在对照班，实验班学生的平均分超过对照班6.13分。这证明，在语文教学中培养学生创造力，在保证学好基础知识的同时，能够更有效地促进学生语文能力的发展，提高语文教学质量。

4. 实验班（A）与对照班（B）学生智商（IQ）前、后测比较

为了探讨创造力培养和智力发展的关系，我们也对学生的智商变化情况进行了考察。前、后测结果见表7。

表7 实验班（A）与对照班（B）学生IQ前、后测比较

1995年9月

		N	Max	Min	$\overline{X}$	S	Z
前测	A	50	140	60	103.54	12.71	1.42
	B	42	135	74	99.95	11.55	
后测	A	50	140	60	103.54	12.71	1.42
	B	42	135	74	99.95	11.55	

表7显示，实验开始时，两班学生智商水平相差无几，虽然对照班学生略高于实验班，但无统计学意义。经过三年的创造力培养，实验班学生的智商略有提高，而对照班则变化不大，实验班学生的平均智商超过对照班学生达3.59分之多，但差异亦未达到显著程度，还不足以说明创造力培养对智力的提高有很大作用。

四、讨论与结论

1. 学生的创造力能否通过教学加以培养

国内外均有人认为，学生的创造力是不能够通过教学培养的。但本实验研究结果证明，学生的创造力是能够通过教学加以培养的。从表1、2、3、4的对比可以看出，实验开始时，两班学生的创造性倾向和创造性思维水平均无显著差异，但在严格控制了干扰变量的条件下，经过三年的创造性教学有目的有计划的培养，实验班学生的创造性思维和创造性倾向都有了显著的进步，在后测中，创造性思维的总分、词汇分和图画

分均显著或极为显著地超过了对照班，特别是图画创造性，Z 检验值竟达到了 5.72。创造性倾向的后测结果，也显著地超过了对照班。以上数据充分证实了我们实验前的假设：具有正常智力的学生都有创造潜能，但这种潜能不会自发地转化而成为现实的创造力，只有通过有目的有计划的培养才能得到现实的开发。学生的创造力培养则发展，不培养则萎缩。

2. 语文教学能否培养学生的创造力

本实验研究证明，语文教学是可以培养学生的创造力的，但前提是必须实施创造性教学策略，即实施能够促进学生创造力发展的教学原则和教学方式方法。我们可以看到，实验班和对照班的语文课，使用相同的教材、相等的课时，就连教师的管理水平和教学水平也是大体相当的，但三年下来，实验班学生的创造力发展却远在对照班之上，这是为什么？答案只有一个，那就是实验班教师在教学中很好地运用了创造性教学策略。教师在教学中坚持全面全体、求异求优、启发探索、成功激励等原则，鼓励学生求异创新、质疑问难、猜测想象、好奇冒险，使用了发散性提问、延迟评价、集体讨论、结果预测、多角度作文等方法。正是这些教学策略使学生的创造能力和创新精神有了长足的发展。由此我们认为，语文教学是培养学生创造力的重要渠道之一，这一命题是以遵循创造性教学原则、全面系统地使用创造性教学方式方法为前提的，只有贯彻这些教学策略并改革不利于创造力发展的语文教学体系，才可能为学生创造力发展提供实际帮助。

3. 创造性教学实验会不会造成语文教学质量下降

本实验研究的结果表明，创造性教学实验，不仅不会影响教学质量，相反，它会更好地提高语文教学质量。从表 5 和表 6 的对比可以看到：在语文知识技能方面，实验开始时，实验班和对照班学生并无显著差异，但实验进行了三年之后，实验班超过了对照班，尤其在语文能力（包括阅读理解能力和作文能力）方面，差异达到了极为显著的程度。这一态势表明，语文创造性教学与一般的语文教学的效果差异，不是表现在学生对语文基础知识（拼音、词语、句子等）的掌握上，而是表现在能力水平上。语文创造性教学由于有效地开发了学生的创造潜能，因而较好地促进了学生语文能力的发展。现代教学论认为，教学的目标不应当只是让学生掌握知识，还应当发展学生的能力；而且从适应社会发展和知识激增的现实看，发展学生的能力比机械掌握知识更重要。当前教学上的主要弊端是重知识掌握，轻能力发展，语文创造性教学，即在语文学科教学中有机地结合进行创造力的培养，正是克服当前语文教学弊端、实施语文素质教育的可行方式，也是提高语文教学质量的可行方式。

4. 创造性教学对学生智力发展的影响

创造力与智力是两种相关而不相同的能力。心理学研究表明，智力的发展具有稳定性特点，人的智力提高是缓慢的。我们没有奢望在短短的三年中能使实验班学生的 IQ 显著超过对照班。对实验班和对照班学生进行智力测试的目的，是为更好地了解两班学生的智力差异情况，以便科学地分班，使实验班和对照班有大致相同的智力起点。果然如我们所料，两班学生创造力发展的显著差异，并没有带来他们智力发展的显著差异。但我们意外地发现：在创造性教学情境下，学生的智力发展比非创造性教学情境下较快。从表 7 可以看到，前测时对照班学生 IQ 平均数为 102.79，而实验班只有 102.30，对照班比实验班高 0.49；但后测时，则反了过来，实验班 IQ 均值为 103.54，而对照班只有 99.95，比实验班反低了 3.59。尽管差异并未达到显著程度，但这种态势是值得注意的。

7.8.2 教育调查报告的写作

在教育工作中，为了了解教育、教学的有关情况，有关部门或研究人员通过深入到学校、社会、家庭等进行有计划、有目的的调查研究后，把调查研究的情况、结果写成书面文字，向上级领导或学术团体等报告，这就是调查报告。

（1）调查报告的要求

撰写调查报告，同写教育实验报告一样，要做好记录、收集、整理大量翔实可靠的第一手资料的工作，在此基础上进行写作，写调查报告要注意以下几点。

1）要全面客观地反映调查情况。要把调查的目的、缘由、达到的目标，以及调查的内容、过程、方法等方面详细地反映出来，做到客观地反映，如实地报告。

2）要分清主次。调查中了解情况很多，但有主有次，这就要根据调查的目的，达到的目标，来确定哪些是主要的，哪些是次要的。主要的要写得具体、详细，次要的要写得概括、简略。

3）要透过现象看本质。调查中所了解的情况，要进行认真深入的分析，从某教育、教学的现象中，看到带有规律性的、本质的东西。这样才能得出正确的结论。

（2）调查报告的基本结构

教育调查报告除“题目、署名”等外，主要由导语、主体、结语和建议四部分组成。

1）导语。这一部分要写进行某项教育、教学调查的目的、缘由、要达到的目标，调查的时间、地点、对象、范围、调查的有利因素、不利因素，以及调查的意义或学术价值等。要求写得简明扼要。

2）主体。这是调查报告的中心部分。要把调查的情况、调查的内容、方法、过程、结果、问题等，阐述得详细、具体、深刻、主次分明。常见的结构安排有：①按照调查的顺序写，就调查的问题逐项阐述清楚；②按照调查的内容、方法、过程、结果、问题等项目依次写清楚；③将调查的有关问题分成几个方面（部分）来写，每个方面加上小标题；④有两种以上的情况，可以采用对比的结构方式来写，从对比中发现问题，解决问题。

3）结语。这一部分是调查报告的结束语，是在对调查的对象、问题、情况等作出科学分析后的结语。要写出经过调查研究后结论性的意见，回答调查中所提出的问题。如果在主体部分已经做出判断或结论，结语部分可以省略。结语要写得简明扼要。

4）建议。写调查报告，目的是向上级领导或学术团体以及广大教师提供思考研究的资料、依据。因此，作为调查者、撰文者应在客观反映调查情况、问题、结果的同时，提出一些改变现状、解决问题或促其改革、发展的建议、对策、措施等，以便使有关领导在制订政策、措施、计划时有所参照。写作这一部分，要抓住问题的主要方面，分成几个要点来写，既抓住要害，又简单明了。

（3）简单的调查报告

教育调查报告的结构除了以上形式外，还有一种较简单的，它是按照调查计划中设置的有关项目、内容来依次安排结构。如：

××××× 的调查报告

一、调查的目的意义；

二、调查的时间、地点、对象、范围；

三、调查的内容、方法；

四、调查的经过、结果；

五、调查的结论及建议。

这种结构方式，把写作的重点放在“调查的经过、结果和结论、建议”上，写得具体深刻，其余项目则可略写。

调查报告范例

重庆市潼南县玉溪镇初中课程改革调查报告

农村教育如何更好地为农村社会、经济发展服务，如何发挥自身在农村社区建设中的作用，这是农村教育改革的一项长期、艰巨的任务。农村初中是农村普及九年义务教育的高级阶段，是保证和提高农村义务教育质量和办学效益的关键环节。课程又是农村初中教育的核心，课程改革是农村初中整体改革的重要突破口。针对现行农村初中课程与农村经济建设和社会进步的要求，与多数学生发展的需要不相适应等问题，近年来各地进行了有益探索，重庆市潼南县玉溪镇初中进行的“文化农技”并进教育改革很有代表性，目前已取得了初步成效。为了及时总结这一经验，1999 年 3 月 18 日～20 日教育部基础教育司组织由西南师大、东北师大、西北师大、甘肃省教科所专家组成的调查组，对重庆市潼南县玉溪镇进行了为期 3 天的调查。为了保证整个调查过程的有效和取得预期目的，在调查之前，设计了涉及十个方面 25 个问题的调查提纲，调查中通过与教育行政人员、教师、学生、家长座谈，听课看课，实地参观种植、养殖基地，查阅资料，个别访问等方式，对重庆市潼南县玉溪镇初中的改革经验进行了较全面的了解，有关情况报告如下。

一、潼南县玉溪镇“文化农技”并进教育的主要做法

潼南县位于重庆西北部，全县总人口 91 万，农村人口占 92.7%，全县财政收入 80%来自农业和农村经济，是一个典型的农业大县、财政穷县。玉溪镇又是潼南县一个偏僻贫困的地方，全镇总人口 24300 人，农

业人口占总人口的93%。这种环境中的玉溪镇初中，长期处在办学条件差，入学率、巩固率、合格率低的困扰中。从1994年3月起，玉溪镇初中基于更好地促进课程为当地经济建设服务，更好地在实际条件下实施素质教育，更好地提高义务教育效益和质量的思想，进行了“文化农技”并进的教育改革试验，主要做法如下。

1. 实施“绿色证书”培训，寻求课程改革切入点

玉溪镇初中在坚持对全体学生进行普通文化教育的前提下，调整现行课程设置，开设农技课，对全体学生实行“农民技术资格证书”（简称“绿色证书”或“绿证”）培训，使学生在完成国家规定的初中义务教育文化课程学习并取得初中毕业证书的同时，还具有一技之长，取得岗位“绿色证书”，力求做到“升学有基础，就业有技术”。具体做法是，将现行课程中每周劳技课2课时，科技活动课1课时，地方课程1课时，集中调整为农技课每周4课时，纳入一年级下期，二年级全年，三年级上期课表统一安排，共80周约300课时，按农业部取得某岗位“绿色证书”的规定，用180课时学习掌握该岗位所需的3～5门理论课程，120课时学习该岗位所需的实用技术。

2. 结合当地实际，选择农技课内容

为了使农技课内容更贴近当地农村实际情况，学校根据《玉溪镇九五国民经济和社会发展规划》，并经学生与家长的同意，确定对九七届三个班的186名学生进行果树专业培训，设置《农户经济与管理》《种植业基础知识》《果树病虫害防治》《果树栽培》四门课程；为九八届四个班233名学生开设养鱼专业，学习《农户经济与管理》《常见鱼病防治》《淡水养鱼基础知识》《淡水养鱼技术》四门课程。与课程相配套的实际操作技能培训，则不失农时地贯穿于教学过程之中。使农技课程选择的教学内容与全镇农业主导农业的发展挂钩，培养发展农业主导产业的实用技术人才。

3. 采取多种措施，解决农技课教师与教学基地问题

教师问题是“文化农技”并进教育的关键所在。玉溪镇中学采取改、聘、请三种方式加以解决。“改”就是在本校教师中选择素质好、爱农业、业务能力强、有一定农技基础的文化课教师，改作农技课专职教师；

“聘”就是聘请富有果树栽培、养鱼经验的专业户，担任实践指导教师，辅导学生实习实作；“请”就是从县农校中请教师来校上专业技术性较强的课。这样，师资问题通过多种途径、多形式基本得以解决。

农技课教学实习基地建设问题也是实施“文化农技”并进式教育的关键因素。玉溪镇中学采取了多种办法较好地解决了基地问题。首先，采取与村民签订协议，由学校提供种苗和技术，农民提供土地的办法建立教学基地。其次，走家庭自建道路，学生利用自家承包的土地、池塘建立个人实习基地。再次，学校在校内自建了供学生育苗、移栽、嫁接的苗圃基地。

4. 建立严格、规范的教学与考核制度

为了防止课程调整流于形式，玉溪镇初中建立了一套较为严格、规范的考核制度。一是农技课考核由理论知识和实际技能两部分组成，理论知识的考核由主管农技课教学的校长负责组织教师命题，并由县农校审题，统一阅卷，实际技能部分根据现场公开操作，由专任教师给予评价；二是规定评选“三好”学生、优秀干部、文明标兵等要看农技课成绩；三是确立农技课教师的评职晋级与文化教师平等对待，其工作量按语文、数学课时计算。

为了使“并进”不影响文化课教学，而且能真正使二者相互促进，玉溪镇中学积极探索促进学生学习的各种有效办法，目前还在语文、数学课程中进行教改实验。

5. 政府支持是“文化农技”并进教育实验的保证

玉溪镇中学的“并进式”教育改革实验一开始即得到县、乡各级领导的重视。县政府负责农业、科技与教育部门的协调，并出台一系列措施，帮助解决农技课师资、基地等问题，保证了这一改革的顺利实施。玉溪镇政府也制定了一些激励政策，如获得“双证”的学生回农村发展种植业、养殖业或搞农产品加工，以一户带动多户共同富裕的，政府给予政策倾斜和资金上的大力支持；学校每年将表现好、文化技术成绩合格者的档案提供给乡党委政府，将这部分学生一是作为入党积极分子、村科技骨干进行培养；二是对出类拔萃者作为村后备干部培养对象；三是通过上述过程，对成熟早、工作有绩效的，提拔担任村干部或群团组织负责人。此外，对获得双证者在征兵、农业生产资料供应等方面都给予优先。

二、取得的初步成效

玉溪镇初中实行课程改革以来，已有两届毕业生。经过这两届学生的实验，已取得了初步效果，表现在：

1. 学生学习成绩有所提高，促进了当地义务教育的普及

九七、九八级两届学生平均巩固率为96.2%，比该校原九六级提高了28.9%，比县内其他23所同类初级中学的两届学生三年平均巩固率高31.8%；两届学生会考平均及格率为72.4%，比本校九六级提高0.73%，比县内其他23所同类初级中学同级两届学生平均及格率提高5.9%，两届学生平均升学率为35.1%，比本校九六级提高7.8%。

2. 大多数学生学到了实用技术

九七级88.7%和九八级84.5%的学生，经农技专业理论知识全面考试及格与实作技能考核合格，县“绿证办”为其颁发了“绿色证书”。果树专业学生基本上掌握了从果树的选土、栽种、拉枝、整形、嫁接、除草、施肥、治虫到护果、收果、藏果所涉及的基本技术，养鱼专业的学生也学会了从混养、套养、轮摘轮放到饲料和肥料营养配用、网具与渔具维修等淡水养鱼技术。这些学生既有文化基础，又掌握了几项实用生产技术，成为新型农民。

3. 促使学生思想观念发生了变化

“文化农技并进”营造了“升学有基础，务农有技术”“升学有前途，务农有奔头”的学习氛围，它把学生从升学才是惟一出路、惟一目的的观念桎梏中解放出来。从与学生座谈和阅读书面资料发现，学生们对“文化农技并进教育”有较好的反映，普遍认为接受这种教育激发了学习兴趣，也能使他们安心学完初中课程。九八级一位同学在农技课结束之后的总结中写道：“刚刚上初中时，大家追求的都是升学，也许这是我们惟一的追求。但是通过文化课学习，知道对我们农村孩子来说，考出去也是不容易的。我经常想，如不能考上学，今后又怎样生活呢？这时头脑一片空白，不愿学下去了，但是通过《淡水养鱼基础知识》等课程的学习和实作，我的精神追求有了很大改变，如果我真考不上学，也可以

在我家的稻田里养上千把斤鱼，多一份知识就多一份力量。于是我安心学习了，并把学农技与学文化放在同样重要位置。现在我已在家帮助爸爸妈妈建成了 2 亩稻田养鱼基地，为家庭致富开了头。我还常向村里的农民讲述养鱼知识，大家都很认真听。现在我不仅学会了养鱼，还以 651 分的成绩上了潼南中学预考线。这可能是我人生又一新的开始。”应该说这位学生的思想转变是具有代表性的。由于“文化农技”并进这一改革，目前玉溪镇周围一些乡的很多学生也慕名前来该校学习。

4. 增强了农村初中的办学活力，赢得了社会对学校的广泛支持

由于“文化农技”并进教育所追求的是“升学有基础，务农有技术”的效果，为玉溪镇初中找到了一条富有活力的发展道路。学校入学率、巩固率、合格率逐渐提高，校长与教师的积极性增强。尤其是玉溪镇领导、农民很拥护学校的改革，从多方面为学校提供帮助和支持，逐渐形成了学校与社区发展的良性循环。

三、值得注意的问题

玉溪镇初中把“绿色证书”的培训制度纳入普通初中课程体系，形成了新型的农村初中二元化课程结构——“文化农技并进”教育模式。这种新的模式推进了农村初中的课程改革，但是也出现了一些值得注意的新问题。

1. 提高“绿色证书”培训的实施

“绿色证书”制度是农业部门为提高农民的科学技术素质，培养一支能够起示范带头作用的农村技术骨干队伍而建立的，这项制度着眼于农民的岗位培训。原定承担“绿色证书”培训任务的单位主要是乡和乡以上的农村各类成人学校和培训机构，以及农村职业中学等。农村普通初中开设“绿色证书”课程，在办学条件上与“绿色证书”的培训要求有较大的距离，如缺少师资、实践基地、教材教具、劳动工具和经费等，困难很大。玉溪镇中学在上级领导和其他有关部门的支持下，做了很大努力，采取了各种办法，克服种种困难，为“绿色证书”进入农村普通初中创造了条件，他们的经验是可贵的。但是从发展的角度看，上述困难又会以新的形式出现。因此，努力缩小“绿色证书”的培训要求与现有农村初中办学条件的差距，提高“绿色证书”的培训实效，是农村初中

课程改革应当深入研究的一个新问题。

2. 恰当处理农村初中文化基础课与农业技术课之间的关系

农村初中的课程设置要为每个学生的可持续全面发展奠定基础，文化基础课是农村初中的主干课程。在“绿色证书”培训内容进入农村初中课程体系后，农业技术课成为农村初中的新科目。普通初中课程和“绿色证书”课程分别属于两种不同的体系，各有其课程设置的出发点和规范性要求。因此，在当前农村初中课程改革中，处理好这两类课程的关系，使文化基础课和农业技术课能够协调统一、相互促进，是全面提高学生素质的关键。从长远来看，农村初中课程改革必须通盘考虑文化基础课和农业技术课的整合关系，使其成为既各有相对独立教育功能，又彼此关联、相互呼应的课程成分，共同实现农村初中的教育目标。

两类课程评价方式也应有所联系，要使普通初中的毕业证书和“绿色证书”具有一定相关性。一般来说，一个合格的农村初中毕业生不仅要学完义务教育规定的全部文化课程，而且要学完“绿色证书”规定的农业技术课程；没有获得“绿色证书”的学生，不应授予普通初中的毕业证书。这样才能避免学生只重视某一类课程的学习而忽视另一类课程学习的倾向。

3. 优化教学过程，促进学生发展

课程结构的改革，为农村初中学生的全面发展创造了条件。但学生素质的真正提高，还有赖于教学过程的优化。总地来看，目前农村初中学生的文化课学习负担较重，特别是农村小学阶段的学习条件差异较大，使学生从升入中学起就存在着较明显的“学习分化”倾向。随着初中学习科目的增加，学习的“分化”越来越明显，相当一部分学生由于经常感受到“学业失败”的痛苦而失去学习的自信，他们往往由于“升学无望”而辍学和流失；增设农业技术课之后，这些“升学无望”的学生多了一条出路，他们的学习需求，从农业技术课中得到了一定满足，但是由于他们文化课的基础较差，学习仍然信心不足，有些甚至放弃了文化基础课的学习。显然，不解决“学习分化”问题，农村初中的教育教学质量就难以得到全面提高。

在农村初中实用“绿色证书”课程，既要重视农业生产技能、技术的培训，同时应注重对学生进行“热爱家乡、立志建设社会主义新农村”的思想教育，培养学生的科学意识、科学观念，以及高尚的职业道德、文明的行为习惯等，全面提高学生的素质。

四、潼南县玉溪镇初中课程改革的启示

(1)“文化农技并进”模式的建立，体现了我国当前基础教育课程改革的基本方向，符合教育为农业和农村工作服务的要求，为普及九年义务教育奠定了坚实的基础。这种模式使农业技术教育进入了普通初中的课程体系，在一定程度上实现了农村初中普通文化教育和农业技术教育的结合，为建立“升学有基础、务农有技术”的农村初中二元办学模式奠定了基础，有效地提高了农村初中的教育教学质量，控制了学生的辍学与流失，使一大批学生学农、懂农、会农、爱农，使农村初中由主要为升学服务转向主要为农村经济建设和社会发展培养合格人才并兼顾升学的轨道。

(2)“文化农技并进”模式把农业部“绿色证书”的培训和评价模式纳入农村初中的课程体系，弥补了现行义务教育课程方案的不足。①“绿色证书”的培训具有明确的农民职业指向性和岗位技术资格培训的规范性，使农业技术教育有了更为明确的目标。②“绿色证书”的培训内容着眼于满足本地农业生产的实际需要，注意学习内容在生产中的应用，使学生学到了与本地农业生产直接相关的专业基础知识和一定的生产技能，增强了农村初中课程与本地农业生产相关性和适切性。③“绿色证书”制度关于每个岗位专业应学习3～5门课程和300课时左右的要求，在现行三年制初中课程计划中能够得到落实，从而增强了农业技术教育的实效。④把“绿色证书”的考核、发证的规范性要求纳入普通初中课程评价体系，形成了农村初中教育的独特评价体系。

(3)“文化农技并进”模式的突出特点是全员性和全程性。这种模式面向农村初中的全体学生，把普通文化教育和农业技术教育的结合贯穿于初中全过程，体现了“基础教育机会平等”的要求。以往一些农村初中的职业教育主要在毕业年级的职业分流班中进行，这种分流教育模式使占毕业生大多数的非职业班学生成为职业教育的“死角”，由于非职业班毕业生的大多数不可能升学，仍将成为农村建设的后备力量，因而只

在毕业班的少数学生中实施职业教育的做法远远不能满足农业生产和农村经济建设的要求。我们认为，技术素质是一个人发展过程中不可缺少的基本素质。不论学生毕业后升学与否，都应接受必要的技术教育，农村初中在进行普通文化教育的同时，实施全员和全程性的农业技术教育，既有利于学生的全面发展，也有利于农村初中为本地经济和社会发展服务，更有利于推进农村初中的素质教育。

(4)“文化农技并进”模式使农、科、教三家在农村初中合为一体，成为农村社会改革的有机组成部分，其影响也已超出了学校教育的领域，它开始使教育真正成为促进农村经济和社会发展的推动力量。玉溪镇中学的改革之所以受到好评，就在于这项改革直接服务于本地农业生产，促进了当地经济的发展。农、科、教三方面力量在玉溪镇中学能够结合为一体，其关键在于这次改革已不仅仅是学校行为，已经成为政府行为和社会行为，潼南县委、县政府以及县教委、玉溪镇委、镇政府高度重视玉溪镇初中的改革，制定各种政策并采取各种行政措施，为学校解决各种困难，并大力推广玉溪镇中学的改革经验，为改革的成功提供了有力的行政保障，潼南县和玉溪镇的农业和科技人员、村社干部、农户、学生和家长，以及社会其他方面都给予玉溪镇中学以充分的理解和多方面的支持，使玉溪镇中学“文化农技并进”模式这株幼苗植根于肥沃的土壤之中，有了进一步发展的社会基础。

(5)“文化农技并进”模式是通过教育科学研究提高农村初中教育教学质量的一个成功范例。这一改革被列为重庆市科研项目，并获得了重庆市、潼南县教育科研部门和高等师范院校教育理论工作者的指导和帮助，从而使这项改革纳入了教育科学研究的轨道。在改革中，教育理论工作者、教育实践工作者和教育行政工作者组成三结合的研究队伍，教育专家提供科学的理论指导，中学校长和教师提供丰富的实践经验，上级领导给予了有力的行政支持，形成了紧密的协作关系，建立了教育科研的有效机制，从而使这项改革由小到大，逐步发展和不断完善。在这项改革中，玉溪镇中学的领导和教师，以及参与本项研究的各方面人员积极转变教育观念，以促进我国教育改革和发展的高度责任感，针对当前农村经济和社会发展对教育的需求，抓住农村初中课程改革的关键，克服“应试教育”的阻力和改革中的各种困难，创建了具有地方特色的“文化农技并进”教育模式。他们在改革中显现出的勇于开拓和积极奉献的精神，是这项改革取得成效的不竭动力源泉。

参考文献

张仁贤主编．中国教育教学改革实用全书．北京：经济日报出版社，1996

寒天，蒋宗尧主编．中小学教育教学改革全书．延吉：延边人民出版社，1999

刘显国主编．中小学教学艺术全书．北京：中国林业出版社．1999

蒋宗尧编著．中小学教师教学应用基本功．北京：中国林业出版社，1998

王岳庭等编著．数学教学研究与论文写作．杭州：杭州大学出版社，1992

刘显国主编．中小学教研手册．成都：成都科技大学出版社，1992

张健主编．学校教学实用全书．北京：北京师范大学出版社，1994